汉字林　食字树

解字说食

吴正格　著

中国三峡出版传媒
中国三峡出版社

图书在版编目（CIP）数据

解字说食 / 吴正格著. —北京：中国三峡出版社，2017.4
ISBN 978-7-80223-987-6

Ⅰ.①解… Ⅱ.①吴… Ⅲ.①汉字—研究 Ⅳ.①H12

中国版本图书馆 CIP 数据核字（2017）第 063633 号

责任编辑：袁国平　李　东

中国三峡出版社出版发行
（北京市西城区西廊下胡同51号　100034）
电话：（010）66112758 66116828
http://www.zgsxcbs.cn
E-mail:sanxiaz@sina.com

北京画中画印刷有限公司印刷　新华书店经销
2017 年 5 月第 1 版　2017 年 5 月第 1 次印刷
开本：710 毫米 ×1000 毫米　1/16　印张：22.25
字数：300 千字
ISBN 978-7-80223-987-6　定价：48.00 元

自序
汉字与食俎

一

英国考古学家戴维·罗尔说，最早使用文字的人是记账员。他指的是中东历史黎明中用削尖的芦杆在半干的黏土板儿上划横竖以计数的苏美尔人。芦杆按下去，留下的痕迹一头大一头小像个楔子，后称“楔形文字”。中国人不是。中国最早的文字是绘图。1932年，甘肃辛店出土了第一批有汉字图像的陶片，上面有禾、羊、鱼的实象（见图）。专家鉴定，这是公元前三千余年的最原始的文字。那时是仰韶文化期，传统说法是黄帝时代。所以《说文》记：“黄帝之史仓颉，见鸟兽蹄迒之迹，知分理之可相别异也，初造书契。”可知字圣许慎对文字起源的把脉是有准头的。之前的荀子也说：“好书者众矣，而仓颉独传者，壹也。”（《解蔽篇》）仓颉，可

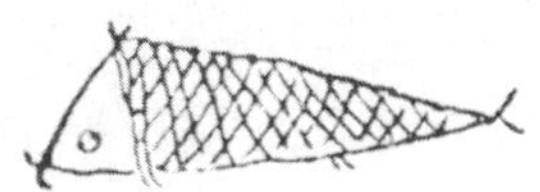

出土彩陶上的绘画字

谓上古杰出的绘图员，他的“造书契”即是来自绘画思维。

陶片中的禾、羊、鱼，是黄帝时代农耕、狩猎、网罟的标识，也是中国文明起源的三种主要基因：种禾是为吃饭，猎羊捕鱼是为吃菜。因而，说汉字发轫于食俎，似不为过。此三字至殷商时，才被绘画思维和绘画技巧都大有进步的仓颉后人改进为、、，由繁琐的写实会意成简洁的速描。

关于汉字的起因，《周易·系辞》记：“上古结绳而治，后世圣人易之以书契。”可是，结绳为约誓之事，可以帮助记忆，但难以沟通思想，表达情感。说其是催生汉字的一种助力较为适宜，非为汉字形成的基因。还有汉字始自八卦之说，依据是甲骨文也叫“卜辞”。但八卦是巫人用算筹排列出来，用以卜事、卜物的象征形式。据文献记载，巫术萌芽于殷周之际，那时汉字已不是起源，而是存在很久了。所以八卦的卦象亦非催生汉字的引擎。

我所以认为汉字发轫于食俎，故因食俎是火、炙、谷、盐、陶“五大发明”的结果。这是被湮没的辉煌。上古人类在野蛮与文明的碰撞间积累的最高智慧，算不得羽裙兽皮、茅茨树巢、石具木棍，因为这与鸟类筑穴、兔鼠掘窟和兽类利爪等的本能作用没有本质或太大的区别。而能磨石以取火（非钻木取火），炙出熟食时代，能耕稼以密菁，卤盐以调味，制陶以烹谷为饭——史幕中才映出世象，蛮荒中才有了烟户，人类的进化才有了灵动，性情才展现风韵。不然，人类仍然不能彻底划清与动物的界限。因而，“五大发明”是文明曙光中顶要紧的五抹旖旎，也标识着万古生涩的大自然始被饪熟。而汉字的精卵亦在先民的食俎行为中交媾成胎种，从而在粗砺的陶器和龟甲兽骨上留下汉字的最初字基。即是说，汉字的创造是先祖从谋取食物的本能动机中萌生的。故而，食俎是接榫汉字的先端。

对此，“史”字亦是佐证。这个字的甲骨文像是手执丫槎或棍棒缚以石块做成的锤状武器，所以殷商时“史”指驻守边疆的武官。后来指帝王

身边的记事官：王者有言“动则左史书之，言者右史书之”(《礼记·王藻》)。这是“史”的字义。从其字形构造上看，则是“人”、“口”二字的重叠，可解释为人以口为食、为言，有食有言为史。食即喫，喫须俎。食俎的成熟亦是人语成熟的重要前提。承认不承认“人”加“口”是历史，但是造字的先贤已将这个意思框定在“史”字中。这个字又像个食箍，扣在国人的头上，谁也摘不掉！

汉字林中，食字树根深叶茂，叶纤维像交织着纷繁迥异的字形，编译出中国历史事象中种种特定的理据。用语言表达人与文明进化和社会演变，不如文字本身的笔画结构得存真而深刻。

国人关于食俎思想的形成，写在“羹”字里。羹的本字是鬻。字的下部是炊具；之上是羊羔，示用其肉做羹；两旁的曲线是上升的热气。《说文·䰜部》释“羹”：“五味和羹也。”郑玄注《诗经》“亦有和羹”：“和羹者，五味调，腥熟待节，食之于人，性安和，喻诸侯有和顺之德也。”羹字虽由“羔”会意而成，却渊薮于雉。彭祖因制雉羹而事帝尧，为尧赞赏，被封为彭城（今徐州辖境）诸侯。由此，食俎思想开始显豁出兴国的作用。商初伊尹，又制鹄羹献于商汤，借以表述得任得国、失任失国之理，商汤深有所悟，伊尹因而为相。老子“治大国，若烹小鲜”的哲言，即是源于伊尹的这一智慧。春秋齐国的正卿晏婴，将羹发挥得更为完善：“和如羹焉，水火醯醢盐梅，以烹鱼肉，燀之以薪，宰夫和之，齐之以味，济之不及，以泄其过。君子食之，以平其心。”(《左传·昭公二十年》) 这是一种政论，以制羹喻国策如和，用食羹寓示“性安和”的“和顺之德”。

中国的农耕文明，写在“粮”字里。粮的本字是糧。字中左边的

“米”，中间的“十”是穖，穖指禾穗大而饱满，四旁的四点为米粒，“米”示五谷；糧字右边是上“旦”下“里”，“旦”中之“日”指旭日，下“一”指土地，示农民在天晓时去田中耕稼；“旦”字下面的“里”，由“田”、“土”二字合成，农民“恃田而食，恃土而居”，有田有土才能生产粟稻粱菽，所以“里”指安居之地，与今谓“里弄”同义。兹见，粮字如伞柄之于伞体，撑起的是中国农耕文明的天幕。

从食俎的视阈看，中国历史写在“粥”字里。粥的本字是鬻。字中的“鬲”，为最原始的煮粥器，是猿类进化为人类的物象标志；“粥”置“鬲”上，兹证是野蛮到文明的食象标志。倘若以粥去划分中国历史，那么几千年来基本是：大多数人还有粥喝的朝代；大多数人却无粥可喝，不得不去改变社稷和生存环境，争取到再能喝上粥的朝代。所以，有识于粥的帝王，就擅于从粥中吮吸作治之道，以赢政于民。如《后汉书·冯异传》记：刘秀在征战期间，有一次饿得饥肠辘辘，属将冯异（字公孙）为他寻得豆粥。刘秀喝了，翌日对冯异道：“昨得公孙豆粥，饥寒俱解。”可知，这碗豆粥等于为刘秀建立东汉政权提供了一份紧要的营养，使他感受到粥对饥饿的作用。应该有这种原因，他做帝后，首先废除了王莽弊政，并多次下诏书，赦免罪徒为庶民，减轻租税徭役，发放赈济，兴修水利，并九次发布释放奴婢和禁止残害奴婢的命令。这一揽子举措，说到底是要给农民一碗粥喝。然而，翻阅历史，昏帝却多矣，秦二世、隋炀帝、唐僖宗、元顺帝……都是把一个朝代搞得乱成一锅粥的人。国家无甚希望，已成一锅烂粥，大多数无粥喝的人被饥馑所逼，就要从“国锅”中往自己的空碗里抢粥。昏帝们则认为这是蚩蚩群氓蓄谋造反，怒使军队阻杀。抢粥的人气愤的是种粮的反倒没粥喝，皇帝老儿那里却仓满囤盈，有粥不给，遂拼死抵抗。这样的悲剧，常会在每个腐朽朝代的末期重演。历史也总要在这里——在饥民和昏帝关于“粥问题”的斗争过程中变化着、演进着。

人与食俎的关系，写在“炸”字里。炸的本字是煠，由火、世、木三字合成。火、木易解，即以火燃木而熟食。世为何意？世原是叶的古字，像茎叶之形，叶多相叠，引以称世代的世。上古三十年为“一世”，亦指父子相继为“一世”。《说文·卉部》里将世字写作丗，由三个十字合成，示为人的一生一世。世字用在煠字中，即寓意人这辈子离不开烧火享食。故而，煠有涵括食俎的泛义性。煠字初见北魏张揖《广雅》：“煠，汤瀹也。”瀹指以汤熟物。蠡测北宋时，煠始义以油熟物。《东坡集续集》“十二时中偈”：“百衮油铛里，恣把心肝煠。”衮通滚，即滚沸；油铛为盛油的炊具。苏公作为文化至尊，他的语言具有感召力。或许因此，宋后的煠字就有了谓瀹为煠和谓油为煠的两种解释。约至清末，煠才转写为炸，指油煠。

这样胪列，还有鱼字和庖牺氏、盐字与宿沙、陶字与昆吾、宴字与周公（姬旦）、脍字与孔子、粽字与屈原、糖字与唐太宗、烧字与苏轼、煸字与沈石田、鸭字与何孟春……多甚，例宽文窄，不赘。你留意到没，仅世间食材竟近半万，皆由汉字的笔画结构。涉食牵俎之字之多，据汉字部类之首。每个字都是中华文明史内一章一节里的标题，标题中蕴含着俎文明某一桩固有、特定的内容。汉字是中华文化最重要的载体。评骘文化，汉字最存真。以汉字为据，说食俎是最具中国特色的文化型格之一，亦不为过。

三

汉字述林，若论应用最多，引义最广者，当属食俎的代言字——“吃”。其可称为字魁。

吃字初义为“言蹇难也”（《说文·口部》），即口吃。《史记·张丞相传》：“（周）昌为人吃，又盛怒，曰：‘臣口不能言，然臣期期知其不可。'”他是被同僚们的“笑吃吃”给惹恼了，大发雷霆，诸人也就知失而禁，再不嘲戏于他。周昌与刘邦是同乡，诤臣，受封汾阳侯。刘邦欲废太子刘盈，他直言敢谏。后为赵王如意相，如意被吕后毒死，他称病不朝。这位大人物为了人格尊严而怒止嘲戏，会对“言蹇难也”为人笑柄的风气起到阻逆作用。或许，这对吃字后来转义为“口、乞”也有某种影响。

有影响的还属《汉书·郦食其传》所记的“民人以食为天”。这话有强势的历史穿透力，今人仍习引用。以食为天说白了是以吃为天。“天”者，至高无上也，世间万事，唯此为大。所以，吃字历经国人演绎，逐至为万能字，且与“吃”的本义多不相干。

清道光以降，洋教士来中国传教，人们把信其教说为“吃洋教”；在上海外租界，有市民被外国巡捕踢了一脚，自嘲说“吃了一只洋火腿”；抗日时期，重庆有“前方吃紧，后方紧吃”的时谚；时今讽刺腐败的官员，则说“革命就是请客吃饭”……这些吃字，都是不同时期的民间印记。

提起战争，吃字顺口就出：纳粹军占领波兰，国人说希特勒把波兰吃了；看《平原游击队》电影，就说“松井最后吃了李向阳一粒枪子儿”；八路军在平型关打了胜仗，说是“吃掉日寇一个旅团”；美国兵在越战中如陷泥潭，是“吃了亏”；就是座山雕跟许大马棒闹火拼，那是“黑吃黑”……这些吃字，在性质不同的战争中用作动词或形容词，都很生动。

经济体制改革之后，有了股市，就说“我这回吃了一千股”；挣了钱存到银行，叫“吃利息”；搞工程招标，贪官要捞好处，叫“吃回扣”；法院的贪官以权谋私，被说成“大盖帽，两头翘，吃了被告吃原告”……这些吃字，是挂在民众嘴边的习惯用语。

这样例举下去，吃字的应用可就漫无边际了：农民是“靠天吃饭”；山民是“靠山吃山”；渔民是“靠水吃水”；干部是“吃官饭的”……马拉多纳铲球犯规，叫“吃了一张黄牌”；下象棋说“吃你卒”或“吃你马”，象棋发端战国，南宋时发明了火药，象棋亦添炮，赢了炮也说“吃炮”，细想民间这话也怪，炮怎么个吃法？吸取教训，叫“吃一堑，长一智”——这话更怪，“堑”还能吃？文言一点儿的把承受祖宗的余荫叫作“食德”；不守信用叫“食言”。这“食”不也是吃吗……

而且，由吃字繁衍的谚语在汉字中亦据榜首。《俗谚》一书（中国民间文艺出版社 1981 年版），就揖录近四百条。这还只是以“吃”为首字的条目，若凡带吃字者以忝其列，估计无千亦足七八百矣。如：吃着盐和米，就得讲道理；吃南朝的饭，助北番的威；吃三成酒，装七成疯；老虎吃刺猬，无处下口；乌龟吃大麦，糟踏了粮食；乌龟要是吃萤火虫，那叫“心知肚明”……这些吃字，表达出国人的好恶和认识理念，以及运用吃字的智慧和技巧。

兹见，吃字神通广大，能无处不在，无往而不达。吃义为何被引申得如此广泛？故因吃字里蕴含的食俎文化和习俗弥积历久地影响着国人的意识、观念所至，使吃的理据便在胸臆间与世相、事象有了互动。但须辨识，这与美国人的“文化潜意中对过分地强调‘吃’存在着一种恐惧感”，以为“贪食是一个人不会得救的外在行为密码”（孙隆基《中国文化的深层结构》），则是截然相异的两个概念。因为，国人自古崇尚“衣食足，则知荣辱”（《管子·牧民》），信重“安身之本，必资于食。……不知食宜者，不足以存身也”（孙思邈《千斤要方》语）。这与英国人比喻的“吃像煤，身体像蒸汽机”同理。不同的是，国人更追求“至味”，即“口之于味，有同嗜也”（《孟子·告子上》）。品字就是佐证。

品是“众庶也，从三口”（《说文·品部》）。啐至齿，哜入口，“三口”就是三张嘴。事实是，当伊尹以至味说汤后，品义就有了转捩品味的起端。由品尝食物又引申为人的品德、品格、品级、品位；族氏的品系、品族、姓氏；礼仪的仪品；官吏的品服；物质的品目、品种、品第、品质；享乐的品茗、品花、品箫、品竹弹丝；文事的品题、品评……乃至品味人生。可见品义与吃义的引申同样是纵联横衔。故因此二字一脉相连。吃为俗语，品为文言。吃是品的基因，品是吃的升华。由吃演进为品，品又衍生出咕、呷、哈、啉、啜、咂等细义，延伸出咥、吮、咺、呿、咰、嗔等表情，引咎出吟、啊、哇、呀、哟、哦等感喟，兹生出哈、嘻、哼、呸、吡、啼等情绪。这类带“口”旁的字，皆由食、言之果演绎出的人间符号，都是一种放释心性的语音。这里，“吃”的生机内分泌更是不断地贲张，凝淀以品味为至境，使吃义由“品”字表达出价值核心，才将情感疆域和物象世界衍繁得精确而细腻。

宋陈直《寿亲养老新书·饮食调治》：“食者生民为天，活人之本也。”这话放之五洲而皆准。所以，不必讳避吃于文，蹇涩吃于言。中国吃已对人类作出了独涉宇内的贡献，应该堂而皇之地以吃来面对人生乃至世界。因而想到前几年，法国大餐和韩国泡菜荣登世界级“非遗”之榜，为两国的吃文明赢得了至高无上的声誉。惜乎中国的吃文明至今仍未获此殊荣，真是冤枉！这是不是亦与汉字林中的食字树尚未被有效地培植和养护有关？令人疑虑和思考。

借此，还要感谢《中国烹饪》刊物主编王者嵩女士、社长助理褚宏辚女士，策划“解字说食”专栏，使我探研涉食牵组的篇什得以连载五年，勖勉之情令我难忘。也感谢任林国先生又每为配以书法、编辑部责编的认真审校，这里一并谢忱。这些篇什在付梓前，一律按原文又作修订，并补充了发表时因版面所限而删节的内容，以保持原貌。但限于水平，疏虞、不逮之处恐是难免，尚希识君绳愆纠谬，不吝赐教。

目 录

二、字义钩玄　69

三、字入鼎俎　133

一

史炉炼字

燧人氏磨石取火

中国文明始于人工取火，这也是“火”字的来源。可是，这一来源始终被“钻木取火”之说误导，这务必要匡谬而为燧人氏正名的。

《周礼·含文嘉》：“燧人氏钻木取火，炮生为熟，令人无腹疾，有异于禽兽。”这表明一个道理，即历史以人工取火为发端，用火熟食是这个发端的主要标识。

关于《周礼》，古经文学家认为是周公（姬旦）所作，今经文学家认为是出自战国或汉武帝时期，传授经历不详。书中保存了较多的周代宫事和其社会史、工艺史的资料。推测“燧人氏钻木取火”是来自周代的遗传说。但是，此遗传说即使在周公那里也非为始，而是来自更为久远的商代及前。远古时期，谁是人工取火的始作俑者？无法鉴证。这样，一个原始氏族就被想象为“燧人氏”。“燧”指取火之具，即燧石（火石）。由“燧人氏”去“钻木取火”，便有了人类初进到支配自然阶段的具体依托。

可是，过于在意“燧人氏钻木取火”是附顺史情之说，则不能符着实际。从史传角度看，燧人氏已被典籍中虚幻为神；从实际角度看，钻木取火又是徒劳不果的。这里，超自然的想象力代替了原有的真实，并成为后世人们的约定俗成的结论——这倒是应该在意的。

先说燧人氏

现代史典中将燧人氏谓为“神话传说中的人物”，或“古帝名，传说其发明钻木取火”，或“神话传说中的远古帝王名”等等。“神话”（myth）一词来源于希腊语的“muthos”，意为“寓言”，寓言即神话，是纯粹虚构的超自然的人物、行为或事件，不等同传说。“传说”（legehd）一词来源于中世纪拉丁文的“legenda”，在《简明牛津英语词典》里被定义为：“先前流传下来的、真实性未得到确认的通俗故事。”燧人氏为“古帝王”乃属神话，这与其真实性是否得到确认无关。将人工取火的发明者化名为燧人氏，或想象燧人氏为人工取火的发明者，这都符合情理。神话也未必没有对现实的真实反映，远古人类能人工取火即是真实。但将燧人氏知会为“古帝名，传说其发明钻木取火”，则是来自神话、传说混为一谈的依附说，仍是“幻想的同一性”。古人搬道岔情有所因，今人如认可搬道岔则欠“科”了。

较早将燧人氏渲染为神的是《韩非子·五蠹》：“上古之世，民食果蔬蚌蛤，腥臊恶臭，而伤害腹胃，民多疾病。有圣人作钻燧取火，以化腥臊，而民悦之，使王天下。号之曰‘燧人氏’。”这里，燧人氏被写成“圣人”并“使王天下”，已具神话色彩。到了东汉，斑固又将燧人氏称为“三皇”之一，写进《白虎通义》中。这反映了古人以帝皇为尊的观念，不必挑剔。但在客观上却为志怪文人提供了发挥的把柄。对此，东晋人王嘉在《拾遗记》中乃云：燧人氏创立了“燧明国……国有火树，多燧木”，燧人氏“折枝相钻，则出火矣”；又云燧人氏“不识四时昼夜，其人不死，厌世则升天”。这样，燧人氏就成为有了法力的神仙。这似与外国的“光神话”异曲同工。《圣经·创世纪》里说，犹太人的远古时期，“地是空虚混沌，渊面黑暗，上帝的灵运行在水面上。上帝说：‘要有光。’就有了光。”在中国，燧人氏是遂皇，也是上帝。他的灵运行在森林中。他说“要有火”，就有了钻木取火。

晋时信重鬼神，志怪之书风行于世。“志怪”指假托历史编造怪异之事。《拾遗记》即属此类。此书共十卷，前九卷记自上古庖牺、神农至东晋时异闻，末卷记昆仑、蓬莱等灵境仙山，着重宣扬神仙方术，皆荒诞不经。但晋以后的诗文却常引以为典故，足见染世颇深。此书后由南朝志怪文人梁肖绮整理，并附所论于后，称其为“录”，“录”有实闻之宣，使《拾遗录》更有了“闻录”和“真本”的味道。这在神鬼观念相沿积久的古代，会有相当的传播市场，使人们对类似发明用火者，也就当成神或仙来信奉和崇拜。大抵这般趋势，形成一种倾向性的合力因素，推动燧人氏成为脱离现实的虚幻人物。

再说钻木取火

现今史典中通谓这是远古时期的取火方法。但实际上，钻木不能取火。虽然南宋人吴自牧撰《梦粱录·清明节》中曾记：“寒食第三日，即清明节，每岁禁中命小内侍于阁门用榆木钻火，先进者赐金碗、绢三匹。宣赐臣僚巨炬，正所谓‘钻木改火’，即此时也。”这说的是南宋临安（今杭州）的宫廷里，小内侍们作榆木钻火的比赛，再由臣僚们引旺为炬，是“钻燧改火”的活动。但这能说明钻木取火的方法已传给后世应用了吗？非也。须知，小内侍们用的不会是那类天然燧石，应该是火鉴，即用阳光取火的凸镜（火镜）。此物在唐代已有，如《新唐书·李靖传》：“其旧物有佩笔……又有火鉴……”这是说，谁用火鉴先将榆木引出火来，将受到御赏。所谓“钻燧改火”，指按照季节改变取火的木料。马融引注《论语·阳货》：“〈周书·月令〉有更火之文，春取榆柳之火，夏取枣杏之火……一年之中，钻火各异木，故曰改火也。”小内侍们仿作“榆木钻火”，正是“春取榆木之火”。但这都非为钻木取火了，不拟以此为证。

我年轻时，老宅后院有三棵大榆树，后来一棵枯老，被锯为木柴。我曾用质地甚好的燧石触摩过已被晒得很干燥的榆木爿，别说钻不出火来，火花也不会迸出。这道理不必赘言。即使用现代伐木的电动工具钻树，也不会引木燃火，何况仅凭手力的作用呢？只有燧石和燧石摩擦，才能生出火花；火花又需借易燃物引成火焰，才能使木爿燃烧。所以，“钻木取火”实为似是而非之谓，仍是有着燧人氏被神话或志怪的超自然的余绪。

因而，还得将议题归结到人类之初人工取火的可能性行为上。按照被许多读本载述的那座远古森林来考量，当有巢氏的后代——燧人氏还不明白他们的树巢起火的原因是来自雷电，但却目睹了火是从树中燃烧的，就以为树能生火。这样，当他们选定了新的筑巢之树时，出于求生保安的警惕性，需要探测这树中会不会再有火。可以推测，他们选定的是根粗脉深、枝坚叶茂的树魁，这利于筑巢牢固和遮掩避防。但是，这样的树处在生长旺期，吸水力强，树身潮润，燧人氏们即便能从石灰岩层处选来贝壳断面有尖锐裂片的燧石，但钻破的树孔也难以发热，发热的只能是燧石前端的磨面。我是想，他们钻树，初衷并非是要取火，倒是希望树中无火。这反映了他们的树巢被焚后而对树产生的疑惧心理。这在现今看来，如稚童之为，但在那时，却表现出人类的最高智慧。或许就在这里，历史之初被搬了道岔，探测取火的行为被异闻代替。以至，“钻木取火”因迭代讹传，盈虚溢实，就被认定或知会为人工取火的成功方法了。

所以，磨石生火的最初应用者才是真实的燧人氏。然而，他们取火的灵犀性和在生存机巧中获得的光焰，却蕴藏着无数险恶艰辛的情节和细节。赖以文字为证的学术在这里也显得粗疏不适。但是，“毫无疑问，磨擦生火在解放人类的作用上，甚至还超过蒸气机的……磨擦生火第一次使人支配了一种自然力，从而最终将人与动物分开。”（恩格斯《自然辩证法》语）在中国，当燧人氏以人类最原始的思维和行为将蛮赫的大自然烧了个趔趄时，磨石取火就成为初露人寰的文明引索，后人由此牵拽出营养生命的长缆，拴就了繁衍种族的一大福祉。火自为字后，人定胜火矣。“火”字也就涵括了“火为纪，食为天”的本意。

最初的晚餐

自人工取火至陶器出现之前的“熟食时代”，因无炊具和调料，先人仅能将食物饪熟而非烹饪，饪熟的方式唯有烤。因而，烤是俎术的宗祖之法。我称这种烤食是国人最初的晚餐。

逡巡古汉字，“烤”字竟无从查找，甲古文、金文、小篆中均无此字，至清道光前的烹饪中亦无烤字。《辞源》解释“烤”，只谓“用火烘或向火取暖”，无注疏和引据。推测“烤”之谓大致是清末叶才出现的，乃是近代人对古人所说的炙、炮、燔、炰、爊、煟、灼等字的同义性归结。先人最初烤食，“炙”字最能达其意境：“炙”字下面是“火”，上面的“[illegible]”《说文》里写为“月”，即“肉”；亦似为“月”，《隶辨》、《说文古籀补》里的“[illegible]”、“[illegible]”，即“月”。兹见，“炙”字等于一幅未开封的画，折藏着国人晚餐的最初情景。

金文

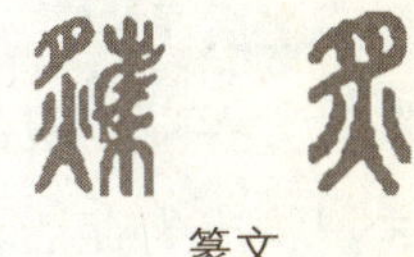
篆文

按照物质文化发展的序列，“熟食时代”迹重于旧石器时代晚期。那时，人类是怎样熟食的？无法鉴证。于是，这种文明现象就一鳞半爪的流传。史官们对不上号，就寄托于想象，发挥了编造故事的技巧，塑造一位“犠皇”去履其践，称他为“雷神之子”，能“缘天梯建木以登天”、“画八卦以治天下”，并能“始造书契”（《山海经·海内经》语）——这当然是浸染了后世志怪色彩的神话。但也有贴近史情之处，《尸子》记：“庖犠氏之世，天下多兽，故教民以猎。”《帝王世纪》也记：“取牺牲以供庖厨，食天下，故号庖牺氏。”并能教民“作结绳而为网罟，以佃以渔”（《尸子》语）。这可知会为那时候天下多兽、多水，弱势的人类在生存逼迫中“情急生智”，渐谙渔猎之道。因而，以符合人类原始生活的视阈去考量，现实中的庖牺氏应为传说中尚无姓氏的族群，但却代表着人类在那一时期一支进化的族体。

不难想象，庖牺氏人走向“熟食时代”，其火上炙肉要经历生死攸关的险恶考验。那时，人与兽在“肉食盛行”的环境里同栖混居，互吃的目的仅为求生。森林中，一只狌狌攀着树杈，觊觎一头在长草中脱毛的马鹿，伺机要掐破它的咽喉；一干粗大的“枝茎”突然移动，那是巨蚺正向狌狌逼近；这时，一根根藤条编连的索套又悄悄垂了下来，杂在枝蔓间向狌狌的头部摆动过来。可想而知，接下来将要发生一场连环恶斗。这样的残酷情形每天里随时都可能发生。巨岩峰坳下的溶洞、土洞里，人与兽的争穴之战又发生过多少次？谁也想象不清。当一阵惨烈之声隐隐传出，一场恶斗之后是一片死寂。人与兽的洞穴之争不仅是栖息意念的驱使，还有要将对方吞噬于腹的强烈欲望。兽亡于人食，人亡于兽嘴，洞穴中的人、兽之尸将成为存活者的充饥之物。不知哪一个雨季或哪一个隆冬，终于，第一个双手扶着洞壁上溅沾的血腥，在洞土上横七竖八的血肉堆中站起来的，是双脚走路的人而不是四脚爬行的兽。人在与兽的残酷互吃中晃晃悠悠地存活了下来。

庖牺氏人走向“熟食时代”，又经历了悠远岁月的烁烁饪合。火的燃息明灭，取决于柴草备续的充裕或匮缺；烤的长香短爨，赖于生食原料的填续或断济，生食竭之烤则截止，生食丰之烤则长延。那时，荒蛮肆虐，文明缩微，大麈肥羚跑速疾迅，江河鳞族潜游水下，哪能都束手待擒？这需要智能和心机来缚获。据山西原平峙峪、沁水下川等地出土的实物证明，旧石器时代晚期已有了用石料制作的箭镞。换言之，这时人已懂得用坚韧的树技弯成弓架，用动物筋或植物粗纤作弦，在拉弦过程中积蓄力量，以瞬间爆发的形式将箭镞射出去。四蹄动物蹽得再快，也没有箭镞被射出的速度快，身上难免被戳个窟窿，哀叫一声，束蹄就擒——这该是庖牺氏“养牺牲以充庖厨”（《三皇本纪》语）的导入点。那时，人于水畔徒手逮鱼，鱼以鳍刺其掌，唧溜挣脱，人痛而目眦，瞎鱼扬长游去，忿忿然；之后，人便手持树棍候于水侧，原始鱼警觉性差，意摇头摆尾、傻乎乎游过来，人挥棍击去，鱼即昏死，遂捞而获之。但是，这种棍击法碍于水的浮力作用，成功率不高。再之后，人发现有鱼被落在水中的缠结树藤羁绊，而不得游，便动起祖宗们留下的“结绳之政”的念头，即用树的细藤或植物的粗纤编连成网，一端系于树棍，扎固溪畔上，另端拎在手里，横过溪流，撒网潜于水下，兜而候之。有鱼游至网中，即提网而获。这个人是谁呢？应该是庖牺氏，亦即他“结网罟以教（民）佃鱼”（《三皇本纪》语）的发轫点。这虽是推测，但不至为虚构。不然，“佃鱼”何由为始？所以，“养牺牲”、“结网罟”是“熟食时代”的两大撑柱，方能使“烤”法连延不衰，天长地久。想象得到，那时的傍晚，在广阔空间中的山脚、洞边、水畔、林旁，总会有篝火腾然耀起，在天幕下闪烁。那里，庖牺氏人的率性、欢悦和野气，大自然的神秘和邈幻，还有初升的月亮和点点星光，都在香烟中交糅。那该是国人最初晚餐的天然画幅。

庖牺氏人的“养牺牲以充庖厨”，当为“积鸟兽之内”（《三坟书》语）的进化和发展。古生动学家认为，牺牲被驯养是在距今一万年左右，但何种牺牲被始驯却难说确凿。一些说法认为是狗，依据是《礼记·王制》里曾记舜时有敬老的燕礼，每年要办七次，其牲用狗；因为舜人在庖牺氏人之后，便猜测为狗了。其实未必。狗可能是舜时被驯养的动物之一，要溯及发端，似归于羊。理由有二：

其一，畜有畜性，观毛方知。野猪毛坚硬如针，其性凶烈；野牛毛韧如筋丝，其性犟蛮；只有野羊毛柔软如绒，其性温善。庖牺氏人应懂得躲凶避蛮，适易求顺，这是他们的生存本能。因而，重以驯羊该在情理之中。大抵如斯，后来的羊就有了最初的名字，曰“柔毛”，这是《礼记·曲礼上》里追记的。

其二，当初的牲畜被驯，是为食肉的需要。捕获的动物多了，吃不了便保存起来。先是杀了保存。但问题就来了，杀死的野兽搁上三五日还行，时间再长难免腐臭。这样，就别让它们去死，则用树藤捆了拴了活着保存。让它们活着得喂食儿吃。喂啥食儿？问题又来了，吃肉的不吃草，吃草的不吃肉。肉食获之不易，自己都供不应求，哪会把肉食喂给要被吃肉的吃呢。吃草就好办了，满世界都是疯长的草，与人的食物不犯相。在这样的生存取舍面前，草食动物自然被首先驯养。因而，羊被始驯的着落面就大。

这就又想到，庖牺氏人的“养牺牲”、“结网罟”的原始文明现象，后来发展到需用文字来表达时，造字者常常采用“近取诸身”的思维，使最初的象形文字以“人”和“口”为核心，将“渔猎”的欲念绘为鱼和羊等的形体。而“人”加“口”的复合就成为“史”字。“口”为嘴，“乞”为求“吃”，这就涵括了用食物延续生命、用嘴来表达思想感情的人生内容。可食之物再由“吃”演绎为改变自然界的精神和物质的财富。因而，后来以“口”字旁表现人的情感和吃态的汉字，是那么繁多、生动而鲜活，甚至位居汉字类别之首，表现了“吃”的行为在社会发展中向精神疆域和文化层面过渡的历史踪迹。

这都应该感恩“熟食时代”。正是庖牺氏人用人性俘虏了兽性，用文明收编了生番，使蛮赫的大自然屈让出一隅原态，默默朝觐他们升起恒延的篝火。进食观念发生了变化，内心里总会有什么东西在苏醒。庖牺氏人的真切功绩是在人类之初的生存环境中等于擎起了“不饪不食”的大纛。熟食有营养，易于吸收消化，经解毒杀菌而相对卫生，并能减轻腹疾，有益于人体和大脑的发展。这对一个在疴患袭染中向文明之路艰难跋涉的民族，该有多么重要！

于是，我的眼前映现出远古的天色，又一个黄昏降临。国人最初的晚餐开始了。火上炙肉是怎番的情景？史书无记述。我便描摹出这样一幅画面——

昏瞀的落日将衰残的光投到死寂的湖面上，泛闪出一泓苍老的皱纹。湖畔，蓁莽中忽闻杂植摩擦之声，庖牺氏人捧着柴草，蹒跚而来。夕照下，他们的身影惊起几只鸡鹊，惶然飞起，一串嘤鸣余音廖落，使暮霭间平添了无尽的荒凉。在燧石之间的急剧磨擦中，一股寒烟从草滩中孤直升起。火声毕剥，有蜥蜴从土穴中蹿出，哧溜溜掠过一双毛茸茸的脚面，向潮湿的湖沿逃遁。摇曳的光影里有虫豸翻飞。一堆燧石在火中热彻。两个庖牺氏人抬起一只剥皮除脏的肥狞，眯缝着眼睛挪躲着扑面的灼烟，在几声野性的嘶喊中，两种高亢的分贝终于和谐了，“吧嗒”一声，狞尸被甩到燧石堆上。周围喧呼声起。这时候，夜来了。篝火的余光被茫茫夜色包围。草滩前面那燧石质的峭壁，在阴森中回荡着生命迸发般的沉吟……

这“吧嗒”一声的抛狞于石，野蛮之壁被文明之戟戳开一个豁口。于是，火与狞肉之间溢出的烟霭，从这个豁口漫漶开去，裹卷着一股股褐色流体，飘散着庖牺氏人对体验自身本性的袅袅思索……

昆吾作陶

我收藏一些陶片，是远古的土地残骸，当初该是陶鬲或陶鼎的某个部位，都是那么纯朴和不加修饰，仿佛还沾溉着昆吾的粗糙指纹。

金文　　篆文

陶，《说文》里写为“陶”，左边的“𨸏”（阝），同阜，表示山丘；右边的“匋”（匋），是瓦，指屋。按《古史考》记“夏后氏时，昆吾作瓦，以代茅茨之始”，“陶”可理解为山丘旁的居所。所以，《说文》释“陶”字为：“再生丘也，在济阴……陶丘有陶城，尧尝所居，故尧号陶唐氏。”这是说，陶是两重的山丘，为古丘名，在济水之南，地在今山东定陶县。陶丘有陶城，传说为尧原来的居处。后来，尧作了唐侯，因而尧号称陶唐氏。但《说文》里又录有“匋”字，释为“瓦器也……古者昆吾作匋。按：史篇读与缶同。”这是说的瓦器，指陶器，为夏朝侯伯昆吾发明的。“史篇”指《史籀大篆》，中录“匋”字读音与“缶”字相同。

看来，《世本》《吕氏春秋》等记的原是“昆吾作匋”，而非“昆吾作陶”。但也就在汉代，《礼器碑》中已将“陶”写为“陶”了，这也是取代“匋”字的起端，后被历代书法典籍中沿用。“匋”字自汉后渐被废弃。现今谓“昆吾作陶”，则与尧帝无妨了。

昆吾，传说为夏、商之间的部落名，初封地在今河南濮阳县，夏末，迁于旧许（今河南许昌县）。这个部落擅作陶器和铜器——权威的史官们如是说，就有笔定成俗的作用。于是，昆吾就成为始作陶器者们共有的化身。

可是，讲故事的人对昆吾的身世又发挥了想象的技巧。《世本·帝系篇》：“昆吾，颛顼之后，吴回之孙，陆终之子，已性也。为夏伯（注：地方长官），制作陶冶、埏埴为器。”颛顼是传说中炎黄联盟的重要首领，曾与水官共工争帝；吴回是颛顼之孙，为火官；吴回之妻生陆终，“陆终娶于鬼方氏之妹，谓之女隤（注：意为发祥隤祉），是生六子。孕三年，启其左肋，三人出焉；破其右肋，三人出焉。其一曰樊，是为昆吾；二曰惠莲，是为参胡；三曰篯铿，是为彭祖；四为求言，是为郐人；其五曰安，是为曹姓；六曰季莲，是为芊姓。……昆吾者，卫是也；参胡者，韩是也；彭祖者，彭城是也；郐人者，郑是也；曹姓者，邾是也；季莲者，楚是也”（引文同上）。这样，昆吾作为六兄弟中的老大，后来就发展为一支氏族，延续为夏的同盟部落，并成为河南一带卫国人的祖先。这里，神话与传说虽然分不清界线，但故事的背景仍是依附在真实历史的发展趋势中。河南是夏、商时代的中心地区，远古的文物在那里有许多重要的发现，这与昆吾“制作陶冶、埏埴为器”就有了顺符史情的关联。

按“韦顾既伐，昆吾夏桀”（《诗·商颂》语）之说去想，夏桀时期，在今濮阳、许昌一带，也就是出土龙山文化的陶鬲、陶甑、陶鼎和铜器、贞卜文字的地域，那时，先民们在这里接触的只有与人争食的禽兽，还有绿漫浸的植物及黑黝黝或黄燎燎的土地。禽兽可炙食，果蔬可充饥，树藤可编羽裙，枝桠可作棍，这已是物尽其用了。那么土地呢？除了支撑脚的行走还能作什么？望着从土里冒出来的青草和野花，望着雨水洒到干土上湿润成的粘稠，先民们还是麻木得像是时时看到的天空和太阳一样。深奥的土地还无法使他们去寄托更多的希冀。沾满泥巴的历史之初起码是经历了万千年的土地氤氲之后，才被昆吾踩出一种感悟，这种感悟会从蚀迹斑斑的远古陶器中折透过来，让我发一声长喟，将神话和传说拉向现实。

昆吾能作成陶器，得益于黄河流域特别是黄河流经黄土高原所冲积的土质。这种土质是作土陶的天然材料。对此，柳青在《创业史》中有一段形象的描述，可资参证："春雨过后，太阳一晒，空气里散发着一种令人胸闷的气味。好像地球内部烧着火似的。平原上冒着热气。你抓起一把关中平原的黑胶土，粘糕一样，一捏一个很结实的窝窝头。""关中"虽指秦岭以北的陇西，但仍属中州和黄河流域。因而，陕豫之域因有黄河浇灌出来的土质，考古业才能在这里发掘出那么多的远古土陶，并当为中国文化初期的物据。所以，关于昆吾作陶的启端，我描绘了这样的一番情形——

> 盛夏，濮阳、许昌一带的丘川原野上，忽见一片阴云涌来，仿佛带着一股斗气，汹汹地向着太阳扑去。于是落下一阵急雨。丘洞前那片干燥的黑土地被湿润了，又经冒出来的阳光一晒，缓缓地蒸腾着蝉翼般的热气。夕阳西沉时，有清爽的风习习吹来，蒸腾的热气渐而消泯；没有蒸腾出来的热气滞聚在地表，形成潮湿的层垢。
>
> 这时候，昆吾出现了。看上去他很威猛，淋湿的长发中裹着一脸的雄蛮；他也很魁梧，上裸的胸肉结实，像一块黄石岗。他去了树林里狩猎，背回一支龇牙而亡的小兽。这里巨兽的遗食还是昆吾经智斗所获？引起关注的情节是：昆吾将兽尸往丘洞前的那块大平石上一摔，随即吆喝几声，丘洞里就走出几个他的同类。他们捧过来贮存的干树枝，还有天然的石墩——那些有意留备的光滑坐具。然后在平石上支起炙架，燃起柴枝。除毛汰脏的兽尸在热传导中散发出诱口的香气。接下来的情节发展就变成微妙的细节了。昆吾可能在拨动带火的树枝时灼伤了手背，或是撕扯熟肉时烫痛了手掌，这都是容易发生的不慎行为。于是，本能的防护意识使他想到脚下踩着的潮凉的粘土。

这样，他抠起一块粘土，贴抹在手背或手掌上，这会使疼痛的皮扶舒服些。但是，抠起的粘土绝对不会被捏成柳青说的还没有被昆吾见识到的“窝窝头”，而是依着手形被捏成了手背状的凸形或手掌状的凹形（凸形翻过来也是凹形），这形状像一块不规则的瓦，以此为垫具去抵隔火的灼热，减轻与熟肉接触后的痛感。之后，这块“护手”是否被他不经意地掉落到火堆里，烧成了坚硬的“原始簋”？或是昆吾心有灵犀，又捏出带有深沿的“原始罐”，有意放到火堆里去烧？这都是无从得知却又是附随情理的可行性行为。因而，这个未经确认的飘着肉香的傍夕，就值得后来的国人为之思怀和庆幸。

灰陶双耳罐

可是，这样描绘是否能钩稽出昆吾作陶的初端？夏代的荒垣断层中到处显现着陶壁的粗砺纹络，甚至凹窝的土丘也像盛装飞禽走兽的巨大陶鬲。昆吾后来取土作陶的探索，付出了多少心机和艰辛，又如何焙烧出能用沸水煮肉的耐火陶器？谁也想象不清。但可断言，陶器的出现是为熟食和汲水备具，并是先民在徙迁中携带饮食的载具。这类模式，便是后来被称为釜甑鬲簋之类的前身，也是被后世人用以胹、煔、瀹、腩、肛、腤等同义为煮的先端器具。有了陶器，火食之道始备。远古时期，“正在形成”到“完全形成”的人类，就在于陶器的间隔。当昆吾在篝火旁用陶器煨尽了暗夜，文明曙光已照彻人寰。这比爱迪生发明电灯还重要。

从人类初期饮食生活的实际情形来考量，后来，由于平底的陶器压火，食物不易饪熟；凸底的陶器虽易受热，却放置不稳。这样，支脚的设计便应运而生。又为着保管和使用的方便，支脚就连在了陶器的底部，于是就形成了鼎的原始造型。《世本》等记“夏启曾铸鼎于昆吾”，这虽存夏启和夏桀之间的时间差，但能意会到最早的用鼎部落可能只有一个，我们设想为昆吾的部落。那时，陶器生产是在氏族间进行，为原始经营或贸易的主要交换物品。昆吾无疑是作陶大户，这个氏族生产的陶器因是“名牌产品”，也就具备了贸易优势，致使其他部落渐而承袭了这种文明。有了陶鼎的介入，渔猎、耕稼、驯畜、植蔬、制盐的先民才有了真正的饮食归结，才得以“饭于土簋，饮于土铏”。现代考古已经明晰地揭櫫，我们这个华夏种族是在陶食的进程中得到自我确认并挺身傲世的。

有理由说，是王天下的主宰者们首先意识到“鼎食为天”的民生意义，他们“问鼎”、“定鼎”的行为就与史官们的想象在真实的历史中相遇。只是，朴实的历史被邈远的岁月藏匿着，神话也就代替了捕捉不到的实际情节。正因如此，昆吾“制作陶冶、埏埴为器”就幻变成禹王的九鼎，得用九万人才能拉动。《战国策》记，九鼎后被搬入殷宫，继而搬到周室，搬到周显王那里时，他竟疏忽得使九鼎深入泗水。“国宝”丢失了，唬得后来的秦始皇派了千人去泗水捞鼎（《史记·秦始皇本纪》）。不用说，鼎没捞着。能捞着吗？神话在这里已成玩笑，秦始皇当真了。

史籍中的戏谑当然不比沉厚的土地真实。1959 年，在黄河支流伊、洛两河之间的偃师县西南叫“二里头”的地方，出土了大批接近龙山文化的陶器和早商的宫址、墓葬物及青铜器等。可是，文物出土的朝代明确了，文物的创造者们又是何许人也？这是否为昆吾“制作陶冶、埏埴为器”和“昆吾作瓦”的辉煌成果？如果此无实据，那么，谁又能证明这些物质文明的创造中会没有昆吾氏族的劳碌身影？

是否这样理解：龙山文化被称为“黑陶文化”的后期，当夏代的鼎食部落形成了统一的族体，随着鼎食传统的确立，国家就渐被鼎的形象代替。当陶鼎演进为铜鼎之后，国家的组成核心就成为鼎的“支脚”。这样，与鼎相关的政权理念、民族意识、心理等便附随衍生，“定鼎”、“鼎盛”、“鼎食”就成为国家的建立和繁荣及天子之膳的象征性符号；而“和羹调鼎”、“调和鼎鼐”又成为创造美味、发展饮食的定义词。西晋后，彩陶进化为缥瓷，成为瓷器的前身，又向工艺层面深化，并为俎术的发达提供了更为优越的效果。这都是“昆吾作陶”的延申意义所在。

然而，无论陶器如何进化和转义，其操守于食俎的功能仍在历史中发挥着不可取代的作用，这从“陶”字的构造中能看得出来：左边的“阝”，可意会为陶器之柄；右边的“勹”，是酒器中舀酒的用具，后来演申为灶觚中的“勺”；“勺”中的“缶”，是盛酒、盛食或汲水的瓦器，也是缶米的古量名（十六斗曰缶），还是古人酒酣耳热后聊以助兴的瓦质打击乐器。兹见，“陶”字除与尧号及其居所有关，主要还是为食俎而造。而且，几千年陶器中的粒食和羹食充填了国人的胃囊，于是就有了喝粥，吃羹的传统，从而粥史和羹史也就构成中国历史中某种风俗性基础。

我收藏的那些陶片，许是经过昆吾或他的氏族劳手制造。它们曾被荒土覆盖，被风沙浸蚀，居然没有回归自然，仍是固守着陶器的最后形迹，没有分解成粉状的有机物。我惊叹它们的坚韧和顽强。于是，我把它们与被它们破碎了的那个酥化的远古历史，一同在我的心间重塑起昆吾的圣尊。

黄帝城的炊烟

篆文

炊烟，火、俎之气合而为之者也。人脱离动物的标识，是篝火燔肉的焞烬飞扬；而至“完全形成”的人，其生态变化的界点是炊烟。故而，炊烟后来被引申为人烟户口即户籍的统称，谓“烟户”。兹见，饮烟不缥缈，它漫漶出人间尘寰，其义大焉。中国最初的炊烟飘在哪里？值得寻根。

为此，我曾旅寓河北涿鹿县的矾山镇，这儿离三堡村外的黄帝城不远。我的想象中，这儿该是老祖宗使第一缕炊烟得以飘起的地方。那天夜里，我枕而未眠，恍惚之中，那位蜀国名士谯周，峨冠博带，飘然而至。他捧着《古史考》向我诵曰：“黄帝蒸谷为饭，烹谷为粥。”诵毕遁去。我的床边忽然长出齐腰谷穗，眼前现出炊烟袅袅。第二天一早，我便去了黄帝城。

一路上想，黄帝之“黄”，即指土地，“土色黄，故称黄帝”（《史记·索隐》语）。“黄帝有土德”，他倡导耕田种谷，故得此谥号。那时能蒸饭煮粥，黄帝城外包括我走着的这地方，该有谷物种植。是何谷物？该为粟。因为，粟是最古老的粮食，“粟”字以“黍”（禾）的象形，最早出现在殷墟贞卜文字中。《辞源·禾部》释：“秦汉以前，禾皆指粟，即今小米。”再有，粟通谷，又是五谷的统称。这能看出粟的先产和先领作用。冀地自古为粟栽培最多的省份，武安磁山新石器时代遗址的窟穴中，就发现过大量的粟米。我想，“重衣贵粟”的传俗，源发点该是有了黄帝城之后。那城中飘起的炊烟里，是要裹着粟香的。

来到黄帝城。这是被称为中国最早的都城。城呈不规则方形，内沿天然之丘叠以夯土筑成。城堞底宽上窄，东西间距450—500米，南北间距510—540米。明《保安州志》记：唐时，城内有轩辕庙，后风化无存。宋时，又有黄帝祠、祭堂等。宋末的1268年2月、7月，涿鹿一带发生过两次强震，毁坏甚重，城中筑物无一幸免，居民多有死伤，幸存者惧离外地谋生。县衙亦撤销。明景泰三年，始有居民零星迁入。但因辖地更变，已降为乡级村落。清道光十五年，有杨桂森者游历于此，所记城内仅有居民四户，史载至此中断。1914年，涿鹿县复名。1993年，城内已是满眼的果树，全无住户了。1994年，张家口市政府为了修复黄帝城，多方筹资。一位远在星州的华侨周颖南君闻讯，专程来涿鹿考察。他见祖陵失位，窅然难禁，遂捐巨资相济，湮没的黄帝城始得复苏。

黄帝城之谓，来自史典的传载。《史记·五帝本纪》：黄帝“邑于涿鹿之阿……居轩辕之丘。”指的即是这地方。“阿”指丘陵，“丘”亦当城识。那时无城之谓，称之为“丘”。《说文·丘部》：“四方高中央下为丘。”黄帝城即是这种形势。为与天然的土丘区别，史官们称它为“青丘”，如《山海经·大荒东经》记“轩辕之丘”为“青丘之国”。兹见，它是华夏文明的最早屏障。

我在城堞上踽踽独行，沐着初乍的晨风，遥想黄帝据有涿鹿后，这儿正直炊烟飘泛之际，神思不免驰溯到八荒九垓的前尘远代。有人持疑：黄帝城遗址怎么会在冀北的偏僻山谷？但远古的中国，哪处地方又不是偏僻山谷一般？那时无渡水之具，黄河比时今是要汹涌恣肆的多，想去南方也无法横越。当初，黄帝率领他的部落走出黄河河套，沿桑干河畔迤逦游牧到涿鹿，该是受地缘环境所囿，又是受“滨水求存”即以水源为重的徙迁意念所使。至于后世人描绘涿鹿“翠峦环延”、“幽溪鹿鸣苔还静，林深风吹鸟不知”的如画风景，亦非黄帝在此定居的原因。我推测，黄帝是以生存的意识看好了这处山川兼容、丘泉并蓄的地方：土丘东南有涿鹿山，便于狩猎、采果和伐木；山下有“诸沃之野”，是桑干河和洋河汇合处的盆地，网罟既近，又利于垦耕种谷；东面有大泉（今称黄帝泉），这比河水卫生，益于饮用和洗涤、沐浴；西面有“阪泉之野”，可供操练武事；更有这土丘的天然环围，容积相宜，便于掘修筑防，可据此阻击对手的进攻，又能居内栖息，掩避风沙。这些自然环境在今人想来，只不过是一派蛮荒野莽，但以人类之初的视阈考量，却是求生存、图安卫的伊甸园。正因如此，为争夺在这里的生存利益，后就发生过黄帝“与炎帝战于阪泉之野”（《史记·五帝本纪》语）、“黄帝伐涿鹿而擒蚩尤”（《前汉书·地理志》语）。但是，这两场战争怎么个打法？能像有些书上说的是声势浩大，有八卦阵、七旗阵、六军六旗，还有蓄水淹军等战事吗？不可能。这是对远古的“伪令”。因为，这些战事都离不开旌旗的指挥。那时许有养蚕，但绝无染料。若无染料，岂能做成需有印记标物的旗帜？黄帝城仅五百余米见方，又能容纳多少人居住？不算老弱妇孺，战员不会很多，且能胜炎帝、擒蚩尤，可见战事规模不大。那时，整个中国还人迹稀少。不过，古涿鹿总是有那两场战争的，厮杀声和石器、树棍的撞击声也会在空廓的川野中显得格外响亮——那是炎黄联盟的前奏。

时间尚早，我感到这儿有种被史前的蛮赫默化了的瞯瞯寥静，晨阳也远哉悠悠，披辉的土岗恍若祖先们囤积的粟米。岁月之痕都湮没在层层夯土之中，让我追索它的蕴藏。我在想，修复黄帝城，是将这个远古之丘中逝去的人间烟火再倒摒过来，还原给国人一个归源性意义。因为，那时人类最大的困扰是粟食，得粟食者得人心。黄帝能统一大业，根本的原因是解决了粟食。若无粟食的供济，他的部落焉能强大，征战也总是发动不起且难以打赢的。人类无粟食之前，其寿命仅与长寿动物相仿。原因在哪儿？答案并不复杂：那时尚无粟食可吃。粟食是农耕和定居的标志。《黄帝·内经》记“五谷为养”，揭橥的即是人类有了粟食而犁开了与动物的饮食区别，也是人类比动物长寿的基因。黄帝“艺五谷，抚万民”（《史记·五帝本纪》语），该解释为那时候已有谷物，种谷、食谷渐成各个氏族部落刀耕火耨的生存行为，从而发轫并崛起一个米食民族。这种情形在时光向我们推进时，之间的臧否就像夯层叠叠的黄帝城，造物主在这里并没有布置什么奇巧的花样，那披漫了近五千年的神祇华光，其实就是人间烟火，即由粟物为主而挥化出来的炊烟。

黄帝城里的居处，《韩非子·五蠹》记的很实际：“因丘陵掘穴而处。”即依土丘内侧掘出一排排窟洞，朝南据中那处最宽敞的该是黄帝所居。为了防潮，洞壁和地面用泥掺以红烧土抹过，再以火燎干；榻以树棍，上铺兽皮为褥；两扇柴扉以树桩，帘以树藤；衣以羽皮裙裾；鞋以兽骨为针穿以兽筋，使兽皮联缀套于脚上，踝处有兽筋作成的松紧带，便于穿起或脱下。最有创意的当属灶具。按西安半坡新石器时代遗址发现的地灶推测，黄帝的灶式仍该是地灶。因为“灶心为屏，突出高屋四尺”（《墨子》语）的炉灶，商后才有。为避烟地灶该是设在居室之外；又为避雨，上面该有遮棚。这样，地灶就会设在半地穴式的土表下，不然，“灶突决则火上焚栋”。所谓地灶，即掘有两坑相隔，下面则两坑相通，一坑为填柴处，另坑为出火处。两坑洞的洞道便起到烟筒的作用。柴禾填进，洞道能吸风拔火，火势受洞道框囿，[illegible]入火坑中，火势便集中而猛烈。火坑中置釜甑烹谷或炙肉，不仅加热速度快，且能节省能源。《淮南子》记“黄帝作灶”，该解释为那时的地灶已取代篝火，这是了不起的进步。后来行军打仗，“五人为列，二列为火，即十人一灶炊煮”（《通典·丘一》语），谓“埋锅造饭”，亦是此番情形。所以，我想黄帝城的炊烟，都是从户外地表下的掘坑中散出，股股的在城中弥漫，交融成一片像青蓝、铅灰交染的浮云，冉冉飘升到睒睒天际。

黄帝城的炊烟延漫了多久？这能判断得到。《史记·黄帝本纪》：“黄帝崩，葬桥山。”桥山在黄帝城北20公里处的温泉屯村南，因山有天然形成的拱形石桥而得名。后来，“秦始皇三十二年幸碣石……祭桥山、祭轩辕黄帝庙”（《魏书·帝纪》语）。可知黄帝是在黄帝城附近终老。那么，黄帝“蒸谷为饭，烹谷为粥”，应该是黄帝在这处“涿鹿之阿”定居之后发生的事情。证据是1957年11月30日，《人民日报》、《光明日报》同载《在黄帝城里发现的……》一文中记：“涿鹿县考古工作者在城北发掘出土文物多件，石具有石斧、石刀、石磅、石臼、石杵等，食器有陶鬲、陶簋、陶釜、陶甑等。这些文物，能松土、播种、收割、除秕和蒸饭煮粥，都有沾渍粟料的经历，都是炊烟的发轫物。

还得感谢樵周“黄帝蒸谷为饭，烹谷为粥”这两句话。这位归晋的散骑常侍已是凛然肃然的历史老人，当他颤巍巍地写完了三皇五帝的宗谱，也许没有想到，这两句话才是他经典的史考之笔。这里，他标识出火上燔肉进化为釜甑饪粟的原端界限。饭和粥从此在世世代代国人的胃囊中化解为永恒的生命基素。所以，我在炊烟飘起的时辰瞻观了黄帝城，心中的感慨难禁依依。还有什么比“烟户”还重要的事情吗？遥想那霭状流体的片片炊烟向邈远的天际漫漶，我于恢然旷荡之中，仿佛嗅到不绝于缕的粟气残香。我能领会，这儿，曾验证过粟米的性能；广袤的耕野间，茁壮着一个古老的民族。

由“水”字谈水

“水”字，甲骨文、金文、篆文里写为“[illegible]”或“[illegible]”、“[illegible]”，字形都差不多，中间的曲线表示水在蜿蜒流动，两侧的小点像溅起的水星。楷书里的“水”字，虽然看不出水流的样子，但基本笔划仍是留有原字的痕迹。兹见，水的成字是造字祖先依照自然界里水的流动状态而会意的象形字，作名词用。后来延伸为河流名称，如：湘水、泗水。因水的表面无凸起或凹下，又有“水平”一词用于衡量人的各种素质的高低；因水有流动特征，旧小说、戏曲里就借此把女人的情不专一比喻为“水性杨花”。由“水”字衍生的名词还有很多，如：水官、水师、水手、水田、水商（商人）等等；由“水”字引申的成语也不少，如：水木清华、水尽鹅飞、水可载舟，亦可覆舟等等。但“水”字的要义是与饮食有渊薮，这是个寓意深广的大主题。

始于伊尹的题议

先说黄河与长江。这两大水系流经神州大地，流域面积占据国土面积的几近三分之一。这是造物主的神奇创造——海洋水汽自动升腾，顺季节风向自东西行，遇冷自动凝聚于青藏高原的冰山雪峰，严冬过后冰雪自动融化，沿三大地理台阶自动东流，回归海洋。由此形成了黄河、长江这“两座大水塔”。自古以来，其所提供的水源、水产品、灌溉的农田，以及赖此繁生的动植物，养育了不下百亿的华夏子孙。这就是水的伟大之处。

中国食俎文化的形成和发展，按河流来说是由黄河流域逐渐向长江流域、珠江流域过渡。上古，游牧的氏族部落迁徙无定所，但首要的意念是寻找适于生存的水源地。非洲的羚羊、斑马都懂得找水喝，不然非得渴死，何况是高级动物的人。我们的祖宗黄帝，就是找到了黄河，得益于黄河水的养育和黄河水冲积出来的造陶土质，所以才能在黄河流域“艺五谷，抚万民”，“始烹谷为粥”。由此，以陶食为标志的米食民族才得以傲然立世。由于水是生命之本，后来的思想家就将世间万物的起源和多样性的统一芟理为“五行”：“一曰水，二曰火，三曰木，四曰金，五曰土。”（《尚书·洪范》语）其中“水”字为首，也就是水最为始。

到了商初时，被称为“贤相”的伊尹对水的认知已有相当的深度。战国末秦相吕不韦主编的《吕氏春秋》中的“本味”篇里，在表述“说汤以至味”时，就提到：“凡味之本，水最为始；五味三材，九沸九变”；又说：“水之美者：三危（西极山）之露；昆仑之井（井泉）；沮江之丘，名曰摇水（瑶池）；日山（白山）之水，高泉之山，其上有涌泉焉……”这番话不一定是伊尹的原话，许是根据古传的《伊尹书》再行文字加工使然，但蓝本是有的。这里，不能苛求伊尹能对水作出符合现代科学的解释，但他却以“厨人最懂水”的实践感知，为“水”字之与烹饪和饮用提出了世界上最早的朴素而澄彻的题议。

按照伊尹的题议去想，水无论在任何朝代，任何地方，都是氢和氧的化合物（分子成分大致为氢二氧一），都是在高温或低温中会成为气体或固体的物质。从古至今，水也都是人的生命的维持者。没有水，人体的化学反应和新陈代谢都无法进行。人不吃食物，仅能活命 7 天；人只喝水，却能活命 70 天！可见，人体对水的需要重于食。所以，伊尹关于“凡味之本，水最为始”和“水之美者”的题议，是可以从商初直接拿到现今来继续研讨的。

“凡味之本，水最为始”

标题这句话，从烹饪的理义来讲，即是凡为肴馔，以味为本；而味的形成通常是以水的热容量对食材和调料的溶剂作用和化学反应为始的。这与火候是两码事，是就水（或汤）而言。从烹饪法的起源来看，也可说明这一点。自祖先们发明了陶器，水煮法遂而产生。于是，水的沸态就成为烹饪法之母。后来，伊尹为武汤做“鹄羹”，即是用水煮雁肉再以汤调五味使其为羹之法，以此比喻治国如“和如羹焉”的道理。所以，伊尹能释意“凡味之本，水最为始”，也与他的政治智慧有关。

烹饪法以水的沸态为源，后来又繁衍出一宗氏族：炖、烩、汆、烧、焖、熬、煨、卤、酱、涮……还有水沸后挥发的气态而形成的蒸，水与食物胶质饪合而成固态的冻，都是水煮法的子孙。也可以说，凡是割烹成馔的一应过程中，都离不开对水（或汤）的应用。可是，我们却往往“俎而不思其水”，忽略了烹饪中的“始作俑”。其实，树立“凡味之本，水最为始”的理念，科学地使用汤水，对形成肴馔的味道和口感颇为重要。烹饪的实践会使我们认知这一点。

炖制肉类宜用热水下锅，忌用冷水。用热水炖肉，能使肉块表面的蛋白质迅速凝固，对其本味起到保持作用，使炖好的肉类味道鲜美。烹饪腊肉，亦宜将腊肉先用冷水下锅，煮一下，使亚硝酸盐（腊肉中的一种致癌物质）溶解在水中，并使腊肉变得柔润，然后再烹饪；但忌用热水下锅煮，否则，腊肉表面遇热后急剧收缩，会影响水分的渗入，亚硝酸盐也难以充分溶解于水中。制汤时常用的肉骨类，也宜用冷水下锅、小火慢煮，这能延长其蛋白质的凝固时间，使肉骨类中的增鲜物质充分溶解到汤中；制汤时也要一次性加足所需的水，中途加水会冲淡汤的鲜味；即使加水，也要加热水，如加冷水，汤的温度突然下降，肉骨类的蛋白质和脂肪迅速凝固变性，会影响其营养和味道……

炒制蔬菜，若中途需要加水，宜用热水（或热汤）；中途加冷水，会使锅中温度下降，蔬菜的饪熟速度变慢，延长了受热时间，导致营养降低，又会使蔬菜中的纤维素不容易软化。做素食羹汤，宜汤水在大沸后再将蔬菜放入；蔬菜中含有丰富的维生素 C，也含有维生素 C 氧化酶，这种酶在 50℃左右时活性最强，在 100℃时会失去活性；若在冷水时就放入蔬菜，当水温升至 50℃左右时，处于活化高峰的维生素氧化酶，能将维生素 C 氧化破坏，而且成菜的颜色也受影响。炒制莴苣、鲜笋、番茄等蔬菜，宜用软水，即纯净水，忌用硬水；因为这类蔬菜含有较多的有机酸，用硬水炒制，这类蔬菜的有机酸会与硬水中钙离子结合，生成难溶于水的有机酸盐，使味道欠佳，口感不适……

这类科学用水的制馔实践，无论对职业厨师还是家庭烹饪，都应该成为被习惯恪守的规范。熟谙水或汤在烹饪中的合理应用，使其每个细节都能与制馔的过程科学契合，这需要对水与烹饪有鲜明的逻辑理念。能达到此意境并作用于实践，你的厨艺会如添双翼，腾飞得更高。

“水之美者”

标题这话，是指美水，可与美食等量齐观。伊尹在那么遥远的年代就有此题议，真是贤彦之瞻！知美水需识水。历史上最识水者常是厨人。伊尹之后，“易牙辨味”便是佐证。《列子·说符》：“白公问曰：‘若以水投水何如？’孔子曰：‘淄渑之合，易牙尝而知之。’”这话里有个故事：齐桓公嫌司厨不逮而张策招庖。易牙投招入宫。桓公问他有何司俎之能试之？易牙答：可将淄、渑之水混合，当能辨之。桓公愕惑，命人取淄、渑之水，变法混淆，使易牙尝。易牙屡尝不虞。桓公大惊，以为奇异。遂旨易牙为雍人，统掌御膳之事。易牙疏浚并张弛了“水之美者”的理义，使识水之术明确为司俎精要，又经孔子一宣扬，“易牙辨味”由此成典，为世代谈资。

我们不攀比易牙，但却要重视“易牙辨味”。即是在烹饪中除了要科学用水，还要识水并善悉“水之美者”。这不仅因为水在烹饪中是“凡味之本”，还因为人对食物的味觉也是需经水的传输才能感受。人的受味体是味蕾，其尖端的小孔道是由指形的微绒毛组成；微绒毛只有通过味蕾尖端的小孔道才能与口中的唾液接触。故而味刺激物必须都有一定的水溶性，才能随唾液流入味蕾穴。受味体的这个感味过程，自然也是人体内吸收水分的过程。所以，饮食中的水质如何，与每个人都休戚相关，关注水质就是关注自身。一则电视广告说：“人身体内的水，每18天更换一次；水的质量决定生命的质量。”不能说一次饮食就可以改变一个人的健康走向，但是人的一生中至少要行使6万次饮食呢。

历史的长河就是水。至清道咸之际，名医王士雄所著《随息居饮食谱》，开章即是“水饮类第一”。章中说：“人之饮食，首重为水。”王氏以医责之德，为保护水质的清洁，躬身调研，总结出对水质好坏的煮试、日试、味试、称试、纸帛试等验证成果。近二百年前，有如此卓然识见，令人敬佩！

当今，我们却面临着前所未有的缺水危机和复杂的水环境，饮水安全的最大隐患是来自有机污染，餐饮业由于业体庞鸿和对社会万方承供饮食，已成为用水量最多的行业之一，厨房的活儿就是“水活儿”。从趋势看，节约用水、烹饪中科学用水和美食中要富涵美水，将是企业生存和发展的品牌。在当下严峻的水现实面前，肯于在水上下功夫并由此获得社会信誉，将是经营独到的赢家。

掩嘴谈“羹”

“羹”字

“羹”的本字是“鬻”（gēng），字中下面的“鬲”，为古代陶类炊具；“鬲”上面的“羔”，即小羊；两旁的曲线是不断上升的热气。此字表示的是古人把小羊的肉放在鬲中做羹时，热气腾腾的情形。

《说文解字》中录有“鬻”字，释为：“五味和羹也。从䰜、从羔。〈诗经〉曰：‘亦有和羹。’”这是说，鬻义是指用羔肉放入水鬲中并用五味调和而做成的羹馔。为会意字。“从䰜”，表示烹饪；“从羔”，表示美味。《诗经·商颂·烈祖》中说：“亦有和羹。”东汉郑玄对此注为：“和羹者，五味调，腥熟得节，食之于人，性安和，喻诸侯有和顺之德也。”可见，“鬻”字是由羔肉做成的带汁或半流质的食品而会意的，又寓有诸侯们食之能“性安和”、以喻“和顺之德”之义。

《说文》中“鬻”字下面，还有“羹”字，许慎释为：“小篆从羔、从美。”这能表明，到了汉代使用小篆体的字时，“鬻”字就进化为“羹”字。也能推断出，汉以前大概都写为“鬻”的；汉以后“鬻”字渐被“羹”字取代。以致东汉以后，“羹”字沿写至今。

关于“羹”字，有学者以为其字上部为“羊”，之下四点为“火”，义指炙羊肉，即烤乳羊。徐灏《说文解字注笺》：“疑羔之本义为羊炙，故从火。小羊味美，为炙尤宜，因之羊子谓之羔。”并认为“羔”下面的“美”

为味美。如果仅从“羹”字的结构来这样析释，是有道理的。对“羹”字中的“美”，解释也对。因“美”是上为“羊”，下为“大”，但不是“大羊”，“美”上面的“羔”已指羊了，再加“大羊”则义赘，所以“美”还是指味美。可是释“羔”为炙小羊，恐怕错了。因为“羹”是进化字，不是本字；本字的“鬻”，下面是“鬲”，鬲的共同特征是有短粗的空心三足，与鬲体连通，注入水可漫入其足，这样不仅能扩大盛水容量，在鬲下燃火，导热也快。因而，鬲无疑是炖煮的炊具，非为炙具。文字本字的构造能存真历史。所以，“羹”字的本义还是应该释为：“以羔肉做成的带汁或半流质的美味羊羹。”

雉羹·鹄羹

“羹”字虽由“羔”会意而成，但却渊薮于雉。史传的尧代，彭祖（彭铿）因制“雉羹”而被帝尧封为彭城（今徐州辖境）诸侯。此事，屈原曾吟道：“彭铿斟雉帝何飨”（《楚辞·天问》句），之后又有王逸注和洪光祖的补注，释彭祖以“雉羹”而事帝尧，为尧所赞美，封之于彭城。稍晚一些，司马迁也记：“彭祖自尧时举用。”（《史记·五帝本记》语）两位先贤的话，你无理由不信。摈去神话色彩，此乃悠悠远古的真实遗留。“雉羹”后来又传到西周的宫廷里，《礼记·内则》：“食……雉羹。”“雉羹”现象，反映了远古社会的一种需要和憬悟。由此，中国就萌发出一种以调羹比喻“国策如和”的政论，也示喻诸侯要有“和顺之德”的情结。

正是有了彭祖的“雉羹”，商初的伊尹才得以变通成他的“鹄羹”（雁羹）。伊尹自少从庖，后为媵臣归汤。他明白，要展鸿鹄之志，就得成为彭祖的隔代弟子。所以，他就在亳城宫殿的膳房里用鸿鹄为食材寄托志向，为商汤王烹制一道“鹄羹”，借此表述制羹如“国策如和”的道理。因而也像彭祖那样受到赞赏，被商汤王封以为相。不同的是，当初彭祖或许无心用“雉羹”以求受封之荣，伊尹却是有意，硬是端着“鹄羹”换来个宰相。而“雉羹”与“鹄羹”相比，也确是巫见有差，“鹄羹”汤面上沸动的纹圈，扩散着“雉羹”难以比媲的一层韬略，一层城府，还有一层哲思。

春秋时期，齐国正卿晏婴又成为伊尹的隔代弟子，并将“鹄羹”所涵蕴的理义发挥得更为完善。他说：“和如羹焉，水火醯醢盐梅，以烹鱼肉，燀之以薪，宰夫和之，齐之以味，济之不及，以泄其过。君子食之，以平其心。君臣亦然。”(《左传·昭公二十年》)这是说制羹要料、佐妥备，割、烹协配，汤、器皆宜，水、火适度，也要预防疏失，有相反相济的办法，才能保证羹的至臻至味。吃着这样的羹，能使人的性情与羹的谐顺相融，心地会感应出安和。无论君臣，都应从调羹中吸取治国司政的营养。这是中国古代政坛上一种著名的政论，以制羹喻国策如和，也是用食羹来寓示“性安和”和“和顺之德”的道理。晏婴也以此自律。他能安安稳稳司政五十余年，且多有建树，不能不说是对制羹的理义有着深刻的思索有关。

不过，将制羹的理义运用得明智，固然有益，若运用不逮或失当，也会致祸。请往下读。

羊羹·五侯鲭

古人以羊羹为重，始在西周。《礼记·王制》：“天子社稷皆少牢。”“少牢”即羊。那时周天子祭祀，少不了羊羹，时称“太羹”或“泰羹”。羊羹因成御用祭品，其价值飙升。诸侯、士大夫们也将食羊羹视为身份的象征。谁违犯这个规矩，后果不堪设想。

《战国策·中山策》里记载这样一个事件，说来甚畸：“中山尹飨士大夫，司马子期在焉，羊羹不遍，子期怒，走楚说王伐中山，中山君亡。”“中山”是春秋末叶位于河北定县一带的小国，中山尹（行政长官）宴请一些士大夫，司马子期也在座。因宴前未能校准客位，以致羊羹上席时，缺了司马子期的份儿。这家伙一怒之下，竟游走楚国向楚王诉说中山国待客无礼、毫无和顺之德的坏话，激起楚王发兵攻打中山国，“中山君”也被杀死。就因为司马子期没吃到羊羹，有失身价，中山尹也是疏忽了和顺之德的礼仪，就引发一场残酷的战争，羊羹在这里也充满了血腥味。

入汉，诸侯阶层食羹之风更甚，也不唯羊是需，什么羹都吃。长沙马王堆一号墓出土的竹木器，记有用牛、羊、猪、狗、雉、鸡、鹿、鲍、鲫、鮰等制成的羹馔（多配有腌菜和谷米）二十余种，可资为证。那时，诸侯们食羹以示和顺之德，已成风尚。但“五侯鲭”一馔的成因，却发人深省。

晋人葛洪《西京杂记》载：“五侯不相能，宾客不得来往。娄护丰辩，传食五侯间，各得其观心，竟致奇膳。护乃合以为鲭，世称五侯鲭，以为奇味焉。”

引文中的“五侯”为何人？即西汉成帝的二舅至六舅王谭、王根、王立、王商、王逢。其大舅王凤是成帝之母——皇太后王政君的长兄。成帝作太子时，其酒色糗事就宫中皆闻；继帝后更是骄奢淫靡，慵理国事。他为了晏处深宫享乐之方便，得找个能管事儿的替他挡驾，就封王凤为司马大将军，这使王凤因是帝之外戚而独揽朝政。成帝为了照顾那五个舅舅的情绪，得“一碗水端平”，于是不久又于同日封王谭等诸舅为侯，世称“五侯”。王氏专权亦始于此。

“五侯鲭”则出炉此间。

当时，“五侯”虽被同封，却不同心同结，仍操旧怨互为攻讦，龃龉难解。致使朝官们懒而从客。这也难怪，你说上谁家作客？去谭家怕得罪根家，去立家怕得罪商家，去逢家也许就得罪谭家，谁家都得罪不起，只好谁家也不去，免得涉嫌瓜葛。“五侯”无客，也各自尴尬，都明白是怎么回事，却又无可奈何。

这就说到引文中的娄护了。此人是宫中膳官，不仅知烹识饪，而且资深学富，能言善辩，长于圆通。唯有他不为所忌，敢于从容斡旋各方。“五侯”正愁得没人搭理，有了娄护来访，自然喜闻乐见，奉为上宾，竟相设宴酬之。

其实，娄护此举自有所图。他欲和解“五侯”，这可利顺朝廷，又遂愿了王凤都不能调解的“老大难”，且能取宠舆情。上引文中“娄护丰辩，传食五侯间，各得其观也，竟致奇膳”，就是说娄护来到“五侯”家“丰辩”，还集“五家之众长”，创制了“五侯鲭”，博得“五侯”共识而喜。对此，东晋人裴启《语林》记：“乃试五侯所饷之鲭而食。”可见“五侯”同嗜于鲭。以致，“护乃合以为鲭，世称五侯鲭，以为奇味焉”。这菜是怎么做的呢？北魏贾思勰《齐民要术》记：“用饭板零揲杂鲊、肉，合水煮，如作羹法。”这就清楚了；“五侯鲭”是以江鲭配碎肉合组的一道羹烩。

娄护以鲭制羹使“五侯”破镜重圆，可见他解铃有道，颇有先贤遗风。这也正是如前所说郑玄注“亦有和羹”的“食之于人，性安和，喻诸侯有和顺之德也”的掌故。

可是，娄护的“羹道”都是歪打歪着，也组错了地方。“五侯”弃怨归好，使汉成帝外戚之专权结重，王凤更得以结党营私，为王莽篡汉植入祸根。王莽是王政君之侄。汉平帝时，他以外戚袭了王凤之职，掌握政权；元始五年（公元前 5 年），毒死平帝，自己摄政，之后又假托符命称帝，终使汉之江山变色。因而就想，当初不封“五侯”，便无“五侯鲭”，西汉的历史或许不致如此。这样去看，“五侯鲭”竟成了祸羹，可谓一羹亡西汉。

行文至此，再看这个“羹”字，笔划缜密，像古代史的渊潭上拂动的波纹，内中却是令人深思的沉潜。故而掩嘴谈“羹”，这或比吃羹更有历史的况味。

“庖”字的微妙

“庖”与“厨”同，在汉语中是经见的字，意思尽人皆知，好像没有什么可作解释的。但是，若从此字的字形构造中去追溯它的成因，那就很有内涵、很有说道了。

“庖”字，《说文》里写为“[illegible]”，上侧是“广”，下面的“[illegible]”，是“包”字；“包”字又由“勹”（bō）、“巳”二字合成。为何这三个字的拼组就是“庖”呢？这得依次分释。

先说“广”字。此字在上古文字中常常与“厂”字混用，似同“厨”字也可以写成“廚”。不过现在的“广”就不可以写成“厂”了。约在秦后，“广”、“厂”二字才渐有区别。不过还是都指房屋。《说文》里说“因厂为屋”，是指“厂”为房子。如：“建厂”、“厂房”，都是循沿此义。而“厂”上面加一个点，《说文》里则释为“象对刺高屋之形”，是指依着山崖建造的房子。又说“凡广之属皆从广”，是说“广”字是个首部字，凡是“广”字介入的字都与房屋相关。如：“府”（官署或官宦缙绅的住宅）、“廛”（城邑平民的住居）、“庐”（农民耕种时在田野搭建的棚舍）、“庙”（设立祖先牌位、画像而祭祀之处）、“庭”（厅堂的正中处，即中厅）、“庑”（厅堂周围的廊屋）、“庈”（储放木柴、草料的仓库）等等。至于“庖”，《说文》里说是“厨也，从广，包声”，即是指庖室，也就是厨房了，是专用的行俎房屋，且要有相关的行俎设备和工具。

可是，“庖”即为厨房，里面为何是“包”字？“包”字为何义？前面说过，“包”的原字是“[illegible]”，对此，《说文》里这样解释：“象人裹妊。巳在中，象子未成形也。元气起于子，子，人所生也。男左行三十，女右行二十，俱立于巳为夫妇。裹妊于巳，巳为子，十月而生，男起巳至寅，女起巳至申。故男年始寅，女年始申也。”这是说，“包”字就像女人怀胎的形态，“巳”字在其中，又像胎儿未成形的样子。天地之阳气是从子月发动，子月即农历十一月。其卦象为五阴在上，一阳在下。阳气，是人产生的根源，故其月为子。婴孩降生，都要从子起始数起，男子往左，顺行数子、丑、寅、卯……数到三十；女子往右，逆行数子、丑、戌、酉……数到二十。这样，正好都数到“巳”，在“巳”上结合。以至就有了礼法的规定：男子三十而娶，女子二十而嫁，成为夫妇。因为在“巳”怀孕，所以“巳”为子。怀孕期是十个月，婴儿才能降生，是男婴要从巳顺行数十到寅，是女婴要逆行数十到申，所以男年从寅计算，女年从申计算。《说文》里这样解释“包”字，表面上看，似与“庖”字之义无关联，“庖”也不象厨房倒像产房了。但是，单从“包”字讲，这样解释并无错误，若从厨房的视角看，“广”字里的“包”字就另有内涵了。这里，需将“包”字中的“勹”、“巳”二字分解，才能求证出“庖”字的本义。

“勹”字，《说文》里写为“[illegible]”，释为：“裹也，象人曲形，有所包裹。”这是个象形字，象人的曲身形态，中空。此字在甲骨文中又象是人侧面俯伏之形，是“包”的本字（《说文》段注），也是“宓”、“伏”二字的初字（《史记·唐司马贞》补《三皇纪》）。但我以为，“勹”字也通“庖”字。因为古人造字，正如有学者所说，是采用“近取诸身”的方法，就是从自身或实际情状出发去比拟事物，也离不开前史的相关传俗影响。这样，当已有“勹”字时，后来的造字者就又造出与“勹”字同义的“包”、“宓”、“伏”、“庖”四字。以至，后世的史官们就将这四个同义字首先落定到远古时期一个氏族部落那里，即以此四字为冠，相继将这个氏族部落追称为“包牺氏”（《易繫辞》下）、“宓牺氏”、“伏牺氏”（《汉书·古今人表》)、“庖牺氏”(《尸子》《帝王世纪》)。因为这个氏族部落能“作结绳而为网罟，以佃以渔”，又能“取牺牲以供庖厨”(《三皇本纪》)。可见，“勹”字为“包”、“宓”、“伏”、“庖”四字之母字，就不仅指包裹。其字虽然中空，却“象人曲形”，潜意地涵括着先人在取牺牲而躬身割烹的初义。

由“勹”引发其四字在训诂学上的假借、转化过程，说来太繁。其四字的直接共义是指远古先人能够“养牺牲以供庖厨”。先人自懂渔猎，将所获牺牲由专事行俎之人割烹，这是随着物质文明的发展而发生的重要进化，并逐渐形成制度代代相沿。对此，《帝王世纪》中说：“承庖牺牲制度……女娲氏没，大庭氏王有天下，次有柏皇氏、中央氏、栗陆氏、骊连氏、赫胥氏、尊卢氏、祝融氏、混沌氏、昊英氏、有巢氏、葛天氏、阴康氏、朱襄氏、无怀氏，皆袭谥庖牺氏之号。”这在今人看来，是垂诸久远的传说，但在造“勹”字者那里，都是迭代遗传下来的真实。史情也是如此。当“养牺牲以供庖厨”的行为进化到有了炊具，有了定居条件和稳定的食物来源，割烹之所就自然产生了。这就决定了造“勹”字者的“近取诸身”。以至后来，“勹”字就发展为“包”字，并在上头有了“广”字，成为“庖”字。这个“庖”字的成因过程，也就是先人“养牺牲以供庖厨”的进化过程。这个过程的归结，即是庖屋也就是厨房的这一概念性定义。

可是，《说文》里的“[篆文]”(庖)，在“广”字下侧“[篆文]”(勹)字里面，却不是中空，而是有个“[篆文]”，是“象人裹妊”，分明是婴儿形态，即“包”字中的“巳”字，这又为何意？我以为，这与被今人称为“烹饪之圣”的夏末商初之际的伊尹有关。

伊尹的事情，史籍中多有记载。他崇尚彭祖。彭祖因烹制“雉羹”以事帝尧，为尧所赞赏，遂被重用，受封为彭城(今徐州辖境)诸侯。由此，庖事开始显豁兴国的作用。这对伊尹的影响很大，使他也树起负鼎之志，决心要成为彭祖的隔代传人。于是，他将“雉羹”变通为“鹄羹”(大雁羹)，也将自己的韬略潜伏其中。可是，彭祖是尧帝的本家，与尧帝对话不难，伊尹只是个庖人，哪有资格与商汤攀言？这需要智谋和勇敢无畏的胆气。于是，他就先将“鹄羹”精烹细调，吊出商汤的胃口，然后再故意粗制滥造，使商汤进膳时乐而忿，诱逼他审责自己。就在伊尹行施他的韬略时，一天夜里，商汤做一梦：“汤思贤，猛见有人负鼎俎，对己而笑，寤而占曰：‘鼎为和味，俎者，割截天下，岂有人为吾宰者哉？’”（《太平御览》卷三百九十七引）因而，当商汤吃了优劣不同的“鹄羹”，自然恼怒，但想到那夜的梦，暂且将火气压在心里。他倒要见识一下这个调鼎无常的庖夫是何许人也。这样，历史就在亳城商宫里导演了一场汤问挚答的精彩对话。伊尹也就得以“‘鹄羹’不失饪，君主岂能提审下庖”为由，借机向商汤表达了治国的见解。他说：烹制“鹄羹”，犹同治国。汤料宜煮熬适度；鹄肉宜取其鲜腴，脔切得法；汤、肉宜量鼎而备；调味宜不猛不薄，不浓不淡；尤重火候，不可松弛懈慢，也不可操纵过急，足温适火方见高明 。鼎中之变，精妙微纤，口弗能言，志弗能喻？君主细细揣度，这水火之数，阴阳之化，应时之变，宏微之差，缓急之道，无不浚通治国之策。失饪失国，得饪得国也（参见《吕氏春秋·本味》）。伊尹这番恣言割烹，深得商汤赏识。之后，伊尹佐汤灭夏桀，使商取夏。伊尹由此被尊为阿衡（宰相）。对此，老子感悟到“说汤以至味”引伸为“君人南面之术”的奥妙，概括了伊尹现象为“治大国，若烹小鲜”，成为后世人津津乐道的典义之辞。

由此想到，彭祖或许无心，未曾料到“雉羹”会给他带来受封之荣；伊尹却是有意以躬俎褐夫的智巧摄服了冕旒天子的迷沌，硬是端着“鹄羹”换来个宰相，在始有文字的商初创造了一个真实的寓言。可见，庖事在那个时代已被伊尹发挥得淋漓尽致了。不能不说，商至战国这一大段倥偬历史，宦界文场，相濡以沫，负鼎意识和庖事品味的积层，因伊尹而大有结重。这也不能不为造字者在造“庖”字时提供了在字形结构上的输入因素。

如此看来，“庖”字里那个被包裹的“ß”的婴儿象形，就被融入得很微妙。据《水经·伊水注》录：伊尹的母亲为避水灾，逃到空桑生下伊尹后难产而死。这处空桑，即今开封陈留镇东南二十五里的空桑村。伊尹就成了被遗弃的婴儿，恰被有莘氏一採桑女发现，抱回去献给有莘氏之君。其君命一个焊人（庖人）抚养。这样，伊尹自少得以近庖缘俎，在养父的言传身教下，成人后也擅于鼎烹。后来，商汤娶有莘氏君之女为妻，伊尹作为随嫁的亲滕归汤。初为小臣，后被商汤委以国辅。可见，伊尹属于“厨下儿”、“厨养臣”。他自婴儿起就被庖人包养的特殊身世，便被造“庖”字者会意为“庖下养”，于是“庖”字里就有了“ß”的婴儿象形。这样将商初贤相以婴儿形象融进“庖”字中，其造字结构的发凡起例是鲜见的，包涵的深义是有，但在先秦时期尊先敬老的浓重风俗中，也只能潜在性的会意为之。

以我们今天的视野这样来析解“庖”字，也并非对伊尹不恭。他那个宰相太邈远了，归位于庖确是益举。烹文煮史的华章从伊尹的相袍中抽出，才能重新融入我们的心灵。伊尹应该欣慰，哪个婴儿有资格端坐“庖”字中呢。正是他的孩提经历，点化了“庖”字的真义。

“厨”字之史

“厨”字原为“廚”，《说文》里写作“𢋈”，记其为：“庖屋也。从广，尌声。”“厨”即厨房，与庖同义，形声字，广是形符，尌是声符。这里，需以原字“廚”作释。

篆文

古人造字，为何将“尌”填“广”（指屋）中，就成“厨”字？“尌”通“树”，意为树立，后写作树。从“尌”的字形看，也象人以手拊树。可是，树与厨房并无关联，厨房里也不可能有树。若以“树”义释“尌”，“厨”字无解。“尌”从壴、从寸，可意会为人以手操持鼓，需以“鼓”着手释“厨”字里的“尌”，方可揭橥“厨”字的历史。

“鼓”字的本意是“战鼓”，后来又作“乐器”的词义用。那么，鼓在厨房里又能作甚？难道还要击鼓割烹？当然不是。然而，鼓又确实与厨房有关联，而且是形成“厨”字的原因。要说清这个原因，先要说说鼓，说的不是革鼓而是铜鼓。

铜鼓是什么样子？古籍中多有记载。如：“铜鼓，铜铸为之，虚其一面，覆而击其上。”（唐·杜佑《通典》卷一一四）再如：“形如腰鼓，一头有面，鼓圆二尺许，面与身连，全用铜铸，其身遍有虫鱼花草之状，通体均匀，厚二分以外，击声响亮，不下鸣鼍。”（唐·刘恂《岭表录异》卷上）又如：“其制如坐墩，而空其下，满鼓皆细花纹，极工致。四角有小蟾蜍。”（宋·范成大《桂海虞衡志·志器》）归纳上述引文，可见铜鼓的特征是：通体皆铜，平面曲腰，一头有面，中空无底，侧附四耳。这类铜鼓早在远古就已有之。1977 年，湖北崇阳出土了一只高 74.7 厘米的商代铜鼓，上头是鼓饰，当中是鼓身，下部是鼓座。这种形状，反映到商代的甲骨文里就成、，即铜鼓的象形字；在周代金文中，如洛阳庞家沟出土的西周方彝上，则成，中为铜鼓象形，两旁以手拊鎚作敲击状，当作动词用的“鼓”字。、象形字进化到东汉的《说文》这里，则被写为篆书体的，后来的繁字体写为壴。金文的，《说文》里写为篆书体的，繁字体写为尌。兹见，“厨”字里的“尌”，就不是树义，也不是人手拊树，而是铜鼓义，是人手拊之铜鼓。

可是，反映铜鼓的“尌”字为何被填入“厨”字中？这得先来追寻铜鼓在历史中的价值。“国之大事，在祀与戎”。铜鼓即是古代祭祀和战事的一种标识物，类似中原地区的鼎、钟彝器，联结着长江流域和西南各地汉族与许多少数民族的历史。在这些地方，铜鼓不单是敲击之物，乃为礼器，用于祭祀活动，舞乐以祈年禳灾，击之赛神，神祠佛寺亦皆有之。如：“粤之俗，凡遇嘉礼，必用铜鼓以节乐。”（曲大均《广东新语》卷一六），即录于斯。铜鼓也是征战的信号，鼓声就是命令，具有号召力和鼓动力。所以，战事的双方都重视对铜鼓的争夺。铜鼓的得失，是征战成败的重要标志。如：万历元年（1573 年），四川巡抚曾省吾派刘显进剿叙州（今四川宜宾附近），“克寨六十余……得诸葛铜鼓九十三……”（张廷玉《明史·刘显传》），即记如是。由于铜鼓是礼器又象征权势，有些民族首领就习于在祭台上陈列铜鼓，以显示类似商周时代的列鼎。而且，除了追求其数量，还以“唯鼓高大为贵”，“鼓声宏者为上，可易千牛，次者七八百，得鼓二、三，可僭号称王”（《明史·刘显传》）。在民间，铜鼓也是威信和尊贵的化身：“有鼓者，号为都老，群情推服”（魏征、长孙无忌《隋书·地理志》）；“家有铜鼓，子孙秘传，号为右族”（李焘《续资治通鉴长编》卷八一）……上述，是说铜鼓在历史中的价值意义。至于其价值意义为何以“尌”字填入“厨”字中？原因是铜鼓的老祖宗是炊具。

铜鼓因为全用铜铸，一头有面，中空无底，倒过来放置就像炊具中的釜。1961 年，云南楚雄县东北境内修建水电站，工人在沙河层中挖出一个全身无花纹的铜鼓，后被带回昆明，在云南省博物馆的入库卡上被标写为“铜鼓”；但因其体积不大，足部短，双耳小，又不像铜鼓，就改写为“铜釜”。这说明填卡者对这件器物还辩别不清，也表明铜鼓和铜釜很是相似。1975 年，云南考古工作者又在楚雄县东南的万家坝发现一古墓群，从中挖掘出八个铜鼓，样式粗糙，鼓面较小，出土时是倒放着的，与铜釜完全一致，鼓面上有烟熏痕迹，证明确实曾作炊具用过。对此，万家坝的发掘报告指出：“万家坝所出铜鼓是迄今为止我国经科学发掘所获铜鼓中之最原始者。这批铜鼓器身似釜，而且大部分表面有烟痕，明显曾作炊爨之用……这都足以证明铜鼓不但是从釜发展而来，而且尚停留在乐器、炊具分工不十分严格的初期阶段。”以至，万家坝出土的铜鼓被公认为铜鼓的原始形态，铜鼓的老祖宗——铜釜，由此也被学界肯定。

铜鼓因何兼具炊具、乐器的作用？对此，明代在西南地区从事多年征剿战事的将领王阳明有诗曰：“铜鼓金川自古多，也当军乐也当锅。”可见，军队中的铜鼓为两用：战时当战鼓，餐时供炊煮。铜鼓又为何多在南方应用？原因是南方雨季多，河流水域多，气候湿润，革鼓怕潮，潮则击之失效，行军携带也不便，又易于损坏或腐朽。铜鼓就不同了，遇雨或水浸都无妨，一敲照样响当当，比革鼓声嘹亮，而且质坚不怕磕碰触戳，还能盛装粮草和食物，亦能随时方便炊煮。所以，铜鼓的实用价值比革鼓要大得多。古代兵制，五人为列，二列为火，即十人共一伙（即一灶）炊煮，同伙吃饭的称为“火伴”（后谓“伙伴”），炊煮者被称为“火头”。“火头”是军队中的重要群体。战时，将铜釜翻过来就是战鼓，盛饭的铜勺就是最好的鼓槌，铜铜相击，釜底齐鸣，会起到激励军心的作用。

青铜釜

但是，将铜鼓又当铜釜并非明朝军队始为。研究铜鼓的始祖只能由近及远往前追溯它们的原始踪迹。陶釜出现很早，流行时间也长。陶釜的主要用途是炊煮，但翻过来敲击也会有一定音乐效果的声响。普列汉诺夫说：“生产者简单地敲击自己劳动对象的工具，一定比其他都更早地经历这种变化。”即使到了后来的先秦时代，关中秦人“击瓮扣缶”也是出了名的；连庄子也曾盘腿端坐那里，一连拍打着盛饭菜的瓦盆，一边哼着曲子（见《庄子·至乐》）。按照物质进化的序列，显然是先有陶釜，然后才有用铜仿制的铜釜。当铜釜取代陶釜之后，其声响效果更好。就是说，用于炊煮的铜釜最先是乐器的代用品，是随时可以用来作打击乐器使用的。可以想见，当人们吃饱喝足，酒酣耳热，随手将身边的铜釜翻过来，用菜勺或筷条敲击，伴和歌舞，聊以助兴，是很自然的。这样惯以成习，则是铜釜后来作为打击乐器而专门化的转换过程。

铜鼓虽然在商代已有，那是现代的考古发现。史籍中关于铜鼓的最早记载是《后汉书》（南朝刘宋著）。推断东汉以前的铜鼓是“也当军乐也当锅”的兴行时期，也会影响并传播到民间，形成了两者兼用的社会性认同。唐以后特别是宋代，由于金石之学兴起，铜鼓的铸造越发精湛，即如前所述及唐宋人记录的铜鼓“其身遍有虫鱼花草之状”或“四角有小蟾蜍”，显然已是礼乐之器而不是用于炊煮的铜釜了。因而，东汉以前的铜鼓兼作铜釜到了唐宋以后在应用上就有了变化。成书于东汉时期的《说文解字》，是处在古文字向隶楷文字转变的时期。我想许慎也是顺符了前史中将铜鼓“也当军乐也当锅”的社会性认同，就将反映铜鼓的“尌”字亦当铜釜之义，沿袭到“厨”字中，尽管未作多释，但这“厨”字的背后，却涵括着陶釜、铜釜、铜鼓之间的演进过程和鼓釜兼用的丰富内容，从而标示出以铜釜为象征物使“厨”字得以形成的文化底蕴。

至于铜鼓后来从铜釜中“脱胎”，逐渐趋成为专门的打击乐器，也未影响“厨”字字形结构的更变。这如筋肉中已有骨骼，伞体下已有伞柄，“厨”字已被铸成一种后世人惯为认同的传统食俎符号。

所以，你看“厨”（廚）字，于“广即为屋”中，厨师手拊铜釜，在烹肴制馔；勺铲敲击之声，却是黄钟大吕般的历史回响。

“宴”字与周公

“宴”字沿革

从甲骨文看，“宴”字写为“[illegible]”，外面是“宀”，里头的“⊙”是“曰”字，“[illegible]”是“女”字。这是“宴”的初字。“宀”指房屋；“曰”指过日子；“女”当然是指女人。这是表义：人有居所，还有媳妇，把房门一关，真是舒适又温馨。所以，“宴”字的本意是平安、乐呵着过日子。

周代，祭祀的酒器有“齐侯壶”，高一尺二寸，上有铭文一百六十余字，其中有“宴”字写为“[illegible]”（《两壶轩彝器图释》四及五）。这个字，外面仍是房屋，里外却是“鱼”字。因而就想，这是对“宴”字字义的补阙。反映出在周代过好日子，除了有家为安，有媳妇，还要吃得好。于是，鱼就作为美食的象征，被融入“宴”字中，这个转化，就与后来“无鱼不成宴”之俗有了连通。

东汉时，《说文》里又将“宴”字写回去了，写为“[illegible]”（安里边“日”字下边是小篆体的“女”字），并仅释为“安也”。“安”字的本义是“平安”、“安身”。如《荀子·王霸》：“国安则无忧民。”是说国家平安了，老百姓也就无忧无虑了。再如《三国演义》中有句话：“取彼荆州为安身之地。”说的也是容身、立足的意思。《说文》里释宴为安，无释“宴”字有酒肉款待宾客之义。但由于《说文》在文化史中处于核心地位，其释文的发凡起例对后世影响颇深，以至晋以后的字书和碑碣法帖，大抵是直接或间接祖述《说文》，“宴”字之释与书写亦如是。晋、唐、宋时期多写为“宴”，元代始见“宴”字，与今写相同。

所以，按《说文》对“宴”字之释，则“宴”为筵之原由无解。还是得从“齐侯壶”铭文中那个有“鱼”的“宴”字说起。“齐侯壶”铭文为陈桓子所作。这位先人，是要记上一笔的。清代经学家吴云所作《两壶轩彝器图释》中，曾述及此画。大意为：齐诸侯要礼拜周王，需以饮食宴乐，以迎天子之宾。陈桓子报聘于齐，当上了主管祭祀的官。他为行宴礼之事，祭于庙，同时作了“齐侯壶”和“齐侯中壶”（均为祭祀酒器）上的铭文。“齐侯中壶”比“齐侯壶”小些，有铭文一百四十余字，以纪食礼。此二器初为清朝（乾嘉时期）大臣阮元所藏，后归作者（吴云）所有。吴云便以此二器名其斋，曰“两壶轩”。

由此可见，陈桓子是将“宴”字浚通为筵义的标识性人物。他应用带“鱼”的“宴”字铭于彝器，具有传世的价值意义，为后世人谓宴为筵、宴必有鱼的习俗提供了佐证。这也说明在周代，“过好日子”的“宴”字字义，已有“以鱼祭庙”和“王及诸侯以饮食宴乐”的转义。然而，陈桓子仅是祭祀官，他也仅能逢迎王侯祭祀和立乐而将“宴”字向“筵”的指向靠拢。但将“宴”为筵的理义实施到实践，使“王飨有礼焉，宴有折俎”（《左传·宣十六年》语），并形成宴制、宴礼，在全国推广，陈氏无此能量。有个人做到了，即是周公（姬旦）。

宴祖周公

莫要以为宴筵仅是食俎之事，真正操纵宴筵的，是历史上的政治家。可是，这样的政治家太少了。巡睃古代九州，宫殿府邸里那些帝王将相们只管端着金樽啐酒，傍着玉盘哜馐，有谁会想到把宴筵与国家礼仪、社会进步绾连一起呢？幸好有位周公（周武王的四弟）！他与周王、公侯们不同，似乎不热衷品享美味，而是嗅觉着飘漫的香气，去寻索周王朝的宴礼和宴制。在他的观念里，宴筵就如摆布国家政体棋盘上的颗颗棋子；宴筵又是礼仪行为，周王朝应为礼仪之邦。

当初，周公辅佐武王灭商，懋建功勋。武王死后，代年幼的成王摄理国政，并平定了武王的另两个兄弟管权、蔡叔勾结纣王之子武夷联合叛周的战乱。鉴于武夷之乱的教训，周公又全面施行封邦建国方针。缩喻地讲，这犹同现今酒店的总经理，制定了各部门经理的承包责任制，最高的利益是酒店的经济实效。这一举措，使西周延续了近三百年。当周公将国家治理得势平民顺，成王也大了，他便将作治其劳的差事交给了归政的侄子，又怀着重典治国的心愿，创建曲章制度，用于巩固国家政权。于是，他写起《周礼》和《仪礼》。可是，后来这两垛沾着墨香的简策，引发了争议，说孔子参予订定了，又说为战国作品，或说刘歆伪造。但无论怎样说，这里排除不了周公，若无周公的底稿，订定或伪造也都没了依据。《周礼》和《仪礼》中，涉猎饮膳的内容也很多，其中就突出了一个主题，即创建周王朝的宴礼和宴制。

我以为，周公是中国历史上第一个真正懂得宴筵的人。他比我们知道，上古无宴筵，“神农憔悴，尧瘦癯”，先圣们尚且食不果腹，哪还有宴筵可言呢？舜时，始现“有虞氏以燕礼”（《礼记·王制》）。“燕礼”即：“皆坐而饮酒，以至于醉，其牲用狗……”（引文同上）夏代，又有“夏后世以飨礼”（引文同上），“飨”字可释为：恭备荤素珍馐，盛礼迎待宾客。商代，初期的宴事还算简净，后期就云遮渐暗，社会风气昏沉。有两点，周公十分厌恶。一是由于酿酒业兴旺发达，纵得贵族圈里终日腥闻在天，宴饮无时，挥霍无度，一个醉醺醺的王朝东倒西歪。二是祠堂的祭祀阴阴森森，涌出一股蛮赫的精神狂潮，人与鬼神搅成一气，在混沌中鼓乐呼号：“太牢”、“少牢”备供如山，猪蹄死狗祭遍田野，好端端的鲜食摆臭，硬让亡魂去吃。周公视此摇头不已，决心敦风易俗，整顿陋祭，改革宴乱。代皇帝的资历和皇叔的身份，使他的变法畅通无阻。

首先，周公规划了周朝宴筵的大方向。夏商一千年的食俎遗产，他不会熟视无睹，他比我们懂得“推陈出新”，所以确定：“春夏则用虞之燕，秋冬则用殷之食；周尚文，故（修而）兼用三代之礼也。”（《周礼·天官·冢宰》）

然后，他为成主和公侯大夫们制定出享宴份例：“天子之豆三十有六，诸公十有六，诸侯十有二，上大夫六，下大夫六。”（《礼记·礼器》）可是，鼎是王位的象征，将宴中的列鼎变为列豆，这个改革不会轻松。但周公务实，讲求实效。鼎沉厚身长，不便夹食不说，馔盛其内，冬不保温，夏不散热。豆器轻薄，类似现今的高脚水果盘，上有盖，夏铜冬木，纳凉受热均宜；馔置其内，呈颜呈形，一目了然，又便于拼摆花样，诱人食欲。周公改鼎为豆，自会体悟这些道理。以皇叔的持重，把科学献给侄子，想来成王不会不受。

宴礼又涉猎以乐佐食，亦为周公端定。商时已有宴乐，但无规范和名目，又多是给死人奏的哀乐。我怀疑音乐的起源来自悲凄。尽管传有伏牺氏时的“网罟之歌”，有神农氏时的“扶犁之歌”，那都是空邈的神曲，无法猜详。只有人的哀鸣近似原始的音符，音乐似由此衍生。商时的宴乐悲凄沉悒，人们听着鸣咽赴宴，总是受罪。周公就把它改了，让宴乐远离哭泣。以至成王以降的宴事，“以乐佐食，膳夫受祭，品尝食，王乃食，卒食，以乐彻于造。”（《周礼·天官·膳夫》）你看，周公还规定不要浪费，每至宴毕，侍者要在欢舒的乐声中将余食撤回膳房保管。

改革宴礼宴制，也得注重火食之道，这点周公也特别留意。他已经替拿不得竹笔的内饔（割烹者）们把“天子膳用六牲”的原料鉴别经验都给总结出来了：牛在夜里哞叫，身肉会如老屋朽椽，散发出臭气；羊毛稀疏且卷结，肉气必膻；乌羽失择，呕哑不朗，肉如狸之骚；猪眸昏黄迷暗，而眼交睫，肉里就有白米虫了；马背显黑，腿有疮癞，肉如蝼蚁气味（见《周礼·天官·内饔》）。这些知识，现代的厨师未必经觉，只有兽医才懂。

因而就想，西周时的食物毕竟有限，人的思智只能泄重于禽兽，因而对禽兽的病变就看得精细。但周公仍是立了一快遴选肉食的界标，使我们能感悟先人陈迹为后人准绳的某种道理。

商周之际，已有了学校（商曰庠，周曰序）。周公是上过学校的。那时的课程“唯祀与戎”、兼学“六艺”，并无管理和食俎的学科。但周公以使命为己任，专修此道，所以在《仪礼》中创建出“乡饮酒礼”、“燕礼”、“公食大夫礼”、“特牲馈食礼”、“少牢馈食礼”等那么多针砭时弊的宴礼宴制。并将以宴酬宾的现象作出定义：“凡敷席之法，初在地一重谓之筵，重在上者则谓之席。”（贾公彦疏《周礼·春官·司几筵》语）那时没有桌椅，宴时设筵、席为坐具，筵大席小，筵粗席细，筵先铺地，席垫筵上。这里，周公将“筵席”重重画了个圈儿，捏成个食箍，套在中国人的脑袋上，甭管后世的筵席如何千变万化，这个食箍谁也摘脱不掉！周公将宫廷和社稷的宴事改造并芟理得有条不紊，如同主导了中国宴礼和宴制的隆重联姻。自此，馔香酒芳的文明抵扼着腐恶之风。朝廷儒雅了，侯臣谦和了，老人受尊了，富豪自律了，庶民恭让了，醉汉收敛了，野蛮畏惧了，粗俗退缩了。如果汰除历史的杂色，周公还倡导的鼎宴求精、礼待来宾、敬老敬上、礼贤下士，甚至“明德慎罚”，直到21世纪仍是操办宴筵的圭臬。

这时，再来目睇“宴”字，就觉深奥多了。你把字体拆开，里面不止有鱼和酒肴，还有中国宴史中的悠悠食俗、恢恢食规，还有朝朝代代的中国人将宴筵请进生辰之刻、庆幸之期、年节之日、礼酬之时讲也讲不完的故事。所以，周公给我们留下的，是一缕抹不掉的思绪，一席不散的宴筵，一个恒久的话题。

周公之礼，端在宴筵。

读“粮”鉴史

“粮”字解

“粮”字，繁体为“糧”；《说文·米部》写为“䊤”，释为“谷也。从米，量声”。粮即谷物；也特指干粮，古称“糒”（bèi）。形声字，米为形符，量为声符。

读“粮”字，不能以为是“米”、“量”二字的组合，笔者以为是“米”、“旦”、“里”这三个字的合三为一而成“糧”字。这样去读就有解了。

“米”是象形字：中间的“十”是穖（jǐ），穖指禾穗大而饱满，籽粒如珠玑相连成串；四旁的四点即为谷粒。“米”是谷粒去壳后的籽实，亦指其他粮食除去皮或壳后的部分。“粮”字的左边设“米”，即示为谷物的标识。有寓意的还是其右边的上“旦”下“里”二字。“旦”字，《说文·旦部》释：“明也。从日见一上。一，地也。》这是说，上面的“日”，指天明时初升的太阳，下面的“一”指地。“旦”设在“粮”的右上部，表示农夫在天明时要到田地里伺弄庄稼了。农夫为何能种粮食？那得有“里”。“旦”字下面的“里”，由“田”、“土”二字合成，农夫是“恃田而食，恃土而居”的，有田有土才能生活，才能开垦田地耕种粮食。所以，“里”在“粮”字里是指人类聚居的地方。时今仍应用这个“里”字，如“乡里乡亲”、“里弄”。“里”义被引申为长度单位，即一百五十丈为一里，是后来的事情。

这样去读“粮”字，其义就很精粹。这不仅是指粮食，更是“居者有其屋，耕者有其田”的中国农耕文明的缩写。

中国古代是农业国，农业的核心产品是粮食。《史记·郦生传》里说“民人以食为天”，实则是民人以粮为天。“凡邦有会同师役之事，则治其粮与其食”（《礼记·地官·廪人》语），可见国家要行国事，首先看重的是粮食。由“粮”字引申出的“粮重”（粮食辎重）、“粮仗”（粮食与武器）、“粮饷”（俸禄）、“粮科院”（主批文武百官俸料的官署）、“粮道”（主管粮食的副宰相）等，都能反映出“粮”在国计民生中的举足轻重。所以，“粮”字里的历史风云也最能警示于后人的。

隋、唐之粮

隋文帝代周自立时，全国人口 370 万户，隋炀帝时增至 890 万户，以每户 6 人计，那时人口不少于 5000 万。这个数字直到唐玄宗时才能达到。隋开皇九年时，全国垦田 1944 万顷，到了隋炀帝中期增至 5585 万顷。可是，唐太宗驾崩时全国人口才是 380 万户，直到唐天宝 14 年，全国垦田才仅为 1430 万顷。从隋唐两朝的人口、垦田数目来看，国力和粮食产量的差距是相当大的。

隋朝时，政府在各地修建了许多大粮仓，著名的有洛口仓、广通仓、常平仓、黎阳仓、回落仓等。如洛口仓，又称兴洛仓，隋大业二年建，故址在今河南巩县东北，因地处洛水入黄河之口而得名。周围二十里，穿窖三千，每窖可容粮食八千石。洛口仓的容粮总额为 8.4 千万石。大业十二年，李密的瓦岗军攻克洛口仓，发粟赈济贫乏。从那时起，至唐贞观十一年时，中书令马周向唐太宗禀报：“隋家储洛口（仓），而李密因之；西京府库，亦为国家之用，至今未尽。”这就是说，隋朝灭亡二十年后，其间洛口仓又被瓦岗军占用并赈济穷民，可那里的粮食在李世民继位十一年后仍未用完。再有含嘉仓，遗址在洛阳，1969 年被考古发现，面积达 45 万平方米，内探出259个粮窖，其中一个粮窖中还遗存已炭化的谷米50万斤。这么大的粮仓储存了这么多的粮食，在当时竟被忘却，可见隋朝的富庶。

至唐高宗继位不久，有一次他问户部尚书高履行：去年，全国增加了多少人口？履行答道："同往常一样，还是15万户。高宗又问：那全国现在有多少人口呢？履行说：380万户。高宗一算：380万户？贞观之治是23年，每年人口增长15万户，差不多是增长了360万户。这不对呀。难道隋亡时贞观之治刚开始，人口总数才是20万户？履行道：也差不多是这样。高宗说：啊？那隋文帝代周自立时，能有多少人口？履行答：370万户。高宗惊道：你这是说，唐取隋时，把全国人口都快杀光了吗？又问：隋开皇时，生产的粮食有多少？履行说：那时，粮食足够370万户吃50年。高宗甚惊：能有这么高的生产力吗……我懂了，贞观之后，我大唐是带着剩下不足十分之一的人口，坐享人家够吃50年的粮食……

这段对话，写在《资治通鉴》里。然，这位户部尚书的说法未必确实。要说的是，即使贞观初年的人口不致于少到如此可怜的地步，但也不可能达到隋开皇年间的一半。客观地看，隋末唐初之间的战争能使人口锐减约2000万。这是极度恐怖的战争。当战争结束，就出现了人少地多的巨大空缺，于是人心思安，国家也要发展经济，这是"贞观之治"产生的基本原因。而隋朝开创了大运河和科举制度，大运河的劳役导致隋朝灭亡，但却促成"贞观之治"的产生。大运河利在隋朝，又造福唐代。最关键的是，贞观初年的人口不及隋开皇时的一半，这意味着隋为唐储备了足有100年的粮食，也等于为李世民贞观之治奠定了至关重要的经济基础。从理论上看，这都是隋朝的功劳。

明、清之粮

明朝覆亡，满清只是外因。根本原因在于李自成和张献忠的农民军。李、张都是陕北人，故而农民军主力是来自陕北的饥民。饥民造反，显然是为粮而战。

崇祯年间，内地灾荒频繁，尤以陕北为重。这些灾荒对大明王朝已构成严重威胁，那时全国的人口接近两亿，由于灾荒使粮食的生产陷于绝境，社会便出现了崩溃的征兆。在西北（尤其陕北），是明朝的重要兵源之地。军人必须要妥善安抚，即使现今美国，录用公务员也优先照顾退伍军人。可是，崇祯时的西北明军状况却惨不忍睹。那时，兵部侍郎卢象升巡视西北边防后，向朝廷进奏：“今逋饷愈多，饥寒逼体，向之拿钱借债，勉制弓矢枪刀，依然典卖矣。多兵摆列武坊，金风如箭，馁而病、僵而仆者纷纷见告矣。每点一兵，有单衣者，有无绔者，有少鞋袜者，臣见之不觉潸然泪下。”你看，这样的西北明军已与饥民等同，还岂能效忠于大明？所以，当李自成、张献忠振臂一呼，不仅饥民揭竿而起，许多明军也加入其中，因为明军中也闹饥荒。有的是开始时还与农民军打仗，打着打着，因为饥饿，也就跟着饥民一起造反了。

是明朝廷愚蠢、故意得罪西北军人？当然不是。农民军起义之初，总督陕西军务的杨鹤力主招抚，发粮赈济。农民军一见政府给粮食吃，便接受招抚不闹事了。可是，赈粮有限，“所救不及十一”，再有官坊腐败，从中克扣，到了饥民那里，喝不上几顿稀粥又闹起饥荒，所以农民军授“抚”后多“复”反，重整旗鼓卷土重来，致使天下大乱，不可收拾。巡按御史吴甡（shēn）弹劾杨鹤主抚误国，招逮下狱。后戍袁州（今江西宜春），卒于戍所。杨鹤以粮体恤饥民，却没落个好下场。

关于粮食问题，英国经济学家马尔萨斯自命为“马尔萨斯问题”。他认为，人口增长必定高于粮食供应，最终要导致人类生存的大危机。还说这个问题无法解决。即使粮食能暂时增长，人口也要跟着增多。粮食不能永远增长，因为毕竟要受土地和产量的限制，所以他主张人类要节育。但在明朝显然是行不通的。马尔萨斯又说：另种办法就是战争，可以互相杀伐，大量消灭人口。但他不赞成这样做。可悲的是，明朝只有这条路可走。灾荒引发饥民起义，于是朝廷派兵镇压，形成大规模战争，导致耕地荒芜，无人再去种粮食。据记载，那时因灾荒严重，义军、官兵都疯狂抢粮。战乱席卷的四川，最后吃光了粮食，部队内部又互相残杀，吃自己人的肉，真是惨状至极！

难道除了节育和战争，明王朝就别无解救的办法？正在这时，美洲高产作物花生、玉米、番薯、马铃薯所引领的农业革命在全世界兴起。明弘治五年，哥伦布发现新大陆，印第安人培育的玉米、番薯、马铃薯等迅速传遍各地，彻底改变了整个世界的粮食危机。随着欧洲政治力量的东移，这种影响也蔓延到中国。对中国人来说，最重要的是花生、玉米、番薯等高产粮食作物。这些作物时今看来实在平常，但在那时却相当于好几个“超级袁隆平”一齐问世。花生约在嘉靖九年（1530）传入中国，玉米约在嘉靖十年（1531），番薯是万历二十一年（1593）。它们传入中国腹地时，明末战乱尚未开始。如果崇祯真有韬略，认识到这些高产作物的价值，及时推广到西北，缓解那里极度紧张的粮食问题，或许能避免1644年的灭亡悲剧。

真正享用这些高产作物的是清朝。约在康熙九年（1670），被称为“丰收之神”的马铃薯也传入中国。正是清朝对这些粮食作物的大力推广，使其遍植九州，导致从西汉到明末从未超过2亿的中国人口，在乾隆末年竟达到2.9亿！

如上所述，无论隋亡唐兴、贞观之治，还是明亡清兴、康乾盛世，这些原因的基础，不在于什么贤皇明帝，而在于粮食，还有花生、玉米、番薯、马铃薯。正是它们，具有改变和创造历史的头等作用。

舀粥盛史

从食俎的视阈看，中国的历史写在“粥”字里，粥的本字是鬻。字中的“鬲”，为最原始的煮粥器，是猿类进化为人类的物象标志。“粥”置“鬲”上，兹证是野蛮到文明的食象标志。

粥，古称饘、酏、糜、餬。饘是厚粥，酏是薄粥，糜是烂粥，餬是粉粥。中国人不分阶层，不区富贫，不别民族，不计宗教，俗同嗜和，皆习为之。谁能说没喝过粥？谁又能经意一生中喝了多少次粥？

“饘粥之食，自天子达”（《礼记·檀弓上》）。中国自有了天子，喝粥就上下成习。但还得这么说，古代人阶层越高，吃干饭的次数越多；阶层越低，喝粥的次数越多。降至普通市庶、农民层面，喝粥就是一年到头的正餐了。中国的酱腌咸菜，周朝就很发达，以致代代、家家沿习善制；至今，市场上的咸菜品类以千数计，这都作甚？传统的作用主要是粥的搭配。要说历史中的粮食总产量，十居其一用于饭，十居其九用于粥，应该是可能的比例。

按进化论，粥被传沿盛于陶瓮、铜盂、铁盁、瓷碗之中，拨箸间，能唼喋出一部二十五史。

倘若以粥去划分中国历史，那么，几千年来基本是：大多数人还有粥喝的朝代，大多数人却无粥可喝，不得不去改变社稷和生存境况，争取到再能喝上粥的朝代。

所以，有识于粥的帝王权臣，就擅于从粥中吮吸作治之道，以赢政于

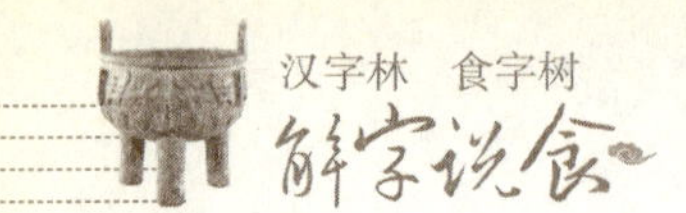

民。这方面，较早的例子是来自西周的一个典故。官为伊（相）、辅佐周宣王的兮甲（一作吉甫），有一年闹灾荒，他命家庖在宅院中置巨镬煮粥，并与全家老小及仆人数百口，皆于院内啜粥。人若饥饿，啜粥则快猛，啜声亦响。几百人在那里抢嘴痛咂，其声如聚蚊成雷。啜粥毕，却发现少了几十人，原来都蹿到巨镬处争食镬底的粥锅巴去了。可见，兮甲营造的“啜粥声闻”，是张扬他在荒危时期能廉俭自律，能做到于粥面前不分主仆尊卑，人人平等。以此，用啜粥声也赢得政声，兮甲也赢得了周王室的倚重。

再如《王莽传》记：王莽每遇旱涝灾期，竟能戒酒肉而改为喝粥食素。他的老母不忍，就对他说：“闻公菜食，忧民深矣！今秋幸熟，公勤于职，幸以时食肉。”要说，王莽不是个好皇帝，可他喝粥却喝出来个忧国忧民、与民同甘共苦的好名声，更喝得汉家王朝变了色、串了味，“汉田”变成了“王田”。可是，王莽仅懂得以粥篡权，却不懂得以粥治国。他建立新朝后，可算捞着了过把皇帝瘾的痛快，瞅什么都不顺眼，对工商士贾全面“改制”，刚愎自用，把汉朝的东西翻修个底朝上，折腾得国无宁日，民不聊生，仅十余年就风雨飘摇，爆发了全国性的农民起义。结果，这个不去抚民以粥的人，就在失绝于粥的动乱中被杀。

可见，粥的作用该有多大！它能改朝换代，也能丧朝失代。

至东汉初，光武帝刘秀就深懂得这个道理。因为，他在征战期间，有过因粥受益的体会。《后汉书·冯异传》记：有天晚上，刘秀乘骑从蓟东奔到饶阳，翌晨无食，饿得肌肠辘辘，属将冯异（字公孙）为他觅得豆粥。刘秀喝了，第二天对冯异道：“昨得公孙豆粥，饥寒俱解。”这豆粥是军伙还是从哪里弄来的，且不必确知，重要的是这碗豆粥对于饥寒交迫的刘秀来说，等于为他建立东汉政权提供了一份紧要的营养。应该有这个因素，他做帝后，首先废除了王莽弊政。并多次下诏书，赦免罪徒为庶民，减轻租税徭役，发放赈济，兴修水利；并九次发布释放奴婢和禁止残害奴婢的命令，使奴婢从“私属”中解放，成为自由人。刘秀这一揽子举措，无非是安抚流民和“站错队”的士兵及战俘等，只要别再闹事，归顺东汉帝国，可以既往不咎。没有吃的，朝廷补助一点；没媳妇的，去找个昔日奴婢，都安安分分回去种地吧。这说到底，就是给农民一碗粥喝。

不过，那时候，刘秀搞赈济，主要是发放粮食，尚无“粥厂”一说。“粥厂”的出现，是始于汉献帝时期。

可是，东汉末的形势比新莽末还糟。汉献帝一登基就成为董卓的傀儡，后又成为曹操的傀儡，被辗转狭持，身不由己，至终虚位，且屡无定所；他自己都朝而虑夕，唯恐被废，哪还有心思顾得上设“粥厂”济民？无奈那时，帝丧自主，朝廷失控，党臣内讧，黄巾义起，豪强割据，国仓被穷兵黩武的人瓜分，闹得天下分崩，争战无休。谁都要夺权称霸，谋强吞弱，屯粮扩军。兵源从哪里来？农庐耗空，耕田凋敝，战祸中的难民已被逼得流离失所，惨走沟壑。这时候，一碗粥就能使他们绝处逢生；而最能引诱他们的也莫过于一碗粥了。因而，在城边或道口，搭上遮棚，支起几个大锅，将粥一煮，香气一冒，不仅起到笼络民心的作用，还等于是招募新兵的接收站了。难民喝了粥，谁还舍得走？走了，四乱八荒的，再到哪儿喝粥去？经人一劝、一哄，够条件的就当了兵。也不管他是哪头的，反正当兵有粥喝；不当兵，说不定哪天饿死。这，大概就是东汉末“粥厂”的初端。然而，此间的粥，却变了本性，似乎成了往战乱之火中泼去的一锅锅油液。所以，史官们将“粥厂”说是刘协始为，实在是美化了这位有名无实的窝囊皇帝。

我以为，是南北朝时期，因十六个小国合成两个大国，北魏和南朝分统而治，政局相对稳定，中国利索多了，粥也利索多了，“粥厂”不必用于战争，才真正成为朝廷赈济灾民的慈善之举。非常生动的例子是：北魏太和七年（484年），正值冬春交际之时，定州和冀州发生大灾荒，饿殍遍野，惊动宫廷。宫内飞饬诏示：命此二州及毗连郡县，“为粥于路以食之，又弛关津之禁”；并附厉令：谁谎报灾情，误查户失，杀无赦！地方官悉惧其旨，皆慎重于实。于是，同年四月，就有定州“为粥所活九十四万余口”、冀州“为粥所活七十三万余口”的报朝奏折。可见，如果没有这碗粥，会有多少人死于草木枯竭之中，遗骸无葬处！这道救命急诏，名义上是孝文帝元宏下的，实际上是为他临朝辅政的祖母冯太后所为。因为太和七年，元宏才 13 岁，不谙治事。

由此想到，这位刀子嘴、菩萨心的冯太后，真是做了一件胜造七级浮屠的大好事。如果，定冀二州这一百六七十万饥民，未能及时喝上“国粥”，那情形相当险恶，很可能激发出一支庞鸿的造反大军，再由张角第二的领着去为粮而战，灾荒就要蔓延成战祸，死的人会更多；或许，北魏的历史也要改写。

这使我又想到，几年前出差陕西，在米脂县城北的盘龙山中，观瞻过李自成的“行宫”，里面一块展牌上有姓马名懋才的人写给明末帝崇祯的《备陈灾变疏》。其记：

> 臣乡延安府，自去岁（注：崇祯元年）一年无雨，草木枯焦。八九月间，民争采山间蓬草而食。其粒类糠皮，其味苦而涩。食之仅可延以不死。至十月以后，而蓬草尽矣，则剥树皮而食。诸树唯榆树差善，杂他树皮以为食，亦可稍缓其死。殆年终而树皮又尽矣，则又掘山中石块而食，其石名青叶，味腥而腻，少食辄饱。不数日则腹胀下坠而死……于是，死者枕藉，臭气熏天。县城外掘数坑，每坑可容百人，用掩其遗骸。臣之来时，已满三坑有余，而数里以外不及掩者，又不知几矣……民有不甘于食石以死者，始相聚为盗，而一、二有积贮之民遂为所劫而抢掠无遗矣。有司亦不能禁治。间有获者，亦恬不知畏，且曰：“死于饥与死于盗，等耳；与其坐而饥死，何苦为盗而死犹得为饱死也。

这次饥荒，发生在李自成起义的前一年。一块大明属地受灾一年，竟无官去管，更无赈济，任由灾民垂死挣扎，州县府吏们是不是都去卖红薯发国难财去了？要不，马懋才怎会直接上书崇祯？可是那时，崇祯刚继位，正徒忙自顾，他顾没顾得去看马懋才的上书，还属两说。即使看了，府县小地饿死些人，他已司空见惯，未必能大惊小怪。这哪有他要图治积弊、诛伐阉党、改制换臣的事情重要。可是，正是这次灾荒不久，延安府就出现了“八大王”张献忠；米脂那边的李自成又振臂一呼，灾民揭竿而起。“闯王来了不纳粮”的义举，集结了浩浩荡荡的反明大军，直捣北京城，逼得崇祯自摘冠冕，以发覆面，上吊自杀。

稍后的清朝初期，康熙就看得明白，如果不是借助李自成的农民起义，谈何以清取代于明？自己又谈何在此做帝？明丧之鉴，使他领教了有灾要赈的道理。为了巩固政权，也为了消灾免祸，当灾荒发生时，他还真是做到了雷厉风行，且出手大方，甚至调动皇亲国戚、满汉重臣亲去抚民济饥。如康熙四十三年（1704年）早春，山东、直隶发生大灾荒。康熙得报后下谕：“朕因山东及直隶、河南府等处饥民，流入京城者甚多，特命八旗、诸王贝勒、大臣、总管、内务府各官汉大臣官员，于数十处立粥厂，日煮粥赈济，务使流移之人得所，酌量赈济数月。”于是，朝廷各衙门倾巢而动，各等官员几乎都加入了赈灾的特遣队。他们率警兵役丁在京城寒冷的衢头街口，搭棚支锅，煮粥施于饥民。可以想象，饥民双手捧碗、缩颈而啜的情形是多么凄惨；也可以想象，康熙的以粥为政，在他的心中该占有多大的分量。先帝为率，后帝效尤。到了雍正时期，每年冬春之际，都要“敕令五城设立粥厂，煮粥赈济京城乏食贫民”，就成为定例。

为何“粥厂”要设于冬春之际？因此间青黄不接，贫户余食已尽，地又无物可获；过了三月，地才返青，虽无谷收，尚有野菜野植，甚至草根树皮，不致绝人以死。冀此，冬春之际则被史书上写为“荒政时期”。荒芜之中，饥民剧增，自然不甘守灾待毙，乃成股流徒，间或汇扩，涌向城邑。所以，“凡赈济饥民，近城之地，仍设粥厂”（《清会典事例·户部蠲恤》）。

这时候，官府若不施粥以赈，不妥善处置，等于见死不救，逼民造反。

可见，这一碗粥，分明是政权安危的标识，是戒乱防暴的警示灯；同时，又是忍耐饥饿的边缘，守护生命的最后底线。

因而，早自战国，史官们就重视赈济经验。《周礼·地官上》记："以荒政十有二聚万民：一曰散利，二曰薄征，三曰缓刑，四曰弛力，五曰舍禁，六曰去几（饥察），七曰生月（省）礼，八曰杀哀，九曰番乐，十曰多婚，十有一曰索鬼神，十有二曰除盗贼。"在《农政全书》《荒政丛书》《康济录》等书里，还有历代设"粥厂"的记载和施粥的方式方法。这都是在说，荒政时期的制度法令要有绥靖，要顺符危势，宽待贫黎穷庶，要设法使他们活下去，不然，他们连一碗粥都舀不出、喝不上，那天下真要乱成一锅粥了。

然而，翻阅历史，昏帝多矣。秦二世、隋炀帝、唐僖宗、元顺帝……这都是把一个朝代搞得乱成一锅粥的人。如果掀开他们的刑政苛酷、横征暴敛、徭役苛赋、弊政积恶的作治覆盖，露出的仅是穷苦农民的一片片空碗。国家无甚希望，已成一锅烂粥，大多数无粥喝的人被饥馑所逼，就要从"国锅"里往自己的空碗里抢粥。昏帝们则认为这是无法无天，是蚩蚩群氓蓄谋造反，这就怒令军队狙杀。抢粥的人气愤的是种粮的反倒没粥喝，皇帝老儿那里却仓满屯肥，有粥不给，还派兵杀人，遂奋死抵抗。这样的悲剧，常会在每个朝代的末期重演。历史也总要在这里——在饥民和昏帝关于"粥问题"的斗争过程中变化着、演进着。

“饮”字述要

写过多部饮食文集的明代学者高濂说：“饮食，活人之本也。”的确，人自面世，无一日能离开饮食，直至终老。而“饮”又在“食”之前，是自古以来的惯谓，可证“饮”在“活人之本”里的首要性。故而知食勿忘识饮。

“饮”字递嬗

“饮”是会意字，甲骨文里写为“[illegible]”，右边是一个人向左边弯起腰，又低着头张着嘴；左边下面是个装酒的坛子。可知“饮”字最初是以人在喝酒的情形中而造就的。

周代，金文中的“饮”字字形有所变化：左下部分的酒坛未变，只是多了一些花纹；左上部分朝下的舌头，变成了一个三角形的酒坛盖。右边还是一个人，面朝左边的酒坛站着，张大着嘴巴，嘴巴里还有代表舌头的小点。

秦后，小篆体的“饮”字写为“[illegible]”：右部还是人的象形，但已是“欠”字的初字。“欠”字在甲骨文里像人张口之状，表示为动口有关的行为动作，如指人在疲倦时张口打哈欠。其字左部上面的“今”字，这里非为“是时”之义，是表示口含物形，是“含”的初文；“今”字下面仍是个酒坛子（非当十二时辰之一、即十七时至十九时的“酉”字讲）。整个字义是表示人在张口喝酒，酒水已经含在嘴里了。

汉后，“饮”字写为“𩚛”，即“㱃”（yǐn）。《说文解字·欠部》释其为“歠也”。歠（chuò）即饮，形声字，饮省为形符，叕为声符。“㱃”字，《辞源》里释为“饮”的本字。

这个“㱃”字，是怎么进化为“饮”字的呢？“㱃”的字义是表示人在喝酒，固然也是“饮”，但后来的“饮”字左边是“食”，而非为人在喝酒之示。要寻找答案，得从《说文解字·欠部》所录的“𩚚”、“𣹰”二字（均无声符）说起：“𩚚”从今、食，从字形上看，上面的“今”与“欠”通义，为张口含物之状，下面是“食”，是表示人在吃东西。这个字，后通作“飲”，简化作“饮”。“𣹰”字，上为“今”下为“水”，也是古文的“飲”（饮）字，即表示人在喝水。

需要说明的是，“𩚚”、“𣹰”二字，许慎标明为“新附”，可理解为东汉时期新立的字，或是以前已有，只在某个地方流传，而被许慎补录到《说文解字》中。这两个字，或许是“㱃”向“飲”（饮）的进化中起到某种过渡作用。

“饮”字与饮文化

“饮”字在悠久的中华文明史中递嬗过来，涵括着深厚的人文积淀。因而，应该还有个“饮文化”的议题。饮文化与食俎文化虽属同一学体，又具有相对的独立性。从水文化发展起来的酒文化、茶文化包括其他饮料文化，则是饮文化的大体内容。

“饮”字的本义是饮酒，故而酒在饮文化中首忝其列。现代考古学家认为，公元前二十一世纪以前的龙山文化晚期的遗存中有尊、斝、盉、高脚杯、小壶等，都是用来装酒和饮酒的。可是，从开始造酒发展到有专用的酒器，那是要经过相当长的演进过程。故而，我信造酒之始可上溯到五千年前的龙山文化早期。至于造酒为何人始作俑？若云仪狄或杜康，都是传说，并无确证。民初人柴小梵《梵天庐丛录》里说得很有见地：“造酒原始，吾国所谓仪狄始造，为禹所绝者，不足信。盖上古之人，造兽皮为容器，盛兽乳于其中，荷于山羊驴马之肩，以游牧逐水草栖息。乃忽焉而兽皮器内酵母自然落下，逞其繁殖，又得日光之照，遂蒸勃而发酵，天然生甘洌之味，成酒分。试尝其味，则甘香适口，遂相率饮之，此有酒之始也。”这虽然也是想象，但贴近实际，少有编故事的斧斫痕迹。“饮”字的造就，大致是来源于这类发自自然的情形中。

国人饮酒数千年，对于酒之魅力、效用，饮酒之情趣、逸兴等，都积识甚深。我曾写过《饮酒掌故》一文，将古人饮酒行为归纳为“三酌六饮”，每一种方式列有“饮酒宗”。如：陶渊明的独酌，顾炎武的浅酌，李渔的雅酌；刘邦的豪饮，李白等“酒中八仙”的畅饮，曹操的忧饮，陆游的痛饮，刘伶、阮籍的狂饮，夏桀商纣的暴饮。当然，这类分法见仁见智。若谈论这类饮酒掌故，可从另一种角度窥视历史行进的踉跄形态，醉时的历史或许就是清晰的历史，从中能感知到酒从来就不是单纯的饮料。中国自有文明曙光，就有了“若作酒醴，尔维曲蘖”的发轫。酒与历史有着天然的联系，是历史的亲密伙伴，看历史绕不开酒。而饮酒大到能促进或破坏历史进程和文明推演，小到能勃兴或腐蚀人的心灵。而饮酒掌故，则是历史那腾挪多变的摇晃着的侧影。

然而，“三酌六饮”属于历史人物的故实旧例。作为现代人，对饮酒应该持有扬良善弃弊陋的科学取舍态度。按理，“浅酌”最宜提倡。“浅酌”指酒量不大，但还爱喝，或有酒量，却能节制者的饮酒行为。通常是事遂所愿，心情舒畅，或有嘉馔供桌，或是天寒飞雪，室内温馨，便引起酒兴，与素心人或知友浅斟慢酌，娓娓而谈，但不破饮，适可而止。如清代大学者顾炎武，他虽然认为“酒为人险”，却也喝酒，但原则是“三爵既毕，即起还寓”，而且毕生如此，言规行矩，动止不失，堪称“浅酌”之垂范。若喝得腥闻浊气，呕饭唠菜，即是对己失尊，也与人失敬。还有纵酒失态吐槽者，端起酒杯大咂，放下酒杯骂娘，有没有负面思想和负能

铜胎画珐琅花鸟纹提梁壶

量？纵酒之言能表露出一个人的仪度修养甚至道德品质。酒也不是这样被“文化”出来的。

“饮”字之义又为“喝”，是个动词，可以引申指喝的东西。如茶与茶道——这是与酒之辛烈迥然不同的温和世界，也是饮文化中的核心内容之一。“茶圣”陆羽说：“茶之为饮，发乎神农氏，闻于鲁周公。”（《茶经》语）他还将西周的代皇帝姬旦（周公）和春秋齐国的正卿晏婴列为最先懂得喝茶的人。顾炎武又说：“秦人取蜀，而后始有茗饮之事。”（《日知录》语）他认为四川是饮茶的首发地。《赵飞燕别传》记，汉时，茶已为皇家重用，并传播到江浙地区。有学者认为，茶叶由药用转为饮料是在晋代。而茶作为珍贵饮料由上层社会普及到民间是在南朝，那时茶在南方已势成“比屋皆饮”。《洛阳伽蓝记》载，南朝饮茶之俗传播到北魏，也是这一时期。当时，佛教已很盛行，僧人坐禅，饮茶能提神醒脑，利于清心修行，故而寺院习植茶树，许多名茶当初是由寺院出产，使饮茶的传播更为广泛。隋代，史称隋文帝嗜茶，百官趋附而随，亦带动社会饮茶的风行。至唐代，饮茶已普及九州，成为国人的主要消费品之一。陆羽的《茶经》也在此间问世。书中对茶的起源、栽培、种类、采制、用水、煮制、品饮等作了精湛的论述，并提倡“精行俭德”的茶道精神，为后世人推崇。

饮茶的传播和推广，也有文人名士的功劳。酷爱喝茶的唐代诗人卢仝，写过著名的《饮茶歌》，对后世影响很大。苏东坡曾作诗云：“何须魏帝一丸药，且尽卢仝七碗茶。”苏公的茶诗亦甚佳，如“欲把西湖比西子，从来佳茗似佳人”之句，能使游西湖品龙井之人陶醉在西湖往事的淡雅温婉之中。欧阳修饮茶竟做出美学定制，他认为饮茶需“五美俱全”，才能达到“真物有真赏”的境界。所谓“五美”，即茶新、水甘、器洁、天朗和客嘉。所以他在《尝新茶呈圣俞》诗中有“泉甘器洁天色好，坐中拣择客亦嘉”之示。明代文学家顾元庆著《茶谱》中，对饮茶的功能写得最为言简意赅：“人饮真茶能止渴、消食、除痰、少睡、利水道、明目、益思、除烦、去腻，人固不可一日无茶。”我想古代的文人名士们信仰茶道，主要是在于以茶修身养性，培养“以茶养廉”的“茶德”。这种“茶德”，可用“廉美和敬”四字概括。

还有由“饮”字衍生或用于譬喻的诸多成语，也丰富了饮文化的内涵。如箪食瓢饮，出自《论语·雍也》：“一箪食，一瓢饮，在陋巷，人不堪其忧，回也不改其乐，贤哉回也！”这是孔子称赞弟子颜回的话，后因用为安贫守俭之典故。如饮水思源，出自庾信《征调曲》中“饮其流者怀其源”之句，以喻饮水不忘挖井人。如饮鸩止渴，出自《后汉书·霍谞传》：“譬犹疗饥于附子，止渴于鸩毒，未入肠胃，已绝咽喉。”后人把“止渴于鸩毒”简化为“饮鸩止渴”。如饮羊，出自《孔子家语·相鲁》：“鲁之贩羊有沈犹氏者，常朝饮其羊，以诈市人。”谓羊贩子以水饮羊，增其重量以牟利。后泛指欺诈牟利的行为。还有饮冰茹檗（喻处境困苦）、饮马投钱（喻人廉洁不苟取）、饮醇自醉（意谓以德行服人），等等。这些成语，熟悉出典方知其义，读来能启沃心智或怡益于修德，加深对“饮”字的认知和见识。

一个“饮”字，涵括着国人的“喝史”，岂是这篇短文能够说尽道详的，也仅是“一瓢水”供饮而已。“饮”字里的汪洋大海，那该是怎样的广阔和深邃。

“吃”是字魁

引话

《说文》仅释“吃”字为“言蹇难也”。指说话结巴不流利，即口吃。许慎未将“吃”释为“食”，而是将“喫”字释为“食也”(《说文·口部》)。可见，汉代以前，“吃”与“喫”是有区别的。尽管那时也有人在说“吃东西”，如汉代人贾谊《新书·耳痹》：“越王之穷，至乎吃山草。”但我推测那时人们的口语在主流上还是习惯以“喫”为“吃”，就如今人说“吃东西”而不习惯说“喫东西”。

说到口吃，《史记·张丞相传》记：“(周)昌为人吃，又盛怒，曰：‘臣口不能言，然臣期期知其不可。’”周昌是被同僚们的“笑吃吃”给惹恼了，大发雷霆，同僚们也就知失而禁，再不嘲戏于他。周昌是诤臣，受封汾阳侯。刘邦欲废太子，他直言敢谏。后任赵王如意相。这位大人物为了人格的尊严，以怒而止嘲戏，会对“言蹇难也”为人笑柄的风气起到扼制作用。我想，这对于“吃”字后来被转捩为吃喝之义，也会起到某种影响。

有影响的还当属《汉书·郦食其传》所记：“王者以民人为天，而民人以食为天。”这话是有历史穿透力的。食即喫，喫通吃。吃就是口乞，其妙意也符合逻辑。以食为天亦即以吃为天。“天”者，至高无上也。这就是说，世间万事，惟此为大。所以后来的“吃”字，经历代国人演绎，无论从其字义的重要性还是从应用的广泛性来看，在汉字述林中能排第一。这块魁牌，哪个字都夺不走。先看它的重要性——

吃与人生

从人生用于吃的时间上看，便知吃在国人生活中所占有的显要位置。按国人习惯，每日三餐以每餐平均占用半小时计，便是一个半小时。但人并非是吃饭钟点工，还有许许多多与一日餐的前接和后延的事情。如去市场买菜，去超市选购食品，然后乘车或步行回来，再做饭烧菜等等，都是前接时间。餐后要拾掇厨房，洗刷锅碗勺盆，烧水沏茶，以及吃零食、吃夜宵，甚至去卫生间方便等等，都是后延时间。那么，给每人每日平均的吃时间再附加半小时，计两小时，不算多吧？

可是，这样推测还远不为足。人的一生中还有数不胜数的在逢年过节，喜庆吊唁，家族聚会，迎来送往，社交活动，好朋相约，校友联谊，乃至假日旅游，乔迁之喜，升职增薪，恋爱时光，婴儿满月、子女考上大学……等等等等，这都离不开吃喝，以尽情尽兴。这些纷繁的吃事中，还得算上筹计、置办、传讯和等候、乘车、行走及餐间叙旧、畅饮交谈等等延长因素。细致地说，人的一生中凡是引起对吃的思欲、回忆，或对吃有了算计、研究、学习，或领悟烹调的意识、行为过程，都属于吃的时间范畴。这些时间，充塞在每个人的一生中。或许你见惯不觉，但无数之短会连接起惊人之长。这样推测，每人每日平均占有的吃时间，又岂止是两个小时。

早年读《燕山夜话》，开篇即是《生命的三分之一》（邓拓撰）。文中说：“人生一世，睡眠要占去三分之一。”此话甚是。人的一生，不说英年早逝，也不说一百多岁的老人还能劈柴取暖，按人均寿命计，大致八十多岁，约为三万天。那就是说，人生中的三万天得有一万天是睡眠。这个道理谁都懂。如此算来，人的一生实际的“纯活率”只有两万天（不到54

年）。这两万天中，粗略推测，人在学龄前和学龄后的就学、就业，直至退休的时间，大致也要占去三分之一，约为一万天。另一万天，则是人在对个体生命自我管理的时间。其实，人的生命基本是由这三种时间模块组合而成。用于吃的时间应该算在第三种模块之内。那么，人的一生用于吃的时间究竟是多少？此事因人而异，只好留待读者自己去反思了。

无论怎样反思，吃确实在人的一生中有着非常重要的地位。吃得科学，吃得营养，吃得卫生，吃得有节有度，这不仅能增强学习智力，促进工作效益，提高睡眠质量，还能健康长寿。所以，人们往往吃完上顿盘算下顿；如果经济条件许可，总是设法在吃上搞出点新品种新花样来。吾国这方面与基督教特别是新教文化不同。例如美国人的“文化潜意中对过分地强调‘吃’存在着一种恐惧感。在清教徒文化的深层，恍惚隐约地意识到：贪食是一个人不会得救的外在行为密码”（孙隆基《中国文化的深层结构》）。英国人也不郑重其事地对待吃，而是把它看作很随便的事情。林语堂说：“英国人所感兴趣的，是怎样保持身体健康与结实，比如多吃点保卫尔（Bovlil）牛肉汁，从而抵抗感冒的侵袭，并节省医药费。”（《中国人的饮食》）所以，他们把与身体的关系比喻成煤与蒸汽机的关系。这虽有道理，但无品味。国人除了懂得吃像煤，身体像蒸汽机，还懂得讲究品味。“品”是三张嘴，而且要嚼出味道。有句话叫“品味人生”，已成吃的符号。可见，国人是堂而皇之地以吃来面对人生甚至世界的。这从“吃”字被应用的广泛性上就能看得出来——

国人什么都吃

说“吃”字是字魁，因为国人已将它当成万能字，且与吃的本意毫不相干。

下象棋时，赢了对方的棋子，说“吃你相”或“吃你士”，当然也说“吃车”、“吃马”……象棋在战国就有，南宋时发明了火药，象棋中又增添了砲，赢了砲也说吃砲。细想这话也怪，砲怎么个吃法呢？这又像是在吃历史。

清道光以后，洋教士到中国传教，人们把信仰天主教说成是“吃洋教”。在上海外租界，有市民被外国巡捕踢了一脚，自嘲地说是“吃了一只洋火腿”。抗日时期，大后方重庆有“前方吃紧，后方紧吃”的民谚。“文革”时说“革命不是请客吃饭”，后来讽刺腐败的官员又说“革命就是请客吃饭”。这些“吃”字，都带有鲜明的时代性格。

提起战争，“吃”字顺口就出：“二战时纳粹军占领波兰，国人说希特勒把波兰吃了，接着又把捷克和匈牙利也吃了。看《平原游击队》电影，就说：“松井最后吃了李向阳一粒枪子。”八路军在晋察冀反扫荡中打了胜仗，说是“吃掉日寇一个旅团”。美国佬在越战时没占便宜，是“吃了亏”。就是座山雕跟许大马棒干上了，那叫“黑吃黑”……这些“吃”字，在性质不同的战争中用作动词或形容词，都显得很生动。

经济体制改革以后，有了股市，就说：“我这回吃进一万股。”挣了钱存到银行，叫“吃利息”。有人做买卖发财了，三亲六戚都去找他借钱，叫“吃大户”。企事业单位抢着要博士硕士，这叫“吃香”或“吃得开”。搞工程招标，贪官要捞好处，叫“吃回扣”。法院的贪官以权谋私，则被说成“大盖帽，两头翘，吃了被告吃原告”……这些“吃”字，已成使用频繁的常用语。

这样例举下去，“吃”字的应用可就漫无边际了：农民是“靠天吃饭”；山民是“靠山吃山”；渔民是“靠水吃水”；干部是“吃官饭的”。女人长得漂亮，那麻烦了，不说“秀色可赏”，而说“秀色可餐”，“餐”不就是“吃”吗。马拉多纳从背后铲球，吃了一张黄牌，不服气，又吃一张黄牌，结果是吃了红牌被罚下场。吸取教训，叫“吃一堑，长一智”——这话也怪，“堑”还能吃？文言一点的把不守信用叫“食言而肥”，把承受祖宗的余荫叫作“食德”，这“食”也是“吃”……

而且，还要把动物拟人化，借着动物的特征作比喻。如：好马不吃回头草；兔子不吃窝边草；癞蛤蟆想吃天鹅肉；狗改不了吃屎；大鱼吃小鱼，小鱼吃虾米；哪有不吃荤的猫；老虎吃刺猬，无处下口；乌龟吃大麦，糟蹋了粮食；乌龟要是吃荧火虫，那叫“心知肚明”……这些“吃”字，被涂上各种感情色彩，生动地体现出国人的好恶，以及运用“吃”字的智慧和技巧。

可见，“吃”字真是神通广大，它可以无处不在，无往而不达。回过来说，“吃”字的本义是指“吃饭”，但讲究起来实际上是吃菜，上饭只是在宴尾点缀一下。满桌佳肴美馔往往使人饱饫之后还想再吃，无奈肚小不容。于是先人就发明了酒令、拇战，并在宴间欣赏歌舞音乐、戏曲杂耍，以此延宕吃的时间，便于消化积食。这样说也不能曲解了“吃”，饕士也未必仅为贪吃，像李渔、袁枚、梁实秋，对吃都是有贡献的，所以今人乐此不疲地研究他们的“吃道”。《红楼梦》里描写了186种食品，或随文而出，或精心安排。曹雪芹若不好吃不懂吃，焉能如此？不然《红楼梦》也要乏味寡淡，更不会有现今的“红楼菜热”。这都能反映“吃”字是集中了国人神经的兴奋点，人们为它而荣耀，也为它而耻辱，以致就有了“衣食足知荣辱”的信条。国人膜拜这种信条，于是“吃”字的字义就无限扩展，什么事情都关联到吃。有个“史”字，最能证明这一点。我曾说过，“人”加“口”是“史”，连历史都是吃出来的，还有什么不能吃不敢吃的？

二

字义钩玄

“箸”字演义

“箸”是“筷”的古字。这个字的较早记载见于《韩非子·喻老》：“昔者纣为象箸，而箕子怖。以为象箸必不加于铏（xìng），必将犀玉之杯。象箸玉杯，必不羹菽藿，则必旄象豹胎。旄象豹胎，必不衣短褐而食于茅屋之下，则锦衣九重，广室高台。”这段话，是箕子不满纣王“象箸玉杯”的谏言。后来，“象箸玉杯”就顺衍为成语，形容生活奢侈。

金文　　篆文

箕子是纣王之叔，官至太师，有较高的政治才能和文化知识。但他见纣王箸以象牙，为何会恐怖呢？还是《史记·十二诸侯年表》记得贴切：“纣为象箸，而箕子唏。”“唏”即唏嘘，或为哀叹。要说，是比干被纣王所杀才使“箕子怖”的。比干是纣王的另个叔，官至少师。他见纣王淫虐无度，国势危殆，就以死力谏，劝以修善行仁。纣王恼羞成怒，将他处以极刑。箕子闻兄弟被杀，联想到自己反对纣王“象箸玉杯”的谏言，预感祸之将至，由此因怖而“佯狂为奴”。纣王见他“疯疯癫癫”，就把他关进牢里，使他幸免一死。周武王灭商后，他被释放。

又想到《缠子》中说到的纣王因“熊蹯不熟而杀庖人”，也是象箸捅出的悲剧：宰相派人向纣王进献熊掌之馔，纣王拿起象箸去夹，那东西竟未应夹而裂，而是像皮球一样将箸尖弹了回去。纣王再夹，仍是如此。坚挺的熊掌当然令纣王勃然大怒。按理，庖人侍纣如喂虎，不该将熊掌做得硬而不烂。可是当时，连日的暴雨狂风使宫殿坍弛，膳房里灌满浊水，庖人如何能做好熊掌？宰相为了拍马屁，却硬让庖人去做，所以熊掌欠了火候也是灾难有囿。然而，纣王的象箸从来不空举而回，水患又使他气急败坏，于是就泄怒于庖人，红灼闪窜的炊火就变成喷迸四溅的鲜血。庖人死得真冤！

因而，初期的“箸”字因纣王的残暴，给人留下阴森幽暗的色调。

但从另个角度说，那时有象箸也不算稀罕。商都建于豫地，据考古发掘，得知商代的豫地气候尚暖，是为产象之区。后来气候转寒，象逐渐南迁。故而中州谓为豫州。“豫”字从象，豫州实为象州，即指其地产象。所以，商末的都城有手工业作坊能制作象箸，也是当地的一种名贵特产。但要将象箸认为是箸的起源，那就不对了。箸的起源可追溯到新石器时代。那时人们在滚烫的羹中取出菜或肉，天然的材料是树枝、动物角骨或竹枝。长期的使用经验又使人们感到，断截的成双竹枝是夹食的最佳工具。因其光滑、直溜、轻便，又易取，无毒无害，很环保，手感也好。这不是“想当然”，而是后来的造字者造出了带竹字头的“箸”字，这能说明竹是制箸的首选，亦可意会为“竹者成箸”。

自周约至战国时期，人们进餐时的情状大抵是手、箸并用。《礼记·曲礼上》：“毋抟（tuán）饭。”“抟”，指把散碎的食物捏聚成一团，再用手送入口内。《左传》还记载了这样一件事：楚人献鼋于郑灵公，灵公召集贵族吃鼋，却故意不给“食指动”的子公吃，子公没了面子，气呼呼的竟“染指于鼎，尝之而出”。众人笑之，笑的并不是他“染指于鼎”，而是他未被赐鼋，就用手指在灵公的食鼎内蘸了一下鼋汁，送到嘴中尝一下又扬长而去的率性行为。但那时也不是什么都用手抓，“羹之有菜用梜（jià），其无菜者不用梜”，“饭黍毋以箸”（《礼记·曲礼上》）。“梜”即木箸。《礼仪》还记：餐时主食置左，羹置右，右手执食具；吃饭喝粥不能用箸，而用匕；夹取羹汤中的菜食，可用箸。兹见，现今用箸的某些习惯性礼节，早在西周礼制社会中就形成了。

自汉及后，箸的应用已经普遍，但对其称谓却不尽同。《史记·绛侯周勃世家》：“景帝居禁中，召条侯（注：周亚夫，时为太尉）赐食，独置大胾（zì），无切肉，又不置櫡（zhuò）。”且不说汉景帝赐食于周，只有一块大肉，不改刀也不备食具，这让他如何去吃？但“又不置櫡”的“櫡”，即同箸。《说文·竹部》又记：“箸，饭攲（jì）也。”“攲”，指以箸取食，也是箸的别称。箸又谓“筯”（zhù）。南朝人刘义庆《世说新语·忿悁》：“王蓝田（述）性急，尝食鸡子，以筯刺之不得，便大怒，举而掷地。”煮熟的剥皮鸡蛋用筯扎不准重心自是滑脱，也不必使气将它“举而掷地”，已经抓到手里了，咬一口再狠狠嚼几下不也能解气吗。真是性急得有趣。

从史籍中看，箸改称筷子，端倪于吴中。明人陆容《菽园杂记》卷一：“民间俗讳，各处有之，而吴中为甚。如舟行讳住、讳翻，以箸为快儿，幡布为抹布。”这是说，吴中（今苏州一带）行舟之人讳说“住”、“翻”，视此不吉。此俗约在宋代已成。“以箸为快儿”之谓，显见于明代。这是从吴俗讳说不吉谐音字的顺衍，如讳“恶”字而呼之为“美”字。箸音讳“住”或“滞”，故而不谓箸，则反其意而谓“快儿”。但“儿”虽是尾音，却有稚童之寓，呼“快儿”亦不妥。“儿”通“子”，“子”泛指人，后又呼为“快子”。可是，“快”义不通“箸”义，难以行文，这就需要造新字了。因箸多用竹制，造字者便在“快”上加个竹字头而成“筷”字。

“筷”是为讳箸音而演义的字，从而就有了祈福求吉的内涵：“筷”的主构字——“快”，其义为快乐、称心；或为快心、快意；或为爽适、舒畅。有伦理学上说，快乐是人生中的最高幸福，追求快乐是人生的向往和品格修为的一种境地。《列子·杨朱》中的“人之生也，奚为哉，奚乐哉，为美厚尔，为声色尔”，就表现了这种伦理情结。古人的“快乐观”虽有历史的局限，但以“快”字成“筷”作为食具的称谓，能反映出人们追求美好生活的意愿。而“快”配“竹”而成“筷”字，又衍生出深厚的文化寓意。您看筷子，上为方形下为圆形。方形象征“地”，属坤卦；圆形象征“天”，属乾卦。一双筷子，便呈乾坤之象。乾卦的“天”，为民所依存之象，“民以食为天”大概寓由于此。坤卦有柄象，柄为把手。用筷时必得拇指、食指居上，中指居中，无名指、小指居下。拇指、食指象征“天道”；无名指、小指象征“地道”；中指为要，象征人在其位，能把握曲伸开合。这样，人执方形筷柄，用筷的圆形之端去夹食，这是坤在上，乾在下，即为“地天泰”卦，是“合顺通达”的吉祥卦。

自箸更谓为筷，习讨口彩的国人就从中演义出许多寓吉蕴祥的风俗：女儿出嫁，嫁妆中必有筷子，取“早（快）生贵子”之意；有则女方要收男方 9 双筷子，“九箸”谐音为“久住”，寓夫妻久住，百年合好。苏北一带闹新房时，将 10 双整扎的红筷子穿进窗户，寓“十全十美”，然后贺客又拿红筷和饭碗，到洞房高唱“筷子筷子，快快生子”的“穿筷歌”。陕西一些地区，新娘出嫁时常是哭着把一双筷子扔到地上，表示不在娘家吃饭了；到了婆家，新娘还要从地上捡起一双筷子（预先放在地上的），表示要在婆家吃饭了。应邀赴宴时，要待主人拿起筷子，说声“诸位随意”，才能夹菜；如先餐毕，要向主人致意，并将筷子竖着搁在碗口上，表示“人不陪君筷陪君”；待全桌客人皆餐毕，再从碗口上拿起筷子，对大家摇摆几下，然后将筷子仍是竖着放在桌上……

自“箸”字经“筷”字演义到现今，更是反映了饮食礼仪和饮食文明的不断进化。但某些用筷行为反倒不如古人。按说，用筷如用国语，人人都会。然筷随人意而为。聚餐间如有者此番用筷，您会感受如何——

举筷不定，目露择意，巡睃众馔，合计从何处夹食；
使筷在盘里扒拉、翻找，专挑嗜食之物；

餐间喧叙中，执筷朝人指指点点；

起身张臂，伸筷搛回的菜挂着汤汁，滴落其他菜里，或淋到桌上；

同一道菜，夹一返三，连夹不止；

两人同时抢菜，筷端碰撞一起；

以筷为刀，两手各执一根，割拉或撕拉盘中整形之馔；

夹不住菜，便以筷为叉，扎起而食之；

筷含嘴中，嘬之有声，似品回味；

筷头沾着余食，全不在意，继续在盘中寻找“猎物”；

颠倒“乾坤”，特立独行，以筷头为柄，用筷根夹食；

以筷击杯敲碗，高呼“翠花”上菜；

为图方便，将筷插入碗中饭内，当众“上香”；

餐毕，将筷横置于碟，或分放酒杯两边……

上列行为，说是缺少家教，或匮乏修养，或有失人格，甚至属于道德低下，都不言重。筷本无辜，但被如此演义，岂不令人观之生厌心生反感。这是需要在平日生活中予以注意并改正的。

归结而言，自周礼中的用箸规制，到后来民间以筷祈福的习俗，都在演义着国人食俎中的文化历史。别看只是一双“小竹条”，然其默契的互动关系，却能揭橥出东方哲学的独特原理，也是国人对传统文化诉求在心理性格上的物化表征，委实不可小觑。想到前些年在香港参加朋友的婚宴，收到一双包装精美的筷子，是给我带回去的礼物，寓意是恭贺新郎新娘成双结对，美满幸福；这对于我，也是被获得同样的祈祝。

春节聊“酒”

“福”字与酒

古代的春节，人们习以将“福”字用苍颉文、重篆文、鲁篆文、钟鼎文等书于红纸上，贴在壁、柜、箱、桶上面，俗信能招福运。现今习于在门上挂春联，中间贴“福”字，还要倒贴，“倒”谐音为“到”，表示“福到”。这个“福”字，却源缘于酒。

甲骨文

金文

篆文

甲骨文里就有“福”字，写为“”，是会意字，字的下面是人的两只手，手的上面是个盛着酒的酒樽，酒樽上面是个“示”字，“示”是象形字，像上古人们用于祭祀的“灵石”（石桌），即祭台，可以摆放祭品。这三部分会合起来，表示人在新年时用双手捧着酒樽在祭台前祭献祈福。

现今写的“福”字，仍是沿循甲骨文的形体特征：左偏旁的“礻”，即“示”；右边的“畐”，古写为“”或“”（《说文古籀补》），是个盛着酒的长颈鼓腹的酒瓶。所以，“福”字的本义是以酒祈福。

在古代，人们以酒祈福，是为得到“五福”。《书经・洪范》：“五福：

一曰寿、二曰富、三曰康宁、四曰修好德、五曰考终命。”现今过春节，门上挂春联的横批常是“五福临门”，也是沿承“五福”的这些含意。

以酒祈福之俗兴于周代。《诗·周颂·丰年》：“丰年多黍多稌，亦有高廪，万亿及秭，为酒为醴，烝畀祖妣，以洽百礼，降福孔皆。”这是说，在农历新年，因黍、稌（稻）丰收，高囤仓廪，量以秭计（秭为百兆之数），要饮酒相贺，拜祭祖佑，和通世礼，以祈愿福满人间。这就是酒祭以祈福，行觞以祝“改岁”。又谓“喝春酒”。后来代代相沿。

可见，自酒被先人装进酒樽，用于祭祀宗庙，造字者就会意成了“福”字。由此，人们在春节祈福，最有意义的凭借就是酒。因为酒寓福中，没有酒或不饮酒，福弗不降，就不吉利。这也是国人饮酒而行觞成俗的根源。

“酒”字与酒

但按《说文解字》中对“酒”之释，还须从另个角度去看酒：酒，“就也，所以就人性之善恶……一曰造也，吉凶所造也。古者仪狄作酒醪，禹尝之而美，遂疏仪狄。古者少康初作秫酒。”这是说，酒能使人兴奋至迷醉，最能适应各人的特点，人性善者愈显其善，恶者愈显其恶。酒性在于“就”，“就”义为适应、激化。又一说法是酒性在于“造”，饮酒和用酒的不同能引起或造成各人的福祸吉凶。夏代仪狄初造酒，是浊酒，禹尝之觉得味美，即意识到：“后世必有以酒亡其国者。”禹从此再不沾酒，也疏远了仪狄。是禹的七世孙少康初作秫酒，“秫”是黏高粱，少康就是杜康。

按许慎之释，仪狄当初可能是用野生水果造的酒。因为夏初虽有农植，但产谷少不足以济人，人和野兽还往往互为菜谱。到了少康时代，农植有了发展，有了余粮，少康才有闲情琢磨出高粱酒来。这些事不论是否虚构，却合乎酿酒的起源和发展的实际。这里，许慎释酒能“就”出人性之善恶，是示意酒德良好，能使人事融洽，事业兴顺；饮酒无德，也能祸

纯金酒杯

患无穷。禹尝酒而疏远仪狄，说明在禹看来，酒中也伏祸。

商朝即是例子。那时的甲骨文中有“福”字，可为商朝人以酒祈福之证。所祭之酒谓“鬯酒”，是用黑小米酿成的香酒。《左传》杜注：“鬯，香酒，用以降神。”这应该是“福”字成因的发端。那时祭神的行为是很狂热的，人们埋头劳作了一年，要在春节（商称“祀”）抬起头来捧着酒樽祭神祈福。对神，人们既恭畏又要不失自尊，于是酒祭中也自行豪饮，歌舞呼号，宗庙里涌出阵阵的精神狂潮。贵族这样，士庶也这样。由此形成纵酒之风荼靡社会。以致商末就积发出纣王“酒池肉林，作长夜饮”，激愤起周武王兴兵伐纣，纣王兵败而自焚。这就应验了夏禹“后世必有以酒亡其国者”的预言。当然事情不这么简单。但酗酒祈福却祈出了亡国之祸，也不能不说是商亡的主因之一。

周取商后，尽管代皇帝周公（姬旦）颁布过“酒诰”，训诫周朝的子民不要像商朝人那样酗酒败事，可是周宫里钟鸣鼎食的樽俎之状，说明作治者们也爱喝酒，熏染社会上的饮酒风气仍然盛行，这反倒促进了酿酒业的兴旺发达。

西汉时饮酒更甚。《史记·孝文本纪》载，自汉文帝以后的帝王们为皇家大庆，常有大酺之举，还要“酺五日”，“酺”就是“大饮酒也”，特许百姓聚会大饮五天。这比慕尼黑啤酒节还壮观。

后来曹操感到纵酒容易败德，并说夏桀和商纣都是因为好酒无德而导致亡国，就推行禁酒令。孔子的后代孔融不干了，写出《与曹操论禁酒书》。说天地人皆有尊酒之道，圣贤们喜酒的多了，尧喜酒，照样能建立太平天下；孔子“唯酒无量，不及乱”，所以是圣人。再说商纣也是因为美女而丢了天下，你是不是还要禁止人们结婚呢？其实曹操也爱喝酒，他咏叹“对酒当歌，人生几何”、“何以解忧，唯有杜康”，这都成了后世饮酒者挂在嘴边的格言。所以曹操禁酒，倒不如说是在传播酒的魅力。

以致唐代，长安已是“无人不沽酒，何处不闻乐”（刘禹锡《百花行》句），甚至“金貂有时须换酒”（《全唐诗·行路难》句）。那酒喝得“眼花落井水中眠”、“道逢曲（酒）车口流涎”（杜甫《酒中八仙歌》句）。唱觥娱觞的活动无处不闻，掀动起全民嗜酒的风潮。

到了宋朝，王安石倡行新法，公然标示“设法卖酒。”户部的十三座酒库，各以整匹白布大书库名，用长竹竿挑起，当街游走卖酒；宣传队伍中有百戏杂耍，酒库的官妓花枝招展。导致酒肆最隆，汴京成了酒都。

再往下说，元代酿制白酒的技术更为成熟，蒙至后来的满洲都擅豪饮，使中国饮酒之风尤为浓烈。只说康熙末年，米价腾贵，康熙谕禁了烧锅，可是雍正继位后，立马将烧锅开禁。当时酿酒业是关乎经济发展的大行业。烧锅一开，饮者大悦，少不了骂康熙颂雍正。您说，这酒如何禁得了。

纵观历史，国人饮酒之俗，由“福”字成因为起源，以春节祈福为经脉，穿朝越代地浩荡漫延，势不可挡。其间虽有戒酒、禁酒之举，那就像用手压了压大弹簧，手一松开，大弹簧反弹，方觉劲力之巨。何以如此？抵因酒是天之美禄，有不可抗拒的诱人魅力，也是人间烟火、七情六欲不可或缺的。

春节与酒

以酒祈福的古俗流传到现今的春节，其含意虽然有所变化，但国人的饮酒情势却更为高涨。有一条国际新闻可作参照：2013 年春节过后，外媒评出世界十大最爱喝酒国家，位列第一的是英国，中国排名第二，再次

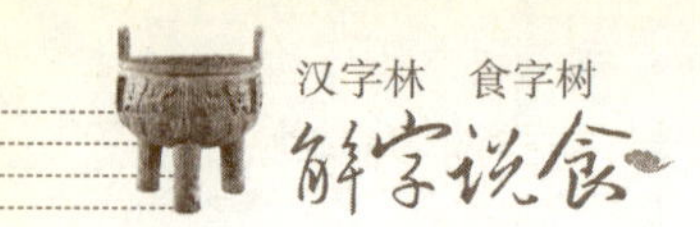

为俄罗斯、法国、厄瓜多尔、摩尔多瓦、韩国、乌干达、德国、澳大利亚（见《辽沈晚报》2013 年 3 月 1 日版）。

这能反映出，国人在春节期间饮酒的状况，是外媒作为综合评比时的一项重要的测量内容。

是因为中国的酿酒业源远流长，品种繁多，名酒荟萃，驰名中外，酒也渗透于中华五千年的文明史中，就被排在世界第二吗？应该不是。因为评的是“爱喝酒”，是指人与饮酒而言。是因为中国的经济为世界第二，国人的饮酒状况就与之划上等号？也不是。因为美国经济世界第一，但按喝酒排位却未能入选前十。是按国家大小、人口多少来评的吗？更不是。若是，厄瓜多尔、摩尔多瓦、乌干达这样的小国，永远不能进入前十。实际地说，是按着一个国家的民众喝高了或喝低了来评比的。如果此说无虞，那就是为数庞鸿的国人因为喝高了而喝出的世界第二。

喝高了意味着喝酒素质低了。且不说人喝一两白酒，肝脏就要忙碌 4 至 6 小时，喝三两白酒，肝脏辛苦工作一星期也难以完全将酒精分解排出体外；具象地说，喝高了就是贪杯忘律，饮酒失度，更是对以酒祈福之俗的过度热衷而导致的失控行为。酒是一种液体火焰，它一旦浸透人的心灵，就可能使人在不自觉中失态，失态容易失德，恶趣者更能败德。当然，酒也有益气、熄风、补血、温阳、生津等养人和助兴作用，但饮时须节制。《礼记》中说：“君子之饮酒也，一爵而色温和也，二爵而言斯，三爵而冲然以退。”这就是有节制。李时珍在《本草纲目》中说得更好：“壶中天者也，若夫沉湎无度，醉以为常者，轻则致疾败行，甚则丧邦亡家，而陨躯命。”据说，每年在节庆欢娱中淹死在酒杯中的生命，远远超过淹死在大海里的生命。所以，李时珍的这番话堪称金玉良言。

时下又至春节，“喝高了”是警示灯。再喝高了就会超过英国，中国或许要被评为世界喝酒冠军。您爱听“中国人最能喝酒”的奉承？争来个“世界喝酒大王”是为国争光吗？我看那是败国。

“饮食男女”谫议

“饮食男女”之谓，甫出西汉戴圣《礼记·礼运》：“饮食男女，人之大欲存焉；死亡贫苦，人之大恶存焉。故欲恶者心之大端也。”这里的“饮食”意指食欲，“男女”意指性欲；“心之大端”则犹言人的本性。这都是大实话，道出了古往今来最大的人情。此谓虽是出自礼学家戴圣之笔，但要注脚到孔子、孟子那里。

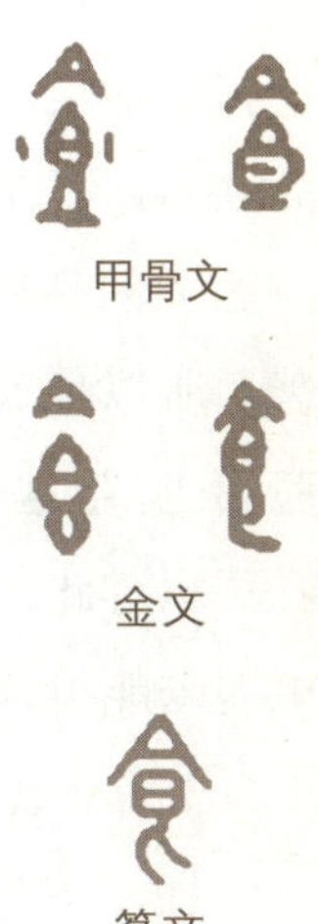

先说孔子。西周至春秋时期，劳心者称为“君子”，劳力者被视为“小人”，即所谓“君子务治，小人务力”（《国语·鲁语上》）。春秋末期的孔子谈食不谈俎，是囿有这种历史局限，自然要以“君子享食”的观念去谈对司俎的要求。最能反映他这种观念的是《论语·乡党》中的一段记载：“食不厌精，脍不厌细。食饐而餲、鱼馁而肉败，不食；色恶，不食；臭恶，不食；失饪，不食；不时，不食；割不正，不食；不得其酱，不食；肉虽多，不使胜食气；唯酒无量，不及乱；沽酒市脯，不食；不撤姜食；不多食……祭肉不出三日，出三日不食之矣。”这虽然是孔子出于“守礼”而表达他个人在饮食境遇中的切身体验，但在他逝后的漫长的尊孔重儒时期，这段话就具有言而成典、行而成规的教世作用，成为圣贤对后世人的饮食训导。

关于“男女”，孔子虽然没有正面谈论过，但是《史记》等书认为孔子删定过《诗经》，在其《鄘风·墙有茨》中保留了“中冓之言，不可道也；所可道也，言之丑也”这样的句子。可见，孔子是认同的，也符合他的见解。“中冓”犹言内室诟耻，为外遇之羞，这不能说出来，说出来就不好了，像是谈论丑事。

再说孟子。他作为“师孔子之孙子思之门人”，固然要“述仲尼之意”的。他谈饮食，有两段著名的话，收录在《孟子·告子上》中。一段是：“孟子曰：鱼我所欲也，熊掌亦我所欲也。二者不可得兼，舍鱼而取熊掌者也。”这有欲图美食和美食又不能兼顾的两层意思。另段是：“口之于味，有同嗜也。”乃是他追求饮食的核心——“至味”的自我表达。这两段话也都有“食不厌精”、谈食不谈俎的涵义。

孟子创先验主义的性善论，认为“恻隐之心”人皆有之，人之本性是善。所以他又说：“闻其声（注：屠场的声音）不忍食其肉，是以君子远庖厨也。”这是说“君子”要有不忍杀生的仁慈，由此也视事俎之人为“贱役”。对此，袁枚说：“孟子虽贱饮食之人（注：实为事俎之人），而又言饥渴未能得饮食之正。”（《随园食单·序》，广东科技出版社 1983 年版，第 1 页）意示孟子既欲享受美食却又贱俎蔑庖。

而且，“君子远庖厨”的说教也透出政见意味：劳心者不应再以“调羹之道”去作治国理义或用其获取仕途，含有对“伊尹烹于庖厨”之政道的反逆。孟子的这一说教着实厉害，在相当程度上起到汉以后的食与俎发生裂变的作用，使俎事逐至退位成膳房里应有的技影和匠气，僭越的因子渐而消弭。过多地琢磨司俎对政治家已无用处，饮食就是饮食，事俎就是事俎，两者间开始显豁出一道沟壑，从而形成了“君子”享食贱俎，“小人”供食受蔑的历史走向。

孟子谈“男女”，曾与受教于墨子之门的告子有过讨论。告子认为“生之谓性”、“食色，性也”，并说“（性）无分于善不善”，“以人性为仁义”，犹如“以杞柳为桮棬”（《孟子·告子上》）。孟子不赞成，就论起“大

丈夫”和“等级”。战国时期的“大丈夫”同于春秋时期的“君子”。孟子谈这些，是反驳告子的“性平等”。那时，人们可以公开谈“男女”，甚至在宫廷里讨论国家大事时也谈。孟子不谈，可见是在恪守老师的说教。所以，后来的人们言及“食色，性也”，总是拿告子的原话作引端。

上述孔子、孟子关于“饮食男女”的说教，大致可理解为：倡导食不厌精，可随欲为之；谈食不谈俎，近食要远庖；俎事要返本，为“小人”之务；认同或告示“男女”要禁蔽，不可示人。圣贤这样教世，作为阐述儒学“礼之经典”的《礼记》中，也就构成了载圣那句“饮食男女”的实际寓意，成为流传后世的名言。

对此，以研究老子哲学著称的台湾教授张起钧认为：“古语说‘饮食男女人之大欲存焉’，若以这个标准来论：西方文化（特别是近代美国式的文化），可说是男女文化，而中国则是一种饮食文化，我们中国圣贤设教把人生的倾泄导向于饮食，因而在这方面形成高度的发展。”（《烹调原理》，台湾新天地书局 1978 年版，第 5 页）他这话，既有哲学的抽象特征，也有相对的道理，可当为“饮食男女”的新注脚。

古墓宴饮壁画

需要作些补释的是，孔子、孟子设教于世人的，主要是“德治仁政”的意识形态，即礼仪、道德、仁义、士节、修性等伦理，“男女”是授受不亲的，性禁蔽最甚的礼教是打着儒家的招牌进行着。这些伦理的整合在漫长的尊孔重儒时期持久地发挥着主导人们思想的作用，也在社会生活中支配着人们的观念、情感和判断。因而，人们的头脑中就被习惯传檄了君子观念和意识，导致人的本性欲望在心理上发生变化，只能封闭或避开“男女”去亲近饮食。这种情势，还可以从汉以后传入中国的佛教那里得到验证：僧人不荤戒色，也是受律于大乘佛教，所以就向素食上下功夫，致使寺院素食后来发展成为中国肴苑中的一枝奇葩。

如何认知中国传统饮食？孙中山先生曾说：“我国近代文明进化，事事皆落人之后，惟饮食一道之进步，至今尚为文明各国所不及”，“单就饮食一道论之，中国之习尚，当超乎各国之上。此人生最重之事；而中国人已无待利诱事迫，而能习以成自然，实为一大幸事。吾人当保守之而勿失，以为世界人类之导师可也。”（《孙中山全集》第六卷，中华书局 1985 年版，第 161~162 页）一位立志要推翻封建制度的革命先驱，却对中国古代饮食发展到清末有这样的评骘，反映了他的唯物主义情怀，令人感动和信然。“中国之习尚”何以能如此？仅就饮食而言，原因也不能不说是孔子、孟子对饮食的说教在汉承先秦后至清的历史间得到持续回应和履践的结果。尽管许多人在饮食行为上并未与这种说教有直接的关联，但是他们的对此的驱动指向仍是受这种弥积历久的说教所影响中的顺衍。

然而，饮食的高度发展也是烹饪在高度发展。烹饪是饮食之母，若无烹饪何来饮食？孔子、孟子谈食不谈俎，是局限那种时代的意识形态，也就影响到许多劳心者特别是有名望的读书人持有享食贱俎的意识，也关涉到历代有关记载饮食的书籍中多是只记享食不记俎事，只记名馔不记制者，只记主人不记家厨，或只记“某某家制之最精”。致使中国宴、馔的历史从文字反映上很少见到庖厨的踪影和他们的功绩。而孙中山先生则明谓：“烹调之术本于文明而生，非深厚于文明之种族，则辨味不清，则烹调之术不妙。中国烹调之妙，亦是表明文明进化之深也。”他并将烹调术视为文化艺术范畴：“夫悦目之画，悦耳之音，皆为美术，而悦口之味，何独不然？！是烹调者，亦美术之一道也。”（引文同上）孙中山先生倡食又倡俎，且都说得深切醒人，也是从理义上为“俎”正名，为主宰烹调之术和创造美食的庖厨们说了公道话。

至于“男女”，禁蔽总比泛滥好。“男女”不碍已婚的正派人，却能败坏社会风气。所以，圣贤对此的说教有合理内核，也有积极的精神文明作用的一面。时今解读“男女”，也不能仅是认为专指狭义的感官。张起钧教授说“男女”是文化，应该理解为广义的人生体验，是对人体、人性的反省而产生的伦理科学、道德观念和法律规范的综合。

所以，“饮食男女”不能当作闲赋谈资。恩格斯说得精辟：“根据唯物主义的观点，历史中的决定性因素，归根结蒂是直接生活的生产和再生产。但是，生产本身又有两种。一方面是生活资料即食物、衣服、住房以及为此所必须的工具的生产；另一方面是人类自身的生产，即种的蕃衍。”（《马克斯恩格斯选集》第4卷，第2页）这个教导能使我们深识“饮食男女”是人类共同的生存文明的基本内容，也是关于人生经验的两大永恒的学术命题；历史的发展也总是与这四个字密切相关。

因而，谨在充分尊重和不丢弃并传承圣贤合理说教的同时，也需要对“饮食男女”的旧有观念加以汲古开新的更新，重铸现代版的“饮食男女在中国”。

“养生”楷语

“养生”之义

“养生”一词，古有三义。《孟子·离娄下》：“养生者，不足以当大事；惟送死，可以当大事。”此语简谓“养生送死”，其“养生”与“送死”为对，乃立本为“寿”字，即指子女奉养和殡葬父母，亦指维持一家生计。此为一义。《庄子·养生主》：“庖丁为文惠君解牛，手之所触，肩之所倚，足之所履，膝之所踦，砉然响然，奏刀騞然，莫不中音。合于〈桑林〉之舞，乃中〈经首〉之会。”因而，“文惠君曰：‘善哉！吾闻庖丁之言，得养生焉。’”砉（huò）然：象生词，指筋肉与骨骼相剥离的声音；騞（huò）然：义同“砉然”而响声较大；中（zhòng）音：合乎音节；桑林：相传为商汤时的乐曲名；经首：相传为唐尧时的乐曲名；会：节奏音律。此寓音谓庖丁解牛找出规律，游刃有余，比喻人须养身全性，实示一种处世哲学。此为二义。唐孙思邈《千斤要方》：“安身之本，必资于食，……不知食宜者，不足以存身也。”这是“饮食，活人之本也”的原版话，即指以饮食养生而保健。此为三义。

甲骨文　　金文　　篆文

作为养生学的“养生”，古人则有“治气”和“食养”之说。“治气”指一种主观的精神状态。《荀子·修身篇》：“以治气养生，则身后彭祖。”例如：“故智者之养生也，必须四时而适寒暑，和喜怒而安居处，节阴阳而调刚柔。如是则僻邪不至，长生久视。”（《灵枢·本神第八》语）这大凡是说“治气”。“食养”指饮馔服食须适健康长寿之需要。《墨子·辞过篇》：“其为食也，足以增气充虚，强体适腹而矣。”例如：“胃为水谷之海，主受水谷。脾为中央。磨而消之，化为血气，以滋养一身，灌溉五腑。故修生之士不可以不美其食。所谓美食，非水陆毕备、异品珍馐之谓也，要在乎生冷勿食，粗硬勿食，勿强食，勿强饮。”（明高濂《饮馔服食笺》语）这两种养生，古人认为若能结合妥善保养，可年寿得长焉。

南朝齐梁间道家名医陶弘景，著有《养生延命录》。中记：“人生大期百年为限，……如膏之用小炷与大耳。”后被孙思邈概括为“灯用小炷”。旧语“人生如灯，人死灯灭”，或许与此有渊薮。人生若比一盏灯，其用则非开源，乃为节流；亦如人之寿限决定于先天，不能增加，只能减少。知养生者，如灯添膏加油，可火光煦煅且长燃久延；不知养生者，如灯芯小亮弱，烛尽无续。养生之义具喻似此。

养生与人寿

前苏联医学院院士、世界共知的名医乌格洛夫与著名小说家德罗兹多夫合著的《延年益寿荟萃——生命自我管理学》（新华出版社 1985 年版，杨春华译），是一部将养生与人寿的科学论证与长寿人物的形象刻画、叙事及景物描写这两条主线彼此交错又相熔一体，来概述从古希腊到现今几千年人类研究养生与人寿问题的专著。书中论证了造成人类早衰的主要因素和人体中决定长寿的主要部位；指出多数大病始于神经系统的紊乱；大脑是长寿的“调节器”；人自少年就须学着“管理”自己的精神情绪和身体，掌握“生命自我管理科学”。并强调长寿的实质是：肌体同周围世界的平衡。而“生命自我管理科学”在国人说来就是“养生”。

书中，乌格洛夫对人的生命时间段还作出这样的测定：“1—15 岁——童年；16—30 岁——少年；31—45 岁——青年；46—60 岁——成年；61—75 岁——壮年；76—90 岁——老年；90 岁以上——高寿年。”（见该书 47 页）我认为，这是并未脱离“人生大期百年为限”且具前瞻性的英明见解。其中虽然持有前苏联地域人类生态环境的背景，但是随着现今发达国家和发展中国家人寿情势的显著变化，这种见解已与国际社会注重长寿的价值观相吻合。其积极意义在于：用理性公式分解了人的生命运动规律，通释了人的生命完整，并在人生阶段处提示出应须自我管理的界标；更重要的是将人的生命意识下的延续回归了本初性的更移，将人生各阶段的生命前端的非标准图解，重新描摹而复原了生理结构的正常状态。从而也为人类共性的养生之道提供了一种可资参照的践行标则。

如今，国人的寿命越来越长。以北京为例，人的平均寿命已达 78 岁。“人生七十古来稀”已成历史话题。“寿”，无疑是东方文化中浓重的一笔喜色。但问题是，我们的“人的生命时间段”的观念却演绎成这样一种世俗：18 岁以下——少年；18—30 岁——青年；30 岁以上—45 岁——中年；50 岁以上——老年。以至，人到 50 岁就被称作（或自认）老头、老汉，或老大娘、老太婆。其后续作用是：当将 50 岁的人认作老人，尚且年轻者到了这个岁数也就成为老人了。如此循环的结果，使人到 45 岁仍无进取机会时，自然感到年龄失落，不甘止进又无奈退缨的情绪不会没有。当 45 岁的人被各类招募单位拒之门外时，联合国的法子却是按着乌格洛夫的见解，将青年阶段放宽到 45 岁。所以，我们的这种世俗是在渲染未老先衰的社会舆情，其作用还可比譬农作物在返青时被拔苗助长，在仍可继续成熟期又被及早摘掉，导致非自然成长。这种世俗与“我愿不知老”的养生精神也南辕北辙。故而，乌格洛夫关于“人的生命时间段”的见解就具有正能量，值得宣传和扩播，也值得接榫我国。这样移风易俗，将会对所有不服老不承认老的人产生心理慰藉，鼓舞他们为新时期多作贡献。

养生与饮食

宋人陈直《寿亲养老新书·饮食调治》："食者生民之天，活人之本也。故饮食进则谷气充，谷气充者气血盛，气血盛则筋力强。"历代养生家十分重视饮食的学问，为我们积累了宝贵的经验。

然而，饮食养生的前提是取决于人体内的先天之饵的作用。陶弘景说："百病横夭，盖由先天之饵殆尽。然饮食再精而不纳，脏腑乃食，气血乃亏；饮食再少而积存不下，宿毒乃生，天命乃伤。"（《养生延命录》语）意思是：导致各种疾病无不是由于人体内的"饵"减少了，所以即使是吃得再好，营养也吸收不到，吃得再少也不易消化，造成毒素排不出去，最终引发多种慢性疾病，从而危及健康。

饵，其实是人体内与生俱来的多种活菌。它们不仅能促进人体高效吸收一日三餐中的营养元素，还能促进毒素垃圾排除体外。谓其为"饵"，义为以利诱，乃人腹中之诱饵也。这些活菌在胃肠之内：嗜酸乳杆菌、青春双歧杆菌能协助胃酸分解食物，同时促进食物下行，消解积食；干酪乳杆菌、乳双歧杆菌可将食物中大分子的各种维生素、矿物质等转化成小分子，更利于人体吸收；鼠李糖杆菌、罗伊氏杆菌像光滑的薄膜，能包裹住引起三高的甘油三酯，阻挡其被身体吸收，同时包裹影响细胞的自由基，使毒素垃圾最大限度被排除体外。因而，这些活菌都是有益菌，缺一种都不行，少了一种人体都会染病。

重要的是，现代中医研究成果表明：这些活菌在七八岁小孩体内的含量高达 70% 以上，而在六七十岁人的体内的含量只占 6% 左右。由此可知，随着人的年龄逐渐增长，这些活菌在人体内的含量也就逐渐减少。所以，人的年龄越大越要注重饮食养生。其作用是要保持"饵"对进食的协调配合，并能预防、抵御缺乏活菌导致肠道蠕动减弱、菌群失调、腐败菌滋生、乳糖不耐受、合成维生素B族功能和免疫功能下降的不良状态。因此，饮食养生首先在于保护和补充人体内的活菌，使一日三餐做到食物被尽快消化，营养被尽量吸收，毒素被及时排除。然后才是根据人的生理变化规律而选择吃什么、怎样吃、吃多少的问题。

说到如何饮食养生，不同食物都有各自的营养价值，没有不好的食物，只有不合理的膳食，关键是要针对人的特定生活环境和年龄段的差异，学会个性化的合理搭配。

世界卫生组织宣布：人的健康寿命60%取决于自己；15%取决于遗传因素；10%取决于社会因素；8%取决于医疗条件；7%取决于自然环境等影响。美国农业部最近发布了新的健康膳食的指南标识，是由五种颜色组成的“我的餐盘”，取代了沿袭近20年的“食物金字塔”。其中，蔬菜和水果占了半个盘子，谷类占了1/4多，原来“食物金字塔”标识中的肉类已不占有“一席之地”，而被纳入占餐盘比例不足1/4的蛋白质类别中。当然，国人的食品加工水平和中餐烹饪的特点与美国人有较大的差异，但这至少可以为我们的餐盘健康提供一份有益的参考：不论买菜做饭还是在外就餐，如果感觉缺少了某种营养，可有针对性地服用专门的维生素、矿物质补充剂，尤其是中老年的人更宜这样。因为，饮食养生要求我们斤斤计较每一天。

回溯“酒令”

酒令，亦称“行令饮酒”。是古人在饮酒行为中创造的法律规则。系指宴会或聚酌间推举一人为酒令官，余者听令轮流说诗词、联句或其他引为助兴的智力游戏，违令或负者罚饮。

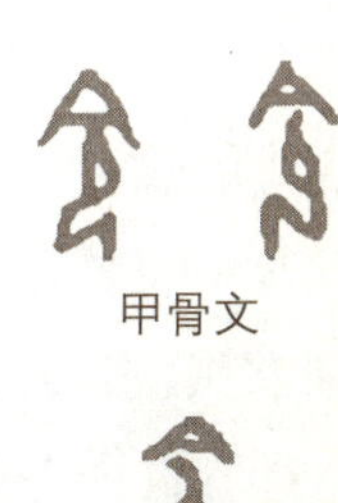
甲骨文

金文

篆文

酒令的起源和成因，周长森为清人俞敦培编著的《酒令丛钞》做的序中记：“周礼酒正酒人掌五齐三酒四饮，梓人为酒器。由一升至三升，曰勺、曰爵、曰觚，示限制也。而酒禁则掌自萍氏，说者谓官以萍名。然禹疏仪狄，绝旨酒。令因酒起者，莫先于此。夏商之末，以酒为池，则令遂废。成周戒群饮，作酒诰。卫武公立监佐史，皆循令也。春秋时名卿宴会，肆雅风歌，一洗号呶之习，遂为即席倡和之滥觞。”可见，酒令是源于西周姬旦（周公）以夏桀商纣的饮乱祸国为戒而对饮酒所设的法令，后来卫武公亦设酒令立监佐史。以至由国家法定的规格酿造的酒则被称为“法酒”。“法酒者，犹言礼酌，谓不饮之至醉”（《汉书·孙权通传》之注语）。由饮法酒而衍演为在宴间行以酒令，是发端于春秋时期士大夫们对酒当歌的唱和之为。

凡汉以前，宴乐间有类于酒令者，已有人采而录之。酒令乃“觞政”之一端，始见西汉刘向《说范篇》。据知东汉贾逵撰有《酒令》，虽书已不传，可知其俗由来已久。宋人窦苹撰《酒谱》一卷，始列酒名，终以酒令，其言曰："诗云既立之监，或佐之史，然则饮之，立监史也。所以已乱而备酒祸也。后世因之有酒令焉。"这是说，后世饮酒得酒令之法规以绳之，可免喝高了载号载呶之鄙俚，而续史监之风。清人梁章钜撰《归田琐记》，其卷七《酒令篇》云："酒令有雅而谑者，宋人即尚之。"这是有根据的。因宋时王安石倡行新法，政府公然推销法酒，以促经济振兴，导致酒家繁隆。梦华录记汴京会仙酒楼可筵开百桌，这是唐朝也比不了的宴饮盛况。法酒公卖必然引发酒令兴行，故而"宋人即尚之"。元以降，酒令之俗亦不负宋。按《中国丛书综录·子目》载，觞政之著竟达30余种。如明袁宏道《觞政》，清沈中楹《觞政一卷》、张惣《南村觞政一卷》、蔡祖庚《悚园觞政一卷》等。酒令的内容采摭繁富，天文地理、历史人文、四书五经、诗词歌赋、名人轶事、人间世象等无所不涉。归纳起来，酒令可分为四大类，即：古令、雅令、通令和筹令。载之于籍者约有三百余种。

古令：涵括方言稗乘之遗，诗话笔谈之纪，洄汉唐溯先秦，卷宋元包明清，内容颇为丰赡。有礼饮令、即席赋诗令、即席联句令、即席作歌令、药名令、书句俗语令、手势令、拆字令、成语回环令、人名令、饮不尽浮大白令、急口令等近90种。

如"饮不尽浮大白令"，初见《说范篇》，中记：战国初魏文帝（魏斯）和大臣们喝酒，命公乘不仁为酒令官，行以觞政，并宣布喝酒时若不能把杯中酒喝尽者，要"浮以大白"，即罚酒一大杯。结果，文帝却未喝尽，公乘不仁要罚他，他假装没听见，想逃罚。文帝的侍者就打圆场："君王醉，不宜罚，不仁退吧。"公乘不仁说："周书曰：前车覆、后车戒。君王自设酒令而不行，可乎？"文帝听了，即曰善。随即将罚酒一饮而尽。饮毕又使公乘不仁为上客。以至后来就有"酒令大于帝令（或军令）"之说。《红楼梦》44回就曾记载："鸳鸯吃了一盅酒，笑道：'酒令大于军令，不论卑尊，唯我是主，违了我的话是要受罚的。'"

又如"急如令"，见唐郑蕡才《鬼录》，中记：隋朝的长孙鸾侍郎，年老口吃。右武侯贺若弼就造个急口令：“鸾老头脑好，好头脑鸾老。”使长孙鸾回环急诵，以利语顺。此令绕口，言蹇难者岂能说得顺溜？贺以为笑。郑賁才则说：“今之急口令本此。”即后来宴饮间以绕口令耍酒的游戏，端此掌故。

雅令：多是文人学士所为。令须引经据典，分韵连吟。往往为一字之奇，镂肾雕肝。天边鸿鹄，忽对家鸡；尔雅虫鱼，皆供使然。逞云山之奇险，诩书厨之獭祭，极才语之蝉联，尽学富之螂嬛。有寿字诗令、一品令、集古人名令、八卦令、喜相逢令、花名诗令、鸟名贯串令、词牌合字令、诗句贯四书令、饮中八仙令等114种。

如“诗句贯四书令”，上半句须系诗坛名家的一句诗，下半句必须用“四书”中的句子来连贯，且要意思相通。例：“英姿飒爽来酣战——兵刃既接。”“奔流到海不复回——逝者如斯夫。”应承这种酒令，必得是饱读诗书者，还要反应机敏。否则，答错了或答不上来，就得喝罚酒。

再如杜甫所作《饮中八仙歌》，用为酒令，既复杂又有趣。行令时，聚酌者要将全诗顺数，依次每人说一字。谁说到字中有“口”的，要喝一杯；若遇“酒”字，喝一大杯；遇“水”“酉”偏旁或“杯”“觞”“饮”“斗”等字，喝半杯；碰到字中钩剔所向，要左右转圈，遇转不转或转错方向，罚酒一杯。此诗22句，说来较长，只例其中李白饮酒的四句，并按上述酒令规则标明该喝酒或罚酒之处：李（钩左转）白斗（喝半杯）酒（喝一大杯）诗（古体诗字带口，喝一杯）百篇，长（剔右转）安市上酒（喝一大杯）家（钩左转）眠（剔右转），天子（钩左转）呼（喝一杯）来不上船（喝一杯），自称（钩左转）臣是酒（喝一大杯）中仙（详见《酒令丛钞·卷二》）。行这种酒令，必须对此诗有背诵如流的功夫，仅是接不上来，也要被罚酒。

通令：泛指社会民间通行的酒令。上逮学优求士，下逮吉言祥语，尽佐谐谈，笑牒言鲭，都资嗢噱。猜详骈拇之章，捷对同声之应。知识面亦甚广泛。但令太俗难言者，则不见籍之辑录。可见古人亦有摈弃卤莽而采健正的审美情趣。这类酒令，归纳起来约有福禄寿令、事事如意令、长命富贵令、过年令、赏花灯令、点戏令、赶羊令、渔翁下网令等60余种。

如“福禄寿令”，令置一骰递摇，得四者为福，则众合饮酒。再将此骰归公，换骰次坐再摇，凡得四仍前取换。若得五自饮巨杯，为寿酒。换骰次坐再摇，得六为禄，摇者收存。如得二、三者，不计。交次坐摇。以六骰次第成四为毕令（终骰）。如果三骰成四或三骰成六，已无余骰时，则轮曾得六之人摇者，须向有六之人买骰。议酒若干，并听有六之人居奇定价。凡为通令，多以摇骰为者。

筹令：则是筒摇汉赋唐诗之旧韵，笺拨宋词元曲之新词，阄拍明清小说之故事。轮转如环，不设成心，信手拈来，都饶妙谛。有六国伐秦令、名贤故事令、唐诗酒筹令、寻唐僧令、访西施令、西厢记酒筹令、红楼人镜令、水浒酒筹令等20余种。其特征是取“醉折花枝作酒筹”之意境。须制筹笺，多者百余笺，少者几笺，由筹令内容而定。

如“水浒酒筹令”，须制筹笺八枝。一枝：李逵大闹浔阳江——首二坐为宋江、戴宗，末坐为张顺。得筹者为李逵，自饮一大杯，宋江、戴宗陪饮一小杯。随后李逵与张顺猜十拳，张顺输则饮酒，李逵输则喝水。二枝：武松醉夺快活林——无三不过望。得筹者为武松，先自饮三杯，再与对面者蒋门神猜三拳，全胜方过。三枝：鲁智深醉打山门——得筹者为鲁智深，先自饮一大杯，再与首二坐为二金刚各猜三拳。四枝：金翠莲酒楼卖唱——首二、三坐为鲁达、李忠、史进。得筹者或弹或歌，敬三人酒。五枝：一丈青擒王矮虎——与并坐者猜拳，胜后牵巾饮三交杯，合席共贺一杯。六枝：景阳岗武松打虎——三碗不过岗。得筹者武松，先自饮三大杯，再与寅年生人或姓名带虎者猜拳，以胜为度。七枝：请诸邻武松杀嫂——以左右四座为四邻，各照三杯，年少、无须者为嫂，猜拳，以胜为度。八枝：梁山泊群雄聚义——各席各饮三杯。这八枝筹笺上都分别写着上述的典故，并注明行令饮酒的法则，抽筹而得者须按所示以循之。

为了使酒令得以顺利进行，不被要闹扰攘，所以要设“觞政”。如规定：“不尊令官所说，而误减增字样者，杖五十”，“凡自恃才高学富，包揽他人说令或擅自说底者，杖六十”，等等。还有“笞刑”、“流放”、“罚俸”等。当然，这都不是动真格的，而是罚酒当刑。如杖刑五十，则是将一杯酒以十份计，一份算一杖，被罚者要喝五杯酒。如受刑三年，以每杯酒算为一年，被罚者要喝三杯酒。亦有以上一道菜为一年，受刑三年即是受罚者禁食新上席的三道菜。要被“罚俸”，即是酒席本为别人做东，因他触犯了酒令法律，就要受罚埋单。

酒令为欢场之媒介，不仅风雅或诙谐，也涵括着许多有益的学问和知识，可从中启沃心智，于意趣间能逸兴遄飞。所以，酒令经历了两千多年的历史，习为人们所喜行乐用。但因受历史局限，有些酒令难免染有杂色；摇骰、筹笺之类亦有繁琐之弊；且罚酒动辄三大杯、五大杯，有失“不饮之至醉”的礼酌。这都不宜今人学用。但它毕竟是我国行令饮酒的传俗，从发端上即有为免号呶之习而续史监之风的积极意义。所以，我以为在了解了酒令的历史情状之后，应该从中捃其菁华，摈其疵弊，改进和履新酒令，使觞政演进成以饮酒适度为宗旨，成为更加优雅、文明且富有文化、人文内涵又不失诙谐的误乐载体，以适应当今社会饮食生活所需要的健康精神。

“猜拳”轶俗

猜拳，也谓划拳、酒拳、闹拳；古代多谓豁拳、搳拳、拇战。从相关古籍中的记载可知，猜拳来源于酒令中的手势令。《资治通鉴》（卷289）：“后汉乾祐三年，王章置酒会诸朝贵，酒酣，作手势令。”《胜饮篇》又记：“皇甫嵩手势酒令，五指与手掌指节有名，通呼五指曰五峰。则知豁拳之戏，其来已久。”皇甫嵩也是后汉将领。可见，这种以手作各物之势的游戏，在那时上层朝官们的饮酒间就已习行。而手势令就是后来的豁拳。

豁拳之谓，约在宋后成习。“豁”字，这里指握拳又伸开讲。明李日华《天研斋笔记》：“俗饮（酒）以手指屈伸相搏，谓之豁拳。”搳（huá）拳、拇战在明清时期显见增谓。搳拳的“搳”字，《说文·手部》释为“擖”（gā），义为用手刮；《广雅·释诂三》又释为“搔”。皆似“阉”义。《红楼梦》63回里，就有“宝玉和芳官两个先搳拳”之句。拇战的“拇”字，指手之大指，猜拳须以五指为示而搏，拇为五指之首，故表称拇战。如清江藩《汉学师承记·朱筒河》：“拇战分曹，杂以谐笑。”

相较而言，还是“猜拳”之谓最当。因为这种游戏，是互猜对方之拳握有何物，或伸出几指，凡三次为一决。这在唐代就已习行，谓为“猜枚”，今或称“猜单双”。即取松子、莲子、棋子、钱币等小物件若干，供对方猜名称、数目、颜色等。宋孙宗鉴《东皋杂录》：“唐人诗有：‘城头击鼓传花枝，席上搏拳握松子。’”说的即是猜拳。还有一种以手势模拟锤、剪刀、布的猜拳法，以锤胜剪刀、剪刀胜布、布胜锤为规则。或以筷子对敲，每敲一下双方同时喊出虎、鸡、虫、棒等其中的一种，虎胜鸡、鸡胜虫、虫胜棒、棒胜虎，以互猜相克定胜负。所以，“猜”为这种行拳之戏的要字。

猜拳有雅有俗。古人因为所从事的生产劳动和生活环境、风俗习惯、文化素养的不同，创造出各不相同的猜拳方法。光绪初年由上海进步书局印行的《酒令丛钞》(清人俞敦培编汇)，就录有满蒙汉拳、添减正拳、内拳、空拳、走马拳、连环拳、过桥拳、鹅毛扇拳等近20种。如满蒙汉拳：第一拳一字清，为满；第二拳不准一字清，须猜三元四喜之类，为蒙；第三拳只准喊五，喊对为汉，误者罚酒。有以三杯酒为满蒙汉；或以三声次第为满蒙汉，第四乃为满。如此则易误，而罚爵多。又如鹅毛扇拳：每关须一拳即胜。假如已胜三关，至四关而败，则退行再打三关，胜者重打四关；若在三关又败，则退打二关。如编鹅翎为扇，互相压也。

在清代福建泉州流行的“三国拳”，就比较高雅。此拳有帽头、带唱，旋律是：53 51 | 553 | i6 i6 | i i |，内容是：“三呀三国志呀，俩呀俩叮当。”然后进入正题。即：“单刀赴会，二嫂过关，三请诸葛，四辞徐庶，五关斩将，六出祁山，七擒孟获，八卦阵图，九九中原，十面埋伏。”一句中有个典故。猜对了为赢，还要唱给输的一方：“请喝酒呀！”输方也要答唱：“我喝酒啦！”遂执杯而饮。后来，“三国拳”流传甚广，东南亚一带的华侨亦习行之。

在山东则兴行“螃蟹拳”。开始时是俩人边说边比划，帽头是：“螃蟹一，脚八个，两头尖尖这么大个儿！”然后才正式猜拳。进入第二轮，就要将蟹数加倍，即：“螃蟹二，脚十六个，四头尖尖这么大个儿！”以此类推，逐至升数。若将数字说错，或动作做错，就被罚酒。此拳能锻炼思维敏捷、手口一致，平添乐趣；但拙者也会手忙口乱，顾此失彼，引人发噱。

陕西一带则习行“擂堆拳”，“擂堆”之意是打哆嗦。此拳的帽头须俩人同念："高高山上一剪梅，俩人喝酒打擂堆，擂堆打，打擂堆，不打擂堆罚三杯！"俩人每念到"擂堆"时，身体必须打个哆嗦，若谁忘了打哆嗦，就被罚酒。此拳行起来很热闹，猜者、观者皆尽兴。但说秃噜了或哆嗦打得很怪样，遂会引起哄堂大笑。

少数民族的猜拳也很有趣。如前清时不在旗的满族人，称"巴拉人"。他们世居山林，以狩猎为生，常饮酒以御寒，并创造出一种"猎人拳"。即：猎人胜枪，枪胜虎，虎胜猎人妻，猎人妻胜猎人。开始时，俩人对坐，伸开双掌，互相拍两下，然后各选一形象动作，再较量胜负。如示猎人：双手的拇指和食指伸出，呈"八字形"，放在嘴唇上方两侧，象征着胡须；如示枪：左手在前，右手在后，右手的食指弯曲，似勾动扳机，作射击状；如示虎；两手呈虎爪状，手心朝外，放于额头两侧，同时张嘴瞪眼，形若虎怒；如示猎人妻：用双手的拇指和食指弯成两个圆圈，贴在两只耳朵根的下方——这是戴耳环的形象。行此拳式，不必高声喧哗，为哑拳，情调古朴，也反映出巴拉人的生活特征。

猜拳之俗今仍流行各地。一般是先有戴帽，就是开始之前，双方 齐说"爷俩好"、"哥俩好"，或"扬手"、"来呀"，以协调节奏。比较通行或常用的吉语大致是：宝拳一对，一帆风顺，二圣和合，三星高照，四喜四美，五福临门，六六大顺，七个巧来，八元八仙，九（酒）德不忘，十全来到。这都是有出处和典故的。试释如下。

宝拳一对：为猜拳之序。亦呼"元宝"，为唐高祖武德四年（公元621年）始铸开元通宝的简称。元宝分金、银，马蹄形。银者又谓"宝银"、"马蹄银"，作货币流通；金者一般供保藏，极少流通。古人有"财不外露"之俗，是避财大招风之忌。故猜拳时，先要握紧拳头，似将元宝紧攥手中，双方始呼"宝拳一对"，或呼"宝不出，宝不露"，然后再开拳拇战。

一帆风顺。语出李宝嘉《官场现形记》19回："从中进士至今，不上二三十年，就做到副宪，也算得是一帆风顺了。”猜拳时，借此以表出拳顺利，次第高筹，泱泱如意。

二圣和合。见《西湖游览志余》：相传宋代杭州有位为民行善的“方回哥哥”，他蓬头笑面，身着绿衣，左手擎鼓为“和”，右手执棒为“合”，以棒击鼓声震五岳，能招天涯游子归家，与亲人团聚，故被颂为“二圣和合”。民尚祭之。

三星高照。“三星”即福星（天官）、禄星（掌人间钱财）、寿星（南极老寿星）。祝筹三星高照，以使行拳时讨尽吉利。亦谓“三元高中”。“三元”指乡试解元、会试会元、殿试状元。亦指状元、榜眼、探花，猜拳时，表意类同“三星”。

四喜四美。人世之四喜者为：“久旱逢甘霖，他乡遇故知，洞房花烛夜，金榜题名时。”四美者为：良辰、美景、赏心、乐事。语出南朝谢灵运《拟魏太子邺中集·诗八首序》。

五福临门。典出《尚书·洪范》：五福为“一曰寿，二曰富，三曰康宁，四曰修好德，五曰考终命。”“修好德”：修行美德；“考终命”：行善而命善终。亦谓“五魁首”。明代以五经取士，“五经”即《诗》、《书》、《礼》、《易》、《春秋》。每经第一名为魁首，故谓“五魁首”。

六六大顺。典出《左传·隐公三年》：“君义、臣行、父慈、子孝、兄爱、弟敬。所谓六顺也。”猜拳时，借此以讨顺，亦意行以酒律、酒德。

七个巧来。或为女人猜拳的口彩。多引《荆楚岁时记》为据：“七月七日为牵牛织女。是夕，人家妇女结彩楼，穿七孔针，或以金银鍮石为针，陈瓜果于庭中以乞巧。”猜拳时，冀望织女星相助智巧，祝筹以取胜。故呼“七个巧来”。

八元八仙。“八元”典出《左传·文公十八年》：“高辛氏有才子八人：伯奋、仲堪、叔献、季仲、伯虎、仲熊、叔豹、季狸，忠肃共懿，宣慈惠和，天下之民谓之八元。”孔颖达疏：“元，善也，言其善于事也。”“八仙”：一指吕洞宾等神界的八位散仙；一指杜甫《饮中八仙歌》中李白等八仙嗜酒豪放的酒仙。亦谓“八匹马”者，指周穆王驾八匹骏马至昆仑山与西王母在瑶池诗酒唱合的神话故事。

九（酒）德不忘。以“久”、“酒”谐音，示酒德。《书·无逸》：“若无殷王受之迷乱，酗于酒德哉！”孔传：“以酗酒为德。”意即以酗酒为事，本属贬义。其实是指饮酒时的性情胜致、逢兴弥高、抚际逾远的文明、健康的旨趣品德。

十全来到。“十全”似与乾隆相关。他自诩文治武功及至福禄寿俱备，故自称“十全老人”。猜拳时趋附皇贵，习呼“全来到”。石宝崑《三侠五义》91回：“恰好史云与张立豁拳。张立叫了个‘七巧’，史云叫了个‘全来’。忽听外面接声道：‘可巧俺也来了，可不是全来吗？’”

然而，猜拳中有些内容带有封建色彩，且在公共餐厅高声喧哗，扰攘他人终归失雅。故须顾及场合，亦须有节制和饮度。不能你尽兴了却使旁人生厌，那就有负酒德了。古代的“觞政”、“酒箴”就提倡酒德，有“次日有要紧事，不宜尽醉”、“病初愈，不宜尽醉”等规定。李时珍《本草纲目》中记：“酒，天之美禄也。面麹之酒，少饮则和血行气，壮神御寒，消愁遣兴。痛饮者伤神，捐胃亡精，生痰动火。邵尧夫诗云：‘美酒饮教微醉后’，此得饮酒之妙，所谓醉中趣、壶中天也。若夫沉酒无度，醉以为常者，轻则致疾败行，甚则丧邦亡家而捐躯命。其害可胜言哉！此大禹所以疏仪狄，周公所以著酒诰，为世范戒也。”这是最经典的饮酒箴言。随着社会文明的不断进步，人们已用一些新的方式来改良猜拳。如现今起兴的“祝酒词”，或在宴饮间唱“祝酒歌”，舒发优雅的情感，寄托对美好生活的追求，都是很可取并值得提倡的。

“鲜”字解谜

“鲜”字的由来，有一种传说是与彭祖有关，大意是：彭祖的儿子夕丁捕鱼一尾，回到家中交于母亲烹调。他母亲正在炖羊肉，灵机一动，便将鱼收拾了，塞入大块羊肉中，封口扎实，继续炖。俟彭祖归来，闻有异香，愕问其故，妻乃叙报始末。彭祖会意，后依妻言以行俎之法复而制之。味定辄尝，果然殊同，遂将此馔取名为“羊方藏鱼”。由此，后来便衍生了鱼羊一体的“鲜”字。

金文　　　　篆文

这个传说虽存虚拟成分，却是依据彭城的历史由来而构造的一种想象性推理。既然彭祖能捉雉烹羹，当然也能“羊方藏鱼”。这是对彭祖的尊崇情节中，发挥的对“鲜”字发轫的质朴的憬悟。那时无油料，烹饪方式局限于炖煮之间，当这种历史被岁月风尘湮没，真实就成为遥远的虚拟，当虚拟的传说顺遂情理地征服了人们的信念，虚拟也就成为悠悠远古某种真实的遗留。

“鲜”字初见于金文，写为“鱻”。但金文中还有个“鲜”字，写为“鲞”，“羊”字在上，“鱼”字在下。到了东汉，许慎著《说文解字》时，鱼羊体的“鲜”字就写为“鲜”。这个“鲜”字，是否与彭祖制“羊方藏鱼”的传说有关联？是否是对远古时期鱼、羊合而煮之寓意的一种文字诠释？不然，这个字为何是鱼羊体的组合呢？

还有一个唐代食事，也值得我们思考。韦巨源官拜尚书左仆射时，曾在家中设“烧尾宴”接驾唐中宗。宴会的食单后被宋人陶谷选其“奇异”者收录在他所著的《清异录》中，其中有一道“逡巡酱”，被人解释为用鱼肉和羊肉合烹之馔。这种酱，原料要制成细碎或茸泥状，“逡巡”意指进进退退或来来回回，从司厨的角度理解，是将细碎或茸泥状的鱼肉、羊肉来回搅拌而烹制成酱。“逡巡酱”所以被陶谷列为“奇异”之馔，从另一个角度理解，就是鱼、羊合烹的方法因无前例，故而鲜见，被视为“特烹独任”，但却没有被流传的效果。显见的现象是，至今酒楼餐馆里也难有此类之馔。鱼肉和羊肉不宜同烹，似乎已成为潜规则。

既然鱼、羊之合为“鲜”，鱼、羊合烹之馔又不被人们认可，这就是谜了。

解谜还需解“鲜”字。《礼记·内则》载：“冬宜鲜，羽。”郑玄注：“鲜，生鱼也。”“鲜”意又通“献”，《礼记·月令》：“天子乃献羔开冰。”对此，《吕氏春秋·仲春记》记作“献羔”，即羊羔。这是说，“唯君用鲜，众给而已”（《左传·襄三十年》）。可见，在先秦时期，“鲜”字已有了明确的含义，即新杀的鱼、羊（或鸟兽）曰鲜，并有“腊必用鲜”（《仪礼·士昏礼》语）的风俗。那时，鱼和羊是最重要的祭食，也是被人们重视的食物。这两种食材在冬季新杀，尤能显出鲜味。“新鲜”的会意，大概由此得来。我的理解是，既然生鱼为“鲜”，“鲜”意又通“献羔”，所以，在“鱼”字旁再加个“羊”字，便成为先人会意造“鲜”字的由来。但这并不等于鱼、羊合烹就能产生“鲜”，这是误解。如果我们的思路仍停留在唐代大厨制“逡巡酱”的状况，看来就有点弄巧成拙了。

西汉以后，“鲜”字的含义更为明确。《说文解字》中说，“鲜”为“鱼名，出貉国”。貉国是哪儿？即貉狄，又称秽貉，地处今辽宁凤城县到朝鲜江原道一带。这里，古为鲜卑人和高丽人的居地。《周礼·夏官·职方氏》中所说的“七闽九貉”，“九貉”被注疏为“北方曰貉狄”，是指东北少数民族建立的国家。可是，说“鲜”是鱼名，具体是什么鱼呢？尚无答案。但有一点可以肯定，这种鱼应该与羊有着某种关联。

凤城县位于辽宁省南部，战国末期，燕在襄平置辽东郡，该地即在辽东郡内，原名为凤凰城堡，民国时改为凤凰县，又因与湖南凤凰县重名，于1914年改为凤城县。十几年前，我写《满族食俗与清宫御膳史》一书时，曾多次到凤城县考察。这里河流纵横，又临近鸭绿江（古称高丽江），故盛产鱼类。《凤城琐谈》载，这里的鱼类有鲫、青鳝、鳗鲡等。还有一种鱼，大首大口，唇重须长，无鳞而黏滑，曰鲶鱼。其实，“鲜”被谓为鱼名，这种鱼名就是鲶。因为鲶鱼的上唇有两对对称的“长胡子”，与山羊的胡子有共性特征。按古人的造字规俗，这种共性特征被造字者意会为“鲜”字，乃是对发轫这个象形文字的合理想象。

可以推测的是，鲶鱼原产貉国。当时，大概是燕国的辽东郡将此鱼类传进燕国都，再由燕国的官方和民间与列国各地的种种交流，以至秦统一中国后，这种适应性和繁殖性均强的鱼类便得以从貉狄渐而流布全国。但是，《说文解字》中却无“鲶”字，有“鲇”字、“鰋”字。可见，鲶鱼的最初名字应该是“鲇”和“鰋”。那么，之前叫什么名称？“鲶”是后造字，当时的貉国无文字，谁能知道当地的土著将这种鱼叫成什么鱼呢？应该有这种原因，这种原产貉国的鱼便被文字学家们解释为“鲜”。因为各种鱼的名称基本都带“鱼”字旁，这种鱼有山羊胡子一般的长须，于是就与“羊”字有了关联，就产生了“鲜”字。这个“鲜”字，应该是对鲶鱼的最初称谓。

鲶鱼属鱼纲鲶科动物（siluyus Asotus）。后来的别名颇多：鲇鱼、鰋鱼、鳀鱼、鳡鱼，又谓额白鱼、土鲶、鲶巴郎、怀子，亦谓潭虱、暗盯鱼、土虱、塘角鱼、塘利鱼、塘虱、挑手鱼，最形象的称呼是胡子鲶、胡子鱼。现今，这种鱼除青藏高原和新疆外，全国均有盛产，兹证其应用价值的优势。

鲶鱼含有丰富的蛋白质和矿物质等营养元素，尤以脂肪含量为诸鱼之首（20.6%），肥腴则鲜，故鲜味突出。鲶鱼肉质细密柔嫩、少刺，是上等的烹饪原料，用其熬汤，浓香而洁白。我小时候听祖父说："鲶鱼炖茄子，撑死老爷子。"是说这种鱼特别适合老人和儿童食用。后来，我司厨时，一直将此馔作为常规经营品种，取名为"撑死老爷子"，很博客人兴致。用鲶鱼熬汤沃鸡蛋，更是产妇的最佳选择，具有很强的催乳增乳作用。鲶鱼的食疗作用也佳，中医认为：患肺病、黄疸、心脏病者，可用鲶鱼炖豆腐；患五痔下血、肛痛者，可用鲶鱼与葱同煮；患水肿者，可将鲶鱼去肠杂，香菜塞入其中，加香油和水炖之（不放盐）：患呕血不止者，可用鲶鱼鳔（长8寸，宽2寸），炙黄取10克，以甘蔗节35个取汁调服：患阴疮、瘘疮者，用鲶鱼鳔胶煅灰外敷。上述疗方，都得连续服用，方有疗效。但是，鲶鱼却不宜与羊肉（包括其他禽牲之内）同制而食。你看，这种原名为"鲜"的鱼类，倒也给我们捉了一个很大的谜藏。

有趣的是，鲶鱼虽鲜，却不能"进取"，因其涎滑，势难上行。有个"鲇鱼上竹"的成语，就是针对它说的。典出欧阳修《文忠集·归田录》："（梅圣俞）其初受敕修唐书，语其妻刁曰：'吾之修书，可谓猢狲入布袋矣。'刁氏对曰：'君于仕宦，亦何异鲇鱼上竹竿耶！'"后来，李时珍就谓为"鲇鱼上竿"（《本草纲目·鳞血》）。竹也好，竿也好，反正鲶鱼都是上不去的，可见，古人对这种鱼类有些成见。这是不是也在一定程度上阻碍了后人对"鲜"字的深入理解？

自古以来，人们总是囿于在"鲜"字的鱼羊体中想像"鲜"的作用，希望从中寻求到鱼、羊食材结合的最佳搭配和烹调方法，"逡巡酱"就是唐代大厨对"鲜"所做的尝试，这种尝试并不成功。原因是"鲜"为鱼名，并非鱼、羊合烹的"鲜"。所以，应该重识鲶鱼。如果我们在鲶鱼的食用开发上多做建树，餐桌上的"鲜味"将会更浓。

“招幌”杂纂

招幌，是在商家门前悬挂，用以彰示经营商品的标识物。传统的招幌遍布各业，品类繁多。这里只讲餐饮业的招幌。

招幌的来历

招幌的“招”，是会意字。《楚辞·招魂序》王逸注：“招者，召也；以手曰招，以言曰召。”从其字上看，左边的“提手”，意为人将手举起来作手势，右边的“召”表示呼唤。

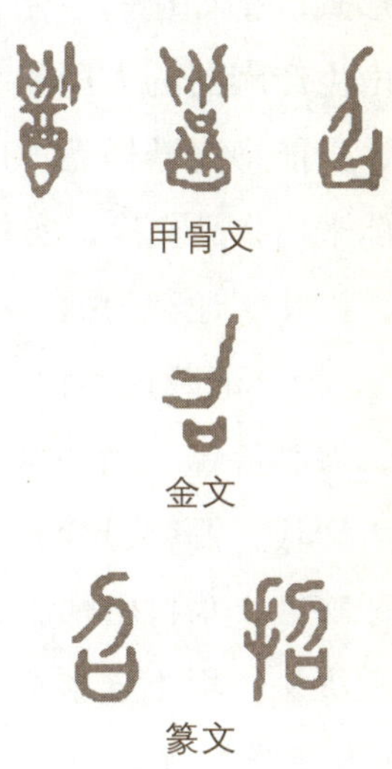
甲骨文
金文
篆文

“招”字，本亦作“拓”，拓义为以手推物，即举起，这与“招”义相似。但拓义又指“拓本”，拓本即是以湿纸紧覆在碑帖或金石文物上，用墨打拓其文字或图形的印刷品。拓本是为避免文物上的文字或图画随着时间而逐渐损蚀而发明的一种保存方法。这样来看，招幌大概是由人的举手呼唤和借助拓本的方法，在其转捩过渡的过程中得以成因。

不过，有“招”字时，还无“幌”字。因而起先的招幌是以布缀于竿头，是布招，称为“招子”。

招幌的“幌”字，许慎《说文解字》里尚未录入。“幌”字较早出现在晋代。《文选·张景阳·七命》："重殿叠起，交绮对幌。"有注："〈文字集略〉曰：'幌，以帛明窗也。'"这里是指帷幔、窗帘。"幌"字用于招幌，较早见于唐代。晚唐诗人陆龟蒙《甫里先生集》卷十一《和初冬偶作诗》："小垆低幌还遮掩，酒滴灰香似去年。"从"幌"字的构造上看，左边的"巾"，当布或帛讲；右边的"晃"，义为明亮或闪耀，如：晃眼、明晃晃。"晃"又近"摇"，摇义为摇摆，如：摇晃、旌旗晃动。可见，幌是用颜色鲜明的布或帛制成，被悬挂在店铺门前随风招摇，成为行商的一道亮丽风景。

招幌的演变

自从人类社会有了物质交换，产生了商业行为，也就有了宣传商品的形式。譬如昆吾"制作陶冶，埏埴为器"，这个氏族无疑是创建了夏代河南生产陶器的大厂家。那时虽有养蚕，但无染料，也无文字，做不成招幌，只能将陶器样品往用瓦以代替茅茨的"店铺"那里一摆，吸引别的氏族前来用物品交换，实际这就是"招幌"产生的萌芽。

以文字记载为据，招幌的发端显于酒幌。当初的酒幌像旗帜，称"酒旗"。较早记载这种情形的是《韩非子·外储》："宋人有沽酒者，升概甚平，遇客甚谨，为酒甚美，悬帜甚高。"说明至少在战国，酒幌已彰显于市。唐代，酒幌已流行全国大多数地区。如杜牧《江南春》诗："千里莺啼绿映红，水村山郭酒旗风。"唐长庆二年刘禹锡《堤上行》诗："酒旗相望大堤头，堤下连樯堤上楼。"那时杭州的酒幌是青色的，因为白居易在《杭州春望》诗中描绘过"青旗沽酒趁梨花"。宋代，酒幌又被称为"望子"，取"你招我望"之意。如宋人孟元老《东京梦华录·中秋》："中秋节前，诸店皆卖新酒，重新结络门面彩楼，花头画竿，醉仙锦旗，市人争饮，至午未间，家家无酒，拽下望子。"这种称谓，至清代仍是沿袭。清人翟灏《通俗篇·器用·望子》："今江以北，凡市贾所悬标识，悉呼望子。讹其音，乃云幌子。”那时的江苏一带，农忙时有制豆腐者，平日有卖酒、卖水旱烟者，用物高悬于树梢名为“豆腐望子”、“酒望子”、“烟望子”，其样式及纹饰，随店铺性质、经营商品的不同而不同。

而不以酒幌为普见，用所售食品实物或彩牌、模具作招幌，较早见于元代。元人熊梦祥《析津志辑佚·风俗》记，当时元大都的面食铺，“以黄米作枣糕者，多至二三升米作一团，徐而切破，称斤两而卖之。若蒸造者，以长木竿用大木杈撑住，于当街悬挂……”这方面，倒是糕点铺的招幌起到引领此俗之先。据民俗学家金受申考证，元大都糕点铺的招幌，牌顶有流苏，牌中标有所售糕点的绘图，牌底用朱红描金的栏杆镶饰（见《旧京货郎》:《立言画刊》1942年第202期）。及至明、清尤其是清代，京都糕点铺的招幌，更是使人赏心悦目，常见的是门外悬字号大横牌，下挂一排小铜牌，铜牌上写着“翻毛月饼”、“大小八件”、“什锦南糖”之类，铜牌下各缀长红布条儿。专卖米粉糕点的糕干铺，门外则挂串形招幌：上端为绿色蝙蝠图案，下端为粉色莲花图案，中间是半凸糕点模型，涂有红、黄、蓝三色，表示品种齐全并供应节令糕点……

清代酒楼饭馆的招幌，河北、东北一带饶有特征，兴尚挂“罗圈幌”。挂红幌的是“大教馆”（汉食馆），幌子的构造是：钩竿上吊着三根绳，都糊着皮纸，贴着彩色或黑色、白色的绢花；下面又吊着一个木罗圈，外糊金银纸；罗圈下面垂满纸穗或红布条儿。这都有说道：三根绳上的绢花，表示有蒸笼食品，彩花表示什锦馅，黑花表示牛羊肉馅，白花表示素馅；罗圈表示罗面的罗，或炒勺或灶眼儿，以示有炒菜；红纸穗或红布条儿表示面条。挂四个红幌的大型酒楼，能包办酒席或喜庆宴会；挂两个红幌的是中型饭馆，以散卖便酌为主；挂独红幌的是风味小吃店。若是挂蓝色双幌或独幌的则是回教饭馆；有的回教饭馆还在店门外挂着涂漆木牌，上绘瓶壶，周边为葫芦图案，这是酒幌，但不写“酒”字……

招幌的演变，是餐饮业发展过程中的一种印证，并逐渐形成了独特的食俎文化和经营艺术的氛围和气象，也是研究民俗学的重要内容。

招幌的种类

近代民俗学家緦庐曾说：“商人于售卖物品之所，揭橥种种记号，以招徕主顾者曰商标。有即悬其所卖之物者，有绘画图样者，有置奇异物象，或别立名称以惹人注意者。”（《商标考》：《逸经》半月刊 1936 年第 17 期）其实，这也是在说招幌。餐饮业的传统招幌，大致可分为文字幌、模型幌、包装幌、象征幌四类。

文字幌。大凡是名牌老店在招幌上镶列其店号和经营的拿手名馔。如在北京创业于道光年间的“会仙居”，原址在前门外鲜鱼口处，以卖热炒、杂嚼为主，但炒肝最为出名，故在店门前的大树上悬挂冲天招牌，上书“会仙居炒肝老铺”，使人明瞭该店的品牌特征，又可吸引路人进来啖尝一试。盛京（今沈阳）于光绪四年开业于德胜门（今大南门）内路东的万兴楼饭店，时执沈城餐饮业牛耳。他家的文字幌是“内城酒肆尝遍，方晓此处为佳”。缪润发《沈阳百咏》中有首竹枝词，专咏该店经营盛况：“翩翩裘马少年游，高敞璚筵讲应酬。笑指青旗寻酒肆，晚餐多上万兴楼。”足见此文字幌不是张大其辞。

模型幌。指用金属或竹木等仿制原物，成为象形食品的招幌。如清末北京地安门外的“华安居灌肠铺”，有“地安门灌肠”之称，名噪京华。他家的招幌，是作成二十多整根“煎”成红色的肥肠模具，都弯成圈形，圈圈相叠，上缀绢花，看去既知是灌肠，又像是府邸门前挂着一盏大红灯。各地煎饼铺的招幌，通常是半张煎饼似的木板，弧面朝下，分左中右缀着三条红布。馒头铺的招幌，像时今的一组吊灯，用四根先向外又下弯的铁条，其尖端插着四个夸张的白色木制大馒头，下各缀一红布条儿……

包装幌。指店家所经营的饮食用某种人所习知的包装物代为招幌。如清、民时期的南北酱园，多在店门前挂一串酱菜篓（三个或四个），从上至下，一个比一个大，最大的底部缀有红色布条儿。醋店在门前挂一长方形黑木牌，上画一个丫丫葫芦，下缀红布条，表示营销各种米醋。这与有的酒铺挂的葫芦幌有区别，酒铺挂葫芦幌常是实物，即真葫芦。有趣的是粮店挂倭瓜（南瓜）形招幌，用铜片或木属物制作。倭瓜俗称饭瓜，形体、颜色均佳，就代替了细碎的五谷成为招幌……

象征幌。即是以某种代表性的食品或人物作象征，寓示店家所产销品种的价值意义。蒸锅铺的招幌多是这样。如旧时北京的蒸锅铺，就有悬系两方一圆的木板绘图幌：两方为上下，一圆居中，串连垂挂。两方上各绘有带绿叶的红、粉色交糅的寿桃，代表蒸食；一圆为白色，上绘婴儿头像，象征子孙满堂；幌下还有一夸张的大树叶为坠儿。看去吉意充盈又明丽醒目。

纵览餐饮业的传统招幌，融合了雕塑、绘画、工艺和书法的艺术，以食品象形模具、手工艺和图饰居多，文字较少，但都简明易懂、一目了然。分析其成因和发展情状：一是为营业宣传所使；二是为装点店面，彰示食品特色；三是适应当时的文盲较多，便于辨认。

时今，餐饮业招幌的斑斓世界已经不见，只有少数乡镇仍在沿用。代替它的是霓虹灯、橱窗、菜照和美术字。但都趋于千篇一律，匮乏餐饮业那种特有的传统韵味和浓厚的行业特色。传统不等于落后，传统正是保持中国餐饮特色的必不可少的基因。我们希望餐饮业的招幌在珍重传统又善于创新的发展中，再度呈现新的辉煌。

“店联”谈萃

从楹联说起

饭店酒家在门前两侧挂店联，自古成俗。店联是对联的一种，雅称“楹联”。楹联也是对联的原称。楹联为餐饮业用之，习称“店联”。所以，说店联，得先说楹联。

楹联产生的前提在于“楹”。何谓“楹”？许慎《说文解字·木部》释为：“柱也。从木，盈声。〈春秋传〉曰：‘丹桓宫楹。’”这是说，“楹”是门前或厅堂前的柱子。为形声字，木为形符，盈为声符。“丹桓宫楹”引自《左传·庄公二十三年》中“丹桓宫楹”之语，是以宫殿前的门楹为例。析解“楹”字：左边的“木”，表明“楹”为木制；右边的“盈”，文字学家徐锴说：“楹之言盈，盈盈对立之状。”斯言是也。因为楹无独立，必是对称。古人将书写的对联作于木牌，镶悬在左右楹上，即谓之“楹联”。

楹联由来已久。最初是由“桃符”演进而来。桃符：“桃”为桃木；“符”为合符，即各据一半之意。桃符产生在秦代前后（一说在春秋时期），当时是在两片桃木板上书写“神荼”、“郁垒”，或画此二神图像，意在镇邪驱鬼，祈福纳祥。后来，随着南北朝骈文的兴尚和唐代律诗的发展，又演进为题写两句对偶的“桃符”诗句。当今楹联界大多数人认为，最早的楹联是五代十国时后蜀皇帝孟昶所作。《宋史·蜀世家》：“孟昶命学士（注：辛寅逊）为题桃符，以其非工，自命笔题云：‘新年纳余庆，嘉节号长春。’”这是说，辛寅逊写春联没写好，皇上不满意，便御笔亲题。也有人认为，最早的楹联是南朝梁代文学家刘孝绰所作。根据是《谭嗣同全集·石菊影庐笔记》所记：刘孝绰罢官不出，在家门上自题：“闭门罢庆吊，高卧谢公卿。”斯联的骈文对仗，又题之于门，说是最早的楹联，也有道理。

还值得一提的是号称“对联天子”的朱元璋。清人陈云瞻《簪云楼杂话》记：“春联之设，自明太祖始，帝都金陵，除夕传旨：公卿士庶，须加春联一副。”他这道圣旨一下，一夜之间，使金陵各处楹联广布。由此，春节张贴楹联，取代了“题桃符”之习俗，并由宫府豪门普及到百姓门户。这在楹联发展史上是一个里程碑，也不能不说是朱元璋起到了重要作用。至清代尤其是康乾时期，楹联的语言艺术和书法艺术高度结合，至臻完美，不仅内容丰富，且多是名流高手所为，自不待说。

楹联之所以历千年而不衰，原因是它既具广泛的实用性，又颇富雅俗共赏的艺术魅力。春联、婚联、寿联、友人题赠联、商号开张联、挽联……如今已经构成一种为人们所喜闻乐见的良好习俗。可是，餐饮业作为楹联的重要传承行业，这方面的现状却不容乐观，只有少数的老字号还保留着楹联的原踪，整体的趋势已见衰微。须知，楹联不仅仅是能装饰饭店酒家的门面，重要的是能反映经营风貌、厨艺特征、服务宗旨，也能表现出对食俎文化的追求，又是迎迓宾客的一种儒雅的礼仪方式，其作用不可小觑，理应受到重视。

餐饮业的传统店联

举个例子，可知店联对餐饮业的重要作用。据马书田《千年对联佳话》中记：1981年初，广州“翠园酒家”开业前，请一位八十五岁的老先生作了上联，登在《羊城晚报》上，面向全国征求下联。上联是：

翠阁我迎宾，数不尽，甘脆肥浓，色香清雅；

上联写的是“翠园酒家”的事。时过半月，应征的下联竟达三万多件。应征者不仅有各行各业人士，还有新加坡、澳大利亚和香港、澳门的华侨。结果，魁名高中的是《风采》杂志的一位编辑。他对的下联是：

园庭花胜绵，祝一杯，富强康乐，山海腾跃。

下联写出了寄予祖国的美好祝愿。而上下联的头一个字，嵌上了“翠园”，恰好是该店的名字，是用了“鹤顶格”。您看，“翠园酒家”借助店联的魅力，表现出一种景行于食俎文化的智慧，并使这一举措得获到丰厚的回报。

其实，餐饮业的店联，传统佳作颇多，有些可与古代名人的诗句比美，读来颇有意境，气场鲜明，或妙趣横生，值得我们学习和借鉴。仅据资料和手头掌握的，择其上乘者胪列如下，以供参考。

如饭店联：

虽无易牙烹调手　　泉香好解相如露
却有孟尝饱客心　　火候闲评坡老诗

嘉味常招云外客　　到门都是清流客
美禄习引月中仙　　入座原非大嚼人

石鼎煎香俗肠尽洗　　清真真清清真店
松涛烹雪诗梦初灵　　雅逸逸雅雅逸门

佳肴馨动三江岸　　路旁小店最顺路
和气笑生四座春　　家常便饭如到家

竹鼯花猪春游好读坡仙赋
莼鲈福蟹秋兴应题杜老诗

如酒家、酒店联：

中华振兴尔酒多少汗　　花映玉壶红影荡
太白遗风君有几首诗　　月窥银翁紫光浮

山径摘花春酿酒　　沽酒客来风亦醉
竹窗留月夜品茶　　欢宴人去路遗香

酒外乾坤大　　泛花浮座客
壶中日月长　　命酒酌幽心

铜金刚三杯软脚　　入座三杯醉者也
铁罗汉两盏摇头　　出门一拱歪之乎

酒气冲天飞鸟闻香变凤
金樽落水游鱼得味成龙

如厨房联：

曾传宰相烹羹手　　羲易占中馈
可识阿衡负鼎心　　风诗咏大庖

五味调和堪称善饪　　面似银蛇盘中舞
三餐适口亦算良厨　　馍如玉兔笼上蹲

山肴野蔌含真味　　改良新食谱
麦饭葱羹养太和　　秘制上宾筵

休说飧蔬无兼味　　寻常无异味
须知蔌栗有真香　　鲜洁即家珍

养体多珍品　　粒米皆从辛苦得
卫生合素餐　　寸薪非是等闲来

上例，多为清朝、民国时期餐饮业的店联。大节上看，这些店联辞精意赅，诗味浓郁，且寓有掌故和食俎文化的传统底蕴，给人以回味、思考和联想。

时今餐饮业的店联与之相比，少且不说，创作质量亦逊色很多。好的当然也有。如俞平伯题赠新加坡华侨周颖南的“同乐鱼翅酒家”的“新张之喜”的店联，就堪称精品。上联是“鱼美酒香奚翅食重”，下联是“宾筵家庆乐饮情同”。这十六个字，不仅将该店的名号巧以涵括，又表达出宾同宴乐、客至如归的祝愿情怀。重庆有家“猫婆小面馆”，在各地开分号，他家的店联是“一碗小面”、“一座山城”。只八个字，但寓意不凡，字微义宏，给人以沿宽性的联想。就凭这副店联，我与朋友便盍兴乎来，吸遛着小面，精神疆域里却现出红岩村、曾家岩。还有的店联，如：“服务不好老板埋单，味道有歹厨子请客”；“好吃的没有我这便宜，便宜的没有我这好吃”。可谓不雅亦俗，又挺诙谐，但是欠缺店联那种讲究意韵的文化传统；也不宜谓“厨子”，那是旧社会视厨行为“五子行”、“下九流”的鄙称。

我以为，如今创作饭店酒家的店联，既要汲古，也要开新。汲古即是继承传统，开新即是要有现代精神，且应讲求文辞雅致谐畅，具有感情色彩，使人览后增长对食俎文化的近距离认识，又可获得意在联外的审美享受。如："对酒当歌自是英雄本色，祝捷把盏先为祖国干杯"；"紫阁喜迎宾看盘中清鲜香浓荤素并陈，光华年似锦祝座上男女老幼百岁长康"。不应该营造那种"东不管西不管酒馆，兴也罢衰也罢喝罢"的颓废气场。《汉书》上说"酒为百礼之首"，酒器为"樽"本为"尊"，即示饮酒为敬重之礼，故而店联应以"礼敬咸宜"为规则，创作出寓意"一爵而色温如，二爵而言言斯，三爵则冲然而退"的文明店联。至于厨房门联，时今似近绝迹，令人遗憾。殊不知食经味源出自厨房，即使挂上"司厨新气象，鸡黍旧家风"、"烹调应从俭，饮食莫铺张"，内可警俎，外可示客，不亦益乎？

近年来，全国兴起了"书法热"，与书法交映生辉的对联自然也"热"了起来。古老的餐饮业自改革开放以后，文化解放运动突飞猛进，已将"文化沙漠"远远抛在后面，嘉肴美馔包裹的已是文化味道。我们还应该积极进取，创造出更多更好的反映现代餐饮人精神风貌的新店联。

"吆喝"零墨

"吆喝"与"嘤喝"

吆喝，这里专讲食贩的叫卖声。

古写作"嘤喝"，原是指虫叫的声音，春秋时期已见应用。如《诗·南召·草虫》："嘤嘤草虫。"但"嘤"和"吆"在《说文》里都未曾被录。到了宋代，"嘤"仍是指虫声。如宋人邵博《邵氏闻见后录》卷三十："欧阳公云：'予作《憎蝇赋》，蝇可憎矣，尤不堪蚊子自远嘤喝来咬人也。"

但是，宋代以来在文字上记载食贩的叫卖声也较多了。如孟元老《东京梦华录》卷三"天晓诸人入市"中记："……更有御街桥至南内门前，趁朝卖药及饮食者，吟叫百端。"这里却没写明是"吆喝"。"吆喝"字较早出现在清初。如《红楼梦》第九回："我吆喝着都不听。"还有《儒林外史》第十六回："忽然听得门外一声响亮，有几十人声一齐吆喝起来。"兹见，"吆"字的出现比"嘤"要晚得多。这也表明，"吆喝"已是人的呼喊声，不同于"嘤喝"是虫声了。

其实，自古有了商业之时，甚至在以物易物的远古，为了经贸所需，就产生了这类吆喝声。这种情况应该普遍在全国各地，即是史籍中所说的"市声"、"货声"等。"吆喝"也是老北京话。现代京味作家刘一达在小说《爷是大厨》里写道："呦喝，过来嘿。"这里的"呦"同"吆"，时今已通写为“吆”了。

哪里的食贩吆喝声最值一记？是清代京都。

《一岁货声》与蔡绳格

老北京的小贩担挑、提篮或推车，沿街绕巷吆喝着售卖食品，从史载来看，兴尚于元代。如元人熊梦祥《析津志辑佚》：“都中以面为糕馈遗，作重阳节，亦于阛阓于笊篱、芦席棚叫卖。如七夕、（端）午节，市人又多以小扛车上街沿叫卖。”明代延有记载，如史玄《旧京遗事》：“京城五月，辐凑佳蔬名果，随声唱卖，听唱一声而辨其何物品者、何人担市也。”至清代记载见多，如潘荣陛《帝京岁时记胜》：元旦有“卖瓜子解闷声”、“卖合菜细粉声”，“绕街遍巷，叫而卖之”；富察敦崇《燕京岁时记》：“二月下旬，则有贩乳鸽、乳鸭者，沿街吆卖。”但是这些记载，零星而笼统，亦未记明是如何吆声的，缺乏具体生动的声像。首都图书馆藏有《一岁货声》（又名《燕市货声》）一册，详细记录了清代京都小贩的吆卖声。读之如临市井游观，讵可知悉岁中食货；又如居之巷陌，晨暮间倚窗望闻吟唪嗱嗱，如聆天籁。

《一岁货声》作者署名“闲园鞠农”，即蔡绳格，字省吾。他生活在清末的北京，隶汉军旗籍，为“有清世族”。据查，这位隐士还著有《燕城胜迹志》《北京时岁记》《北京礼俗小志》等多种。可见，他对北京的传统文化怀有深厚感情，也是较早留意市井生活的学者。此书写成于光绪丙午年（1906）。他在书序中喻小贩的吆喝声为“天籁”，记之可以“辨乡味、知勤苦、纪风土、存节令”。这就将他编录此书的情怀和意图表达出来了。

《一岁货声》初见齐如山抄藏本。后来刘半农借去又请人代抄。周作人闻之亦借来抄阅并撰《夜读抄》推荐：“倘得有熟悉北京社会今昔情形如于君闲人者为之订补，刊印于世，不特存录一方风物可以作志之一部分，抑亦间接有益于艺文，当可不在刘侗之《景物略》下也。”若不是这些文化耆宿的传抄和举荐，此书恐怕至今雪藏，少为人知。亦可证明其价值的可贵性。

《一岁货声》选释

《一岁货声》（共42篇82页，以下简称《货声》）中记清代北京一年四季的小贩吆喝声，摹声录之。内容有饮食、日用品、修理、娱乐、占卜等方面，但十之八九为饮食类，包括随季特食、应时小吃、春蔬秋果、夏馔冬肴、奶品卤味、禽畜水鲜，及至糕点糖饴、米面杂粮等，甚为周全。这里选择一些有京食特色者予以释介。

“杏仁茶来啾！”

“干碗儿，嘞哎嗨哎酪哎哟！”（奶酪）

“枣窝窝、糖窝窝、白糖芝麻澄沙三样爱窝窝！”

“糖杂面儿，糖杂面儿，姑娘吃了我的糖杂面儿，又会扎花又会纺线儿；小秃儿吃了我的糖杂面儿，明天长头发，后天梳小辫儿！”

“太阳糕嘞，小鸡儿的太阳糕！”

“你要喝，我就盛，解暑拔凉冰激凌！”

释介

杏仁茶。大米粉熬成粥状，盛瓷碗中，撒入些桂花汁、蔗糖和细碎甜杏仁，搅匀食之。有诗咏其曰：“清晨市肆闹喧哗，润肺生津味亦佳。一碗琼浆真适口，香甜莫比杏仁茶。”纪晓岚写过32首食品诗，唯对杏仁茶未置贬词，可见此公亦嗜于此。京人习于晨起喝杏仁茶。故卖者在天一放亮，便挑担串街售卖。前担置小火炉，炉上为锅盛着杏仁茶，锅上有固定的半盖，搁着装调料的小罐；后担是一细高形木圆桶，下层是清水盆（洗

清宫御用景泰蓝寿桃型食盒

碗用)，上层摞着瓷碗、匙筷等。

奶酪。唐时称醍醐。皮日休诗：“雕胡饭熟醍醐软，不是高人不合尝。”即指此食。宋时称乳酪，辛弃疾有“香浮乳酪玻璃碗，年年醉前偷尝惯”的自戏。清时，京人则称干碗儿酪，用牛乳、蔗糖、江米酒制成，呈半凝固状，色白如玉，清凉甜香，入口即化。清末年间开业的“丰盛公奶酪店”出品的最为脍炙人口，售有杏仁酪、果子酪、松子酪、核桃酪等多种。小贩卖奶酪，通常是一根扁担挑着两个圆形木桶，里面摆着层层相叠的干碗儿酪。或吆喝：“伊哟噢，酪——喂！”

爱窝窝。今称艾窝窝并认为是清宫食品，皆误也。此食与艾之类无关。李光庭《乡言解颐》中载刘宽夫《日下七事诗》，章末有注云：“窝窝以糯米粉为之，状如元宵粉荔，中有糖馅，蒸熟外掺薄粉，上作一凹，故名窝窝。……相传明世中宫有嗜之者，因名御爱窝窝，今但曰爱而已。”这大概是“御爱”转“爱”的来历。但说“上作一凹，故名窝窝”，不确。明太监刘若愚《酌中志》所记爱窝窝，除证明此食是来自明世，又记："以糯米饭夹芝麻糖为凉糕，丸而馅之为窝窝。"确也。清时，《燕京小食品杂咏》则记："白粘江米入蒸锅，什锦馅儿面粉搓，浑似汤团不待煮，清直唤作爱窝窝。"并有注："爱窝窝回人所售食品之，以蒸透极烂之江米，待冷，裹以各色之馅，用面粉团成圆球，大小不一。"可见，爱窝窝原为明宫食品，但渊薮于民间，染御后又传回京肆，继由回人所发扬。以至，卖此食的小贩多为天方教人，一般是挎长方提篮，敲小木梆，沿巷唤客。

糖杂面。用麦牙糖（京人谓糖稀）蘸匀熟黄豆面做成的甜食。小贩挎筐售卖。筐内有瓷缸装着糖稀，小布袋里装着炒熟的黄豆面；另有一小捆约三寸长的秫秸杆儿。小孩来买时，即取适量糖稀，两手边抻边蘸黄豆面，抻开后对折，反复抻、折七八次，至糖稀呈一把金丝状时，再取一根秫秸杆儿一挑，递给小孩。吃起来酥香甜脆。小孩若是老主顾，或是肯花双倍钱，小贩的两手就藏在布袋里鼓捣一阵，捏出个盘旋的蛇或尾巴高翘的猴子。

太阳糕。中和节特食。中和节传自唐始：唐德宗贞元五年，根据丞相李泌建议，下诏废止正月晦日之节，以二月初一日为中和节。是日，"民间以囊盛百谷果实互赠，号献生子"（《旧唐书·德宗纪》语）。清代中和节，京人习制（或购）太阳糕："二月一日，市人以米面团成小饼，五枚一层，上贯以寸余小鸡，谓之太阳糕。都人祭日者，买而供之，三五具不等"（《燕京岁时记·太阳糕》）。这说的是面粉中要掺油、蔗糖，合成水油面，制成面饼形，层层相叠，顶面用糯米面捏成小彩鸡，象征太阳，用以中午祭日。故而此日，太阳糕最是抢手之物。小贩于晨时便绕街徧巷，叫而卖之。又吆喝："供佛的太阳糕！"

冰激凌。由明代"冰盏"演进而来。"按帝京景物略：'前明于立夏日，启冰赐文武大臣。徧氓卖者，手二铜盏叠之，其声嗑嗑，曰冰盏。是物今尚有之'。"（《燕京岁时记·赐冰》）"今尚有之"即指清代。清代的"冰盏”之类，有一种谓“冰核（音胡）儿，是加了糖的碎冰。暑伏以后，多是贫寒之家的大孩子推着小轱辘车售卖，吆喝：“哩来喂咳，冰核儿哎！”另一种即是冰激凌。老做法是：大木筲中间按一较粗的轴状铁筒，上有绳缠，为制器。制时，先往筲中添入碎冰，撒少许盐；再往轴状铁筒里注入甜水；遂来回拉动铁筒上的绳，使其在筲里不断旋转，筒内的甜水便逐渐降温。约一小时后，筒壁已挂上冰凌。再用刮器刮下冰凌，使其落在甜水中。售时用漏勺捞出冰凌，盛入碗中，再添些糖水。因冰凌浮于甜水之上，如雪花落下来一般，故又谓“雪花儿落”。所以又吆喝：“冰镇的凌啊，雪花儿的落，贱卖多盛拉主道！”

这类特食甚多，再如甑儿糕、蜂糕、茶汤、炒肝儿、爆肚、炸面麐（lín）……吆喝之声数不胜记。

释介至此，就想那一声声吆喝，无论嗓亮腔圆、悠扬婉转、尖亢欢快、苍劲沉缓，具是能听出音调，有律有韵，时起时伏，如行吟歌乎之心声，焕发着诱引力、感召力、亲和力。如鸟鸣于林，发其天籁。《货声》的意义，不仅是采录时忠实于吆喝的确切，斟酌于字眼和衬字衬声的枘凿，留住了清代京都民风民俗的真缔，有美学意识和审美情趣，也是揭橥京都小贩创造、推广和传播民间美食的生动纪录。

“满汉全席”解颐

时今，提起满汉全席，简直家喻户晓。但不久前，也有人在一家刊物上发表《满汉何来全席》一文，说“满汉全席是老虎闻鼻烟——没影儿的事”，“满汉全席与史无证，不过是‘拉大旗作虎皮’的作品”，“全然不可信”、“纯属虚构”；还“引据”说满汉全席是“来源一段相声”，相声段子叫“报菜名”，才将满汉全席给“讹称”出来了。如果照此说法，学界研究满汉全席，餐饮业经营和大厨们制作满汉全席，都成了子虚乌有或胡编乱造。这问题就挺严重了，就不是仁者见仁、智者见智，而是究竟有无满汉全席的是非问题。因此，有必要对满汉全席也作一番“解字说食”，将这一问题厘清。

满汉确有全席

例一：庚子之役间，慈禧和光绪逃往陕西时，延庆知州秦奎良就发出公文，令怀来知县吴永筹办满汉全席接驾。公文中写道：“皇太后、皇上，满汉全席一桌；庆王、礼王、端王、肃王、那王，各一品锅……随驾官员军兵，不知多少，应多备食物粮草。光绪二十六年七月二十二日。”吴永的幕友起疑为伪，吴永便详认字迹，确为秦知州亲笔，年月上盖用延庆州州印。始知秦知州带印公出，两宫圣驾已在岔道住宿，离怀境只数十里。（见《庚子西狩丛谈》，岳麓书社 1985 年版，第 44 ～ 45 页）

吴永（曾国藩孙女婿）口述的这本《庚子西狩丛谈》，被史学家翦伯赞评价为纪述“西巡”诸书中最佳之著作，曾被译成英、德、日多国文字，“中外推崇，视为信史”（引文同上：出版说明）。且不说吴永当时正处在义和团的包围之中，他哪有条件筹办满汉全席呢？但秦知州令他筹办，这能反映出陕西官场在光绪时期已习行满汉全席。

例二：光绪二十年（1894）出版的《海上花列传》，第十八回中写道：“朱蔼人向身边取出一篇草账，道：‘倪末两家弟兄搭李实夫叔侄，六个人作东，请于老德来陪客，中饭吃大菜，夜饭满汉全席。三班毛儿戏末，日里十一点钟一班，夜头两班，五点钟做起，耐说阿好？’陶云甫道：‘蛮好。’”（见中州古籍出版社 1993 年版，第 157 页）

鲁迅对《海上花列传》的评价是：“较近于写实”（《中国小说的历史的变迁》）、“平淡而近自然”，“写照传神、属辞比事、点缀渲染、跃跃如生”（《中国小说史略》）。该书作者韩邦庆，字子云，江苏华亭（上海）人，曾任申报馆编辑。韩能在其书中写到满汉全席，说明在光绪时期的上海，满汉全席已是官缙吏绅层面习尚享用的大筵。

例子还有，不赘。兹见，满汉确有全席，这是来自史传，并非是一段“报菜名”的相声给“来源”出来的。

满汉全席的成因

满汉全席不是一蹴而就的宴式，其成因有着深厚的历史背景。对满汉全席，得从其席名嬗变上解颐，这能看出其起源、潜在、形成到发展的脉络。

自努尔哈赤据有辽东后，满汉人成为“一国之民”，且形成了大范围的杂居，从而开肇了“满汉通吃”的新食象。由此，曾是“族各封闭”的关东地区，民间和官场的满菜、汉菜开始交融——这是满汉全席的起源期。

这就导致清入关后，清宫朝宴机构——光禄寿，有了“满席、汉席、上席、中席”的国宴制度，这是清朝廷推行“满汉一体”的绥靖政策在宴膳上的反映——即是满汉全席在清宫的潜在期。

清入关之初，宫中元旦大筵为满席。据《大清会典》载："康熙二十二年，始议准宫中元旦日改满席为汉席。"这无疑是康熙又开肇了宫中"满汉通吃"的新食象，导致后来的清帝御膳有了"满汉合食"的惯例。

到了乾隆三十七年（1722），乾隆宠臣于敏中的"三女"（实为乾隆之女）与孔子第七十二代孙孔宪培成婚。乾隆偕皇后同到曲阜祭孔，并特赐孔府"满汉宴·银质点铜锡仿古象形水火餐具"。说白了，这其实是乾隆为他的公主早就准备好的陪嫁品。但他也得自避祖制宫规而潜行曲为，又碍君臣之别，就走了借祭孔而特赐的过场。此举，是导致满汉席得以明谓并在官场中兴尚的引发点。所以，乾隆朝的袁枚在《随园食单》里就说："今官场之菜……又有满汉席之称……用于新亲上门，上司入境。"（广东科技出版社 1983 年版，第 26 页）这是满汉全席的形成期。

同治期间，由于太平天国、捻军、苗民等起义先后失败，暂时延缓了清王朝的统治。于是就鼓噪出一个"同治中兴"。约在这时期，官场上的满汉席在京都就升格为满汉大席。对此，徐柯说："烧烤席，俗称满汉大席，筵席中之无上上品也……于燕窝、鱼翅诸珍错外，必用烧烤、猪方（注：烤肉方），皆以全体烧之……尤贵重也。"（《满汉通吃》，台北实学社出版股份有限公司 2004 年版，第 197 页）徐柯又说：那时京都官场"应酬之繁冗甲天下……征逐之繁，始于光绪初叶。"（引文同上，第 189 页）所谓"同治中兴"，被吹捧为是慈禧训政的功劳。因而这时期，内廷以食材定额的食制又升展而细化为以馔品定额的食制："皇帝进膳时，正规菜肴规定为四十八味，称为全份……皇后吃半份，二十四味；妃子四分之一份，十二味；其余以次递减。"（申君《清末民初云烟录》，四川人民出版社 1984 年版，第 29 页）光绪继位后，慈禧等于升辈，成"皇太奶"了，每膳竟享受两个全份。所以溥仪说："隆裕太后每餐的菜肴有百样左右，这是她从慈禧那里继承下来的排场。"（《我的前半生》，群众出版社 1964 年版，第50页）因而，“征逐之繁，始于光绪初叶”，其实是从慈禧这里始作俑的。接着巧宦奔竟，使官场宴举攀龙附凤，“全份”的“全”字也就被变通过来，成为满汉大席更谓为满汉全席的一个“风向字”。这样解颐，虽欠因果细节之征，但顾及互为因果，想不大谬。上引《庚子西狩丛谈》和《海上花列传》中提到的满汉全席，也正是出现在光绪时期。据此，进入光绪朝应该是满汉全席的定谓和发展期。

揆酌满汉全席的“成长史”，可谓是清王朝的贴身“伙伴”，亦可当作这个王朝的兴衰史的侧影来辨识。它给后世留下一个寻绎空间，耐人思索。

京都满汉全席

满汉全席即使之前的满汉席、满汉大席，基本是满汉官员在公宴活动中惯而成习的宴式，是按清朝廷在宴膳上推行“满汉一体”的绥靖政策顺衍下来。徐柯说：“到光绪已丑、庚寅间，京官宴会，必假设于大饭庄……以福隆堂、聚宾堂为最著。”（《满汉通吃》，第189页）这类“堂”，那时少说有十数处，如衍庆堂、燕喜堂、庆惠堂、东麟堂、同兴堂等，且多围绕在清宫“脚下”而设。为了竞争宫衙京府满汉官员的公宴活动，拢络客源，顺符其享宴心理，出于商家之宣，官场认可，公宴中的满、汉肴馔自然并陈，“更以盘碗多寡别之”（引文同上，第184页）。于是就有了“燕翅鸭烧烤满汉全席”、“满汉大菜、烧烤全席”之谓，或标于店联。这种宴式，继而蔓延各地官场，并在商肆一些高档宴所有了传播。以致陆续出现了北京版、天津版、东北版、山东版、四川版、江浙版、河南版、山西版、湖北版、广东版、香港版等馔式内容不同的满汉全席。

自光绪二十五年末（1899年末）庚子之役起，继而八国联军攻占北京，国都遭劫，宫内财物也多半遗失。为补复宫之用，慈禧使光绪通谕各省督抚，规定了贡银的巨量数额，从速献于宫内。1902年，清朝廷又被迫签订了《辛丑条约》，向八国赔银四亿五千万两，等于当时的中国人每人要赔一两银子。清朝廷经此外患内扰，困危深重，致使官场的公宴活动被迫消敛。大饭庄没了官场客源，生意惨淡，多是撑持不住关门歇业。满汉全席也等于冬葛夏裘，不为时尚。大致地看，满汉全席在光绪初叶后在京都约有二十多年的流行。自庚子之役至光绪、慈禧在二日之内相继病殁（1908 年），则是京都满汉全席的消迹时期。

进入民国（1912 年），清制溃解。在京都，因是政治变革的中心，满汉全席作为清制、清俗的产物，属受抵娸之列，又经过宣统时期的风云变幻，当初的大饭庄也随着世进人易或倒闭或被新兴的正乙祠、织云公所、江西会馆等宴娱之所顶替，满汉全席自然不会在京都社会留下多少印记。而且，满汉全席是今人之惯谓，当初在京都习谓烧烤席；若以今之谓到历史中寻找，对号的则是烧烤席，这也是京都满汉全席被“拐弯”而致淡漠的原因。

致于满汉全席的内容，从厨政角度解颐，大体是“满”在东北，“汉”在鲁、苏、川、粤，“全”在九州，“席”在清代食俎中。这说来话长。

牙齿古今

金文

篆文

“牙”字，象形字里写为“[illegible]”，上面是人脸，从嘴处往下一撇，龇出个“[illegible]”状，即是“齿”字（象形字里又写为“[illegible]”）。《说文》释其为：“牡齿也。象上下相错之形。”这里，“牡”作“壮”用。今语即为牙齿，是具有一定形态的高度钙化的组织，有咀嚼食物的功能。

“牙”字引申于历史中的作用也不可小觑。当初，军营门口称“牙门”。牙门置旗帜，通常为三角形，饰有齿状旗边，故称“牙旗”。军营里的中下级军官，称“牙将”，这叫法挺有趣，想是这类军官较多，在虎口牙门中如齿齿排列的缘故。“牙门”为何又称“衙门”？《封氏闻见记》（卷三）记：“近俗尚武，是以通呼公府为公牙，府门为府牙，字稍讹变转而为衙也。”可见，古人将“牙”字看得很厉害，不仅谓“武装到牙齿”，连牙门办事也有嚼咽之意，不然，何有“虎口衙门”一说？汉后，又有“牙商”（亦称“牙人”、“牙子”），这不是指经营象牙的人，是指城乡市场中为买卖双方说合交易，并抽取佣金的商者。此种行商之为，譬如使两排牙齿对缝。现今亦谓这类生意人为“对缝”，又称“经纪人”。到了南北朝，有位顾野王，仿《说文》体例撰《玉篇》中，将五声音阶记为唇音、舌音、齿音、牙音、喉音。其中齿音又分两类，一是“齿头音”，又称“舌尖音”；二是“正齿音”，又称“舌面音”。牙音即“舌根音”。你

看，五音中牙齿的作用就占了两类。若无牙齿，不止会“五音不全”，根本就没法唱歌。然而，牙齿主要还是与吃的关系大。如食物中夹杂砂质杂物，谓“牙碜”；吃别人嚼过的馍，谓“拾人牙慧”；久不见荤，偶尔食肉，谓“打牙祭”。“牙祭”是指古代官衙朔望祭祀，第二天供事人员分吃祭余的肉，叫“衙祭肉”，“衙”本作“牙”，故时今袭沿谓“打牙祭”。

由此想到，假设人无牙齿，会怎么样？大概脸面要皴缩凹瘪，说话也象大舌头，发音吐字不清，尤其是无法进食。可以吞食？那是抬杠。吞只烤鸡腿试试？也甭说烧鸡腿，吞个茶蛋也准得因噎废命。因而，就吃而言，牙齿的作用也是挺要紧的。

其实，我们的牙齿天生是为吃而长。食物入嘴后，牙齿本能地先去咀嚼，这才带动舌尖受到刺激而兴奋，经神经传到大脑而产生味觉。然后，变成屑小或糜状的食物通过口腔的作用被输入喉咙，进入食道，缓缓下咽，到达胃里。这个吃过程，牙齿在起着主导作用。牙齿如不咀嚼，舌尖不能与食物欢喜相逢，亲切拥抱，也分泌不出味感。所以，牙齿是舌尖的上司，牙齿开嚼就是命令，舌尖必须闻声而动，该滋生何味就滋生何味，并要辅佐牙齿将进食的任务下达给喉咙、食道和胃。

据载，清初的大戏剧家李渔的牙口就挺好。他自称“蟹奴”，一生嗜蟹，宁肯节省支出，也要把省下的钱买蟹；并总不忘在中秋朗月之下，或在菊花丛中请友人持蟹对饮，还要商讨如何能弄到端方太守的窖藏佳酿。林语堂就很欣赏他这一点，欣赏他善于通过咀嚼来品味蟹的组织肌理。所以他说：“我们吃东西是吃它的组织肌理，它给我们牙齿的松脆或富有弹性的感觉，以及它的色、香、味。”并认为：“品鉴竹笋也许是辨别滋味的最好一例”，“因为竹笋能给我们的牙齿以一种细微的抵抗”，“它不油腻，有一种神出鬼没般难以捉摸的品质。不过，更重要的是，如果竹笋和肉煮在一起，会使肉味更加香浓，猪肉尤其如此。”（《中国人的饮食》）您看，两位大师或以切身食历或以理性思辨，都在表达牙齿的咀嚼是享飨美食的关键环节。

要说，也不只是文人，及至任何人，能膳食感觉良好，有一副好胃口，懂吃，善吃，会吃，吃出兴致，吃出雅趣，让惬意的滋味缠绵于牙齿的咀嚼间，然后舒舒坦坦地填充胃里，也是健康人生的重要内容。

在这方面，早在孔子那里就有倡导。他说过："食不厌精，脍不厌细"，并提出十三个"不食"："鱼馁……不食，失饪不食，不时不食，割不正不食，不得其酱不食……"，食物过了三日亦"不食之矣"等（见《论语·乡党》）。这都是他归纳个人膳食的体验，是经过咀嚼的辨识和感知。可见，二十五个世纪前孔子的牙齿，也扮演着功莫大焉的角色。

苏东坡可谓孔子饮食观的隔代传人。而且，他越是身陷逆境，越是"齿牡"。无论他如何受排挤，遭污害，被谪贬，甚至坐大牢，始终心胸豁达地用他的牙齿，汴京的肥羜，长江的鲈鳜，樊口的团头鲂，黄州的猪肉，儋州的牡蛎……一直吃到以他的大号为冠名的"东坡菜系列"来：东坡肉（沈氏《万历野获录》卷二十八）、东坡腿（朱彝尊《食宪鸿秘》下卷）、东坡蹄镟子（乾隆二十三年立《苏造底档》，北京中国第一历史档案馆藏本）……这都是令人齿颊留香的"红烧荤"；苏东坡居然把自己吃成了"红烧之祖"。

牙齿最厉害的，莫过于成吉思汗的铁骑兵。金庸在《射雕英雄传》里，将马背上的民族做过朴实的描述。渴了，他们便解开皮袋，咕咚咕咚大口灌下烈酒；饿了，就从背包里掏出牛肉干，嘎吱嘎吱咀嚼。坚硬如石的牛肉干很快被碾成齑粉，在齿边舌间的口水中进入强劲的胃。牛肉干易于制作，便于携带，冷热天气中都不怕变质，又很耐饥。在欧洲瘟疫流行的时期，他们凭着一副好牙齿，以咀嚼牛肉干补充体力，纵横欧亚大陆，所向无敌。每逢听到内蒙古人雄浑的歌，摇想他们当年的辉煌，就会感化我们，也骤增阳刚之气。

因而想到，古人以齿为龄，"龄"字从"齿"旁。牙齿的有无、多少、长短和坚利的程度，都与寿命和健康有关。

可是，如今生活好了，习惯便捷舒适、喜欢享飨的我们，牙齿却越来越娇弱，还能不能接受草原牛肉干的坚硬？也许，咀嚼第一块觉得香，咀嚼第二块或第三块时，太阳穴就感到发胀，由于牛肉干的强烈抵抗，使我们的脸盘就像脆弱的磨盘，整个脸部的骨骼就开始不堪重负。如果我们越来越适应柔软的食物，并成为未来发展的方向，那会是什么后果？

随着当代快餐的流行，我们的脚步也越来越匆促，连吃饭的速度都加快起来。常看到上班族早上啃着面包或烧饼，急急赶路。这样吃早餐，也就不过 5 分钟。在酒楼餐馆，也较少有人用一朵花开的曼妙时间来细细咀嚼吃一顿饭了。本来，大自然恩赐我们万千食物，让我们以食为天，我们也通过灵巧的双手创造美食，可是美食却成了我们嘴巴里的匆匆过客。有人说，这是不善待自己的味蕾，也就是舌尖。其实细想，主要是我们忽视牙齿对吃的领导作用，牙齿就粗嚼糙咀地敷衍我们，口腔也跟着着急麻慌，将食物撵过舌尖，撵进喉咙；于是，舌尖只能浅触辄止，却使喉咙囫囵吞枣，至使食道拥塞，胃口添堵。这里，要追究过失，牙齿要负主管责任，而不是无奈的舌尖。

由此可见，若无征服牛肉干的牙齿，健康状况就有破绽。徒有一副好牙齿而不使它充分发挥咀嚼的作用，又等于丢失一颗品味生活的心。牙齿好又能细嚼慢咽，才是抵达美食天堂的唯一路径。

所以，我以为，衡量一个人的健康标准，首先是要牙齿好。牙齿清洁，无龋齿，牙龈不痛，牙齿颜色正常，无出血现象，这就是健康的征兆。及至到了老年，仍能保持如斯，则是超级的幸福。

如果患上牙病，那就很痛苦。在一般人的意识中，牙病不算病，故而疼死无人问。可实际上，一个健康的人，应该具有一副好牙齿。豁齿豁牙，龃龉其中，咬合不好；或龋齿虫牙，遇上冷热酸甜，即疼即痛；或龋差漏风，嗞哈吸气，龇牙捂腮，都谈不上健康。那就没法像电视广告词所说的

“吃嘛嘛香”了。一旦到了吃嘛嘛不香的时候，肯定是被病魔缠身了。

以牙齿论年龄，是人从马那里得来的见识。幼马每岁生一齿，故以齿计算马的岁数，《礼记・典礼上》里这样说。孔颖达对此注疏：“若论量君马岁数，亦为不敬，亦被责罚。”以至“马龄”之谓渐而消匿，改指人的“年龄”或“齿龄”了。这样，一个人就应该注重保护牙齿，经常检查牙齿来校验自己的健康状况。有健康的牙齿，才能诱发食欲，才能胃口大开，才能吃出快乐，吃出风情。我想，作为一个健康的人，这应该是必不可缺的一环。古人还说：齿德俱尊，“有虞氏贵德而尚齿”（《礼记・祭义》语）。可见，接尧之位的虞舜早已这样做了。故而，“贵德而尚齿”的传统也是需要继承的。人类要生存，饮食是维持生命系统正常运行的首要因素。那种摄食中咀嚼的悦愉，品味的惬意，其实也是一种生命的享受。

字入鼎组

阅读“烹饪”

烹饪是“饮食之母”，也是人生中颇需依赖且是每日都不可离开的生活行为。手执锅铲之余，阅读一下“烹饪”，温习“烹饪”之所以然，或许会发觉我们的厨房竟是一座漫漶着史火翰香的文化殿堂。

“烹”字

“烹”字原写作“亯”（xiǎng），象形字。甲骨文的字体，像一座宗庙之形。到了东汉，许慎在《说文解字》里录为“亯”，释为“献也。从高者，曰象进熟物形。”是说亯义为进献。“从高者”是指神明所在之处，像宗庙之形；“亯”字上部的“亠”，是宗庙的屋顶，中间的“口”，是墙壁；下面的“曰”，许慎释“象进熟物形”。但看“曰”，想象不出是进熟物形，可是字圣这样说了，也只能这样理会。兹见，“亯”字的本义是向宗庙进献熟食。

关于“亯”字，清代文字学家段玉裁在《说文解字注》里释：“亯象薦孰，因以为饪物之称，故又读普庚切……其形：薦神作亨亦作享，饪物作亨亦作烹。易之元亨皆作亨。”段玉裁的这段注释颇有价值，他是将“烹”字的演进给扼要地表述出来了。但对这段注释还需再作注释，以便清晰“烹”字的历史成因。

“亯象薦孰，因以为饪物之称，故又读普庚切”——这应该理解为：亯通薦（jiàn），薦义亦为进献，即是食祭宗庙之意。祭时，要遇时节供时物。如《礼记·王制》所记："大夫、士宗庙之祭，有田则祭，无田则荐。"这是说，有田者可用新熟的五谷，无田者可用时新的食物。"荐"字在这里又作"荐"、"推举"之用，即是要选取新鲜的熟食供献宗庙。"亯"字读为"普庚切"，现今来讲，应该读为（xiǎng）。

"荐神作亨亦作享"——"荐神"指以熟食供献宗庙，这可谓亨，亦可谓享。先说"亨"字，字形的上部、中部与"亯"字同；下部的"了"，《说文解字·了部》里释为："尥也。""尥"（liào），指走路时足胫相交，是足踩着土地走路。"了"字组合在"亨"字里，表示宗庙地基。这样，"荐神作亨"的道理就从"亨"字的构造中反映出来了。"亨"字又表义为一切都很顺利通达。《礼记·祭法》："天子至士，皆有宗庙……旧解云：'宗，尊也；庙，貌也。言祭宗庙，见先祖之尊貌也。"这表明在古代，无论皇帝或士庶，都将祭祀宗庙作为最重之事，以祈愿求吉达祥，万事亨通。亨义因渊源于食祭宗庙，其字体自然就被造得像宗庙形。

"饪物作亨亦作烹"——是说饪物之事，称"亨"或"烹"。此称在周代就已形成。《周礼·天官冢宰》中记有"亨人"，其职务是"掌其鼎镬以给水火之齐"。"掌其鼎镬"，今谓"掌灶的"或"掌勺的"；"以给水火之齐"，指在饪物时掌握火候和水量。"亨人"即烹人，是饪物之人。可见，亨人在周宫的御膳房里是主要厨师。这是"饪物作亨"的一个诠释。

再说"享"字，《说文解字》里也释为"献也"，与"亨"字同义，仍是由"宗庙"这个本义引申为用熟食供奉神灵或先祖。如《尚书·盘庚上》："兹予大享于先王。"这是说，我要大祭先王。又由此引申为用食物招待宾客，为"享宴"之义。如《左传·襄公二十七年》："郑伯享赵孟（人名）于垂陇（地名）。"不同的是，"享"字下部为"子"字，这里不是指"婴儿"或"儿子"，是指用熟食祭祀宗庙而祈愿"子息万计"。

"易之元亨皆作亨"——是说自《周易》(《易经》) 中始用"亨"字，人们便沿而习用。《周易》大抵系战国或秦汉之际的儒家作品，其卷五

“鼎”篇中记：“以木巽火，亨饪也。”巽（音逊），指风。这是说，在鼎下燃起木柴，借风起火，使鼎中食物受热至熟。这能推断出，“亨”字被应用，是在战国至秦汉期间。

因而就想，这期间的经典作品《道德经》《左传》中，有“治大国若烹小鲜”、“水火醯醢盐梅，以烹鱼肉”等句子，其中的“烹”应该是“亨”而不是“烹”。因为《说文解字》里未录“烹”。倘若《道德经》《左传》里已用“烹”字，许慎不会不录。这可鉴证在东汉以前，“烹”字还未被主流社会使用过。“烹”字的应用见于唐代，如李贺《将进酒》：“烹龙炮凤玉脂泣，罗帏绣幕生香风。”到了宋代，“烹”字的应用已与今同。杨万里《西溪先生和陶诗序》：“东坡以烹龙庖凤之手，而饮木兰之坠露，餐秋菊落英者也。”这时期，“亨”字已移作亨通用，“享”字已移作献享用，“亯”字渐被废弃。

所以又想，“烹”字为何能取代“亨”、“享”、“亯”三字？推断有两种原因。一是其字形的结构合理：上为宗庙形，下为火貌，即以火熟食而祭宗庙，此亨、享、亯三字只象形于宗庙更尽其义。二是烹义虽指食祭宗庙，但实质还是饪物。宋以前，“烹”大凡是被当作饪物的泛称，如上引“烹龙炮凤”或“烹龙庖凤”，即为例。这样，“烹”字既承传了以熟食祭宗庙之义，又归楚为行俎成食的代称，可谓两全皆具。这是文字学的发展使然，也是文化史中一个重要的进化。

还要说到，元以后，烹又趋成一种制馔方法，始见于元末画家倪瓒所著《云林堂饮食制度集》，中记“酒烹蚬子”：“以生蚬劈开，逐四、五枚，旋劈，排碗中，沥浆于上，以极热酒烹下，啖之。不用椒盐等。劈时，先以大布针刺口易开。”这是说，先将活蚬洗净，劈开，劈时宜用“大布针”刺其壳口，使壳被撬开。“沥浆”是将兑好的味汁浇于壳内，再以“沸酒”烹入，即可啖之。这种方法到了明代，已有进化并大得推广。宋诩著《宋氏养生部》中录有诸多烹馔，如酱烹猪、酱烹鸭、烹鸡、烹蚬、烹蛋、辣烹鳗鲡、酒烹田鸡、烹青虾……制法大抵是将原料改刀（体小者不改刀），腌味后油煎，再用调料合成味汁烹之而成；或原料先用味汤煮熟，再下入味汁烹之而成。至清代，烹法又有进化。袁枚《随园食单》中记有“烹水鸡”（田鸡）：“水鸡去身，用腿。先用油灼之，加秋油（酱油）、甜酒、瓜姜起锅……”这种先用热油灼熟，再用调味汁一烹遂起锅而成的方法，即是现今烹法的前身。现今烹法，大凡是将原料改刀（体小者不改刀），码味后，挂薄糊或不挂糊，经油炸或半煎半炸，至熟并表皮脆挺，遂用味汁（无芡粉）速而烹之出锅而成。一般盘底无汁，滋味醇酽香美，外焦酥内软嫩。

“饪”字

篆文

“饪”的本字为“恁”（rèn），《说文解字・食部》中录为“𩚺”。此字已见心部。恁义为思念、念及，也当“您”、“如此”用。当初，恁义与饪义还不甚相通。

后来的“饪”字，又写作“胜”，左边的“⺼”即“肉”，是表义为一种肉食。

还得从“恁”字说起，其义既然是思念，那是思念什么呢？这从“恁”字中当然猜不出来。但后来的“饪”字又写作“餘”、“飪”，使“恁”字从食了。特别是“餘”字，右边是思念的“念”，左边是“食”，这就意会出，原来“恁”字之义就是思念食物（或肉食）。

“饪”字的出现，大抵在春秋时期。孔子说：“失饪不食。”（《论语・乡党》语）他可能是使用“饪”字的先行者之一。

《说文解字》里录有“饪”字，释为：“大熟也。从食，壬声。”这是说，饪义是使食物熟透，形声字。食为形符，壬为声符。

“饪”字左边是“食”字，右边的“壬”字为何意？请注意，这里是

“壬”而不是“壬”。“壬”字“象人怀妊之形”（《说文解字》语），“壬”字中间一横最长，象妇女怀孕之后腹大的样子。其实，“壬”是“纴”的初字，甲骨文就象缠线用的木制工具，是指以器物绕线。但对“壬”字，学者们有两种解释。一种认作是会意字，以人、士示意，士意为士，人各事其事，社会就能安定向上。另种认作是象形字，从土，象有植物从地上长出，挺然而生，喻人自立之意。单从“壬”字讲，这都有道理。但“壬”与“食”组合而成“饪”字，其“壬”就有了具指，即是人立于世，要以食物（熟食）相济，以延续生命。所以，甭看“饪”字只是熟食之义，其字形的构造却深有寓意，寓意着人与食的关系不断进化的历史。

归纳“烹”、“饪”二字的成因和表义，便会理解，由于“烹”为以熟食供献宗庙，具有祭祖的传统意义，“烹”就被共识为行俎的代词。又由于“烹”为饪物之称，就与饪义有了连脉。为何谓“烹饪”而不谓“炒饪”、“烧饪”……道理就在这里。阅读“烹饪”，还要阅读陆游的《种菜》诗：“菜把青青问药苗，豉香盐白自烹调。”这里，诗人是用“调”字来押“苗”字的韵，是给逼仄出来的。但他哪会想到，这“烹调”竟与“烹饪”齐名，成为流芳百世的垂范之词。不过，《周易》里说“以木巽火，亨饪也”，其释还很原始。如今解释，宜是：烹饪中的烹，是指制作食物的各种方法；饪，是指食物被做熟了；烹、饪二字组合，即为将生的食材做成熟的食物之概念，也是行俎肴馔的统称。

重温“煮”字

《说文》里将“煮”字写为“煮”，下面是“火”，上面像个陶鬲。这个字，描摹出了“煮”的原始造型，也表现了中国象形文字中习见的图式特征，看去一目了然，并能勾起我们想象先民用煮器饪熟食物的情景。睹“煮”思字，所以就想，是绘图的思维引发成文字，后由文字而成书。这也是“图书”这一辞义的渊薮所在吧？

你难以想象，人类对煮食的得获是多么不易。有个例子，是柯斯在《原始文明史纲》里说的：一万五千年前，印第安人的先世从亚洲经白令海峡陆续迁入南北美洲，开始了刀耕火种的原始生活。柯斯想象，北美洲印第安人的先世亚辛那奔族人在尚无煮具之前，煮肉是以火将石头烧热，再将石头拨入掘好的坑中，使已倒入其内的水温升高，将畜肉煮熟。按着柯斯对此的想象，我适当加以场景的描绘，那番情形大概是这样的：

> 夕霞和远处的山影隐遁之后，一轮清月悠缓地在玄树林间穿行。一群亚辛那奔族的人嗓嗓嚷嚷，剥下一头死野牛的黑皮，毛面朝下铺到掘好的土坑中。然后，用尖锐的石片将野牛的肉割撕成块，吧唧吧唧的掷入坑中。随即都拿着兽头骨壳到附近的溪涧中舀水，哗啦哗啦地倒进坑里。早有在坑边烧起树枝炙石者，将热彻的石块拨入坑中。哧哧哧哧，一阵溺水响，冒起股股水花翻动。不远处，一只犺犬蹲在树后窥视；鸮和鸮鹛栖在附近的树梢上，向下瞪着惊愕的眼睛。这时，

有几个人用削尖的树杆儿扎起水中的肉块……月色弥漫开来，映着篝火的猩红。那几个人的影子被扯得长长的，像几棵撂在地上晃动的树……

这是柯斯对人类原始文明的一种大胆想象。我尽管融入些无关紧要的细节，却难以摆脱斧斫痕迹。因为，石片远逊刀刃，实难将野牛肉脔切成“寸块”或小片，若以大块的肉以水煮熟，需要长时间的水沸作用。关键是，“牛皮锅”下面没有火，往冷水里投以热石，因有土质包围的回凉因素，水仅能变温变热，冷却速度又很快，水不会至沸，更谈不到恒沸。即使反复拨入烧热的石块，时差间也会使水不断减温。何况，“牛皮锅”的容量有限，石头放多了，水又会溢出。因而，柯斯的想象就缺乏火力、火性、火具、火媒的整体构合的足够根据。这仅能将野牛肉洗个“热水澡”。可想而知，亚辛那奔族人的这顿“水煮牛肉”不会吃成。但是，他们如有这种原始智慧和对饪熟食物的探索行为，那是颇值赞襄的。

可以肯定，人类尚无陶器之前，是无法享得煮食的。可是，陶器一经出现也不等于就有了煮法。远古尘寰中，最初的陶器是粗陋的，难以用来直接煮食，只适于汲水储液，或为先民徙迁的载具。在中国，使陶器耐火，用于煮食，成熟期是在新石器时代晚期。因为那时，烧造技术已经将要接榫青铜时代，先民懂得用含有高岭土的粘土经高温烧成硬陶。从而奠定了煮法的应用。

所以，若要触摸中华民族的文明史，就不能置“煮”字于不顾。这个字，与中国历史的关系也实在深远。因为，“煮”的发轫对促进史前社会的进化是个里程碑。先民世世代代四处流离，为求生存艰难徙迁，有了“煮”，就可与定居生活对话了。就是说，有了陶器之时，也是以瓦作屋以代茅茨之始。“煮”的运用也就连带地创造了定居生活的基础条件。煮能熟食，依赖于陶器，陶器亦可收藏饮食营养资料，又可储存用水。这样，就减少了饥馑和疾病的来袭。这是中国的物质文明形成定势的初端。由此，又会牵动原始社会生产力的发展，精神文明也随之滥觞。可以说，乡镇和城市的起源来自先民的定居生活，这种定居生活主要又是由于“煮”的作用而被引咎的。所以，我们的民族在“煮”字中才真正找到了摆脱兽化和野蛮的起点。

“煮”的运用和延伸是如何催生一座城市的？还有个例子，是屈原《楚辞·天问》中有“彭铿（注：彭祖）斟雉帝何飨”之句，其意按王逸和洪光祖的补注，是说彭铿善煮禽肉而制“雉羹”，以事帝尧，为尧所赞赏，彭铿就被封为彭城（今徐州辖境）的诸侯。对此，司马迁又重申：“彭祖自尧时举用。”（《史记·五帝本纪》语）两位先贤的话，不容国人不信。按如今看，“雉羹”为烩法所制，但在那时，哪会有用淀粉往汤中勾芡的事情？这其实就是“煮雉”；即便是烩，也是煮法的延伸。可见，“以煮作羹”的作用该有多大。这是反映了那个时代对“煮”的一种需要，一种追求，还有一种渴念，一种憬悟。这味“雉羹”，不仅催生和造就了一座名城，还创意了煮法成羹的楷模，建构了中国菜的最初型格，使彭铿成为华夏食俎之祖。没有史据表明彭铿的政治才能，但因有他，中国也就有了一种调和鼎鼐的作治纲领。

到了商初，有政治抱负的伊尹也注重从“煮”的现象中吮吸治国的理义。这位曾是厨仆的人，决心成为彭铿的隔代弟子。他在亳城商宫的膳房里，以煮鹄（大雁）肉而制“鹄羹”，以事商汤，并恣言以煮作羹犹同治国和失饪失国、得饪得国的道理，亦得商汤赞赏。伊尹由此为相。不能不说，“鹄羹”汤面上沸动的纹圈，要比彭铿的“雉羹”多出一层韬略，一层城府，还有一层哲思。它所挥发的政治气流，便融入到中国古代史的渊渊潭水之中。所以，商以后的政坛文苑，相濡以沫，“以煮作羹”的理义积层，因伊尹而有所结重。

至春秋时期，齐国正卿晏婴，将“以煮作羹”的理义发扬得更为完善。他主张：“和如羹焉，水火醯醢盐梅，以烹鱼肉，燀之以薪，宰夫和之，齐之以味，济齐不及，以泄其过。”（《左传·昭公二十年》）这是说：国策如和，似作割煮烹羹，要料材和调佐妥备，汤器皆宜，水火适度，割烹协配，又要预防疏失，有补缺的办法。这是一种政论，也是“以煮作羹”的司俎准则。晏婴亲俎寄志，颇有伊尹遗风。他能安安稳稳执政五十余年，且多有建树，这与他对“以煮作羹”的理义有着深刻的思索和体会不无关系。

稍后，老子也感悟到“以煮作羹”有“君人南面之术”的奥妙，则在他的道学中宣称“治大国，若烹小鲜”，后被环渊辑录在《道德经·治大国篇》里。老子语出此言，是智者对“煮”的源能的提取，真是醍醐一般的精炼。到了战国，秦相吕不韦所著《吕氏春秋》中收有《本味篇》，详述了伊尹对商汤悠言“割煮烹羹”的内容。从中可看出他要吮吸这位前相煮鼎里的滋养和捡点自己行止的心情。后来的司马迁、许慎、应邵等衮衮诸公，也无不以“以煮烹羹”论政。正是这种迭代形成的政治气流，深刻影响了煮羹的食俎行为广泛传播，水煮食物的方式得到空前的发展。这从当今考古发现的古老炊具中能得到证实，这些炊具主要都是煮食用具，如陶鬲、陶甑、陶釜、陶铏（xìng）、陶鼎等。我分析，那时的羹与当今的羹是不同的，其实是“煮”的缩火制法，即是将食材脔细，煮而作羹。这样可省柴省火，烹制时间又快。因而，这种羹就带着“煮”的踪影，成为先秦时期最为流行的馔式。

自儒家思想占据了治国地位，伊尹遗风在政坛上淡化。煮羹虽在沿承，却少了政治品味，而向“技能型”的文化层面延伸。古人对“煮”也就有了许多别称的文字演绎。一称“胹”（ér），《左传·宣公二年》载有“宰夫胹熊蹯不熟”之句，是说厨师没有把熊掌煮熟；二称“煔”（qián），《说文》中记：“煔，于汤中瀹（yué）肉。”意为用汤煮肉；三称“瀹”，《齐民要术》中收有“白瀹豘”，即为白煮的乳猪。这些别称，是“煮”的会意字。反映了“煮”法在其技能的提升中所沸现出来的文化意蕴。

“煮”法被广泛应用，尤其是广泛于黎民苍生。他们用不起油脂食物，“煮”法便成为最普及、习用的粗食方式。《战国策·韩策》载，韩国“民之所食，大抵豆饭藿（huò）羹”。在古代，将豆角谓之荚，其叶谓之藿。这是说，韩国之民日常吃的是以豆角的豆和米煮饭，用其叶或荚作羹。这种羹。其实就是煮菜，是粗食。所以，黎民苍生又被称为“藿者者”。他们为生活所迫，才亲近于“煮”。于是，煮物自然就成为古代百姓餐桌上的主食，“煮”法也便穿朝越代地在民间被发扬光大，成为简易实用的烹调法。基于这种认识，多年前，我参予《中国烹饪辞典》的编撰时，将“煮”条定义为：“烹调法之一。①多用生料，加水或汤旺火烧开，文火煮至烂熟。成菜不勾芡，有汤有菜。又为主食常用烹制法。如：煮饭；煮粥；煮面条；煮饺子。煮法有多种。②原料预熟方法之一。”（中国商业出版社 1992 年版，第 268 页）

回眸“煮”字，它与“烤”字虽不同义，却有父母生子般的亲密关系。在史前时期，“烤”不用器具亦能为之，即将生食架在闻一多先生释译的“棍棒支撑处”，置于火上即可；而“煮”是非得用器具的。因而，“烤”当称“烹饪之父”。在中国，“烤”是经历了漫长岁月的“单身”，至陶器出现后，才有缘与“煮”联姻，就陆续生出了炖、熬、煨、烧、酱、卤、煲、燂、汆、烩等“直系后裔”；又因油料作物和金属炊具的使用，则延生出炸、煎、溜、爆、烹、煸等众多的“有器氏子孙”。故而，“煮”当称“烹饪之母”。

如今，世人对“煮”似已无动于衷，视为庸常。但可想到，“煮”曾和谐过动荡的历史，沸化了一个民族的国粹，为我们以食为天的信奉留下一种创造意志力的骄傲，且具滋养人生的永久性意义。

重温“煮”字，比吃一顿水煮鱼更有品味。

“蒸”字内幕

多义的“蒸”字

甲骨文
金文
篆文

“蒸”字无简化字，自古沿今。但在古代也写作“蒸”、“烝”（音与蒸同）。前者省“火”，后者省“草字头”。义均通蒸。

“蒸”字之义，现今解释，即指用蒸汽熟物。如：蒸饭、蒸鱼。也指液体化为气体上升。如：蒸发、蒸馏。

可是古代还有多种解释：一、指折断的麻杆。《说文解字·艸部》：“蒸：折麻中干也。”这也可理解为细小的木柴。二、指以麻秸、竹木制成的火炬。《广雅·释器》：“蒸，炬也。”清人王念孙疏证：“凡折麻杆及竹木为炬，皆谓之蒸。”三、指众、多。《列子·仲尼》：“立我蒸民。”“蒸民”就是大众、老百姓，也谓“蒸人”（众人）、“蒸庶”（庶民）。四、指祭祀名。《尔雅·释天》：“冬祭曰蒸。”五、指放在俎内的猪羊肉。这里的“俎”，当载牲的礼器讲。也就是说，古人将猪羊肉（带骨）放在祭祀的礼器中，也谓蒸。

从“蒸”字的构造中看：上为“草字头”，下面四个点指火；中间的“丞”，是个会意字，甲骨文里已有，本义是“救”，后来引申为“辅助”。

“丞”又通“承”。如：秉承、承受。“蒸”字里的“丞”即秉承着取火使柴草燃烧，也会意为沸水和蒸具。所以，“蒸”字虽然多义，但主义还是取向为“蒸汽熟物”。

“蒸”字入甗

从食组学的角度看，“蒸”字的创造应该源自蒸具。若无蒸具，“蒸”字便无“蒸汽熟物”之义。

蒸法起源在有了人工取火的烤法和有了陶鬲（lì）的煮法之后，是伴随着蒸具的发明而始作俑的。若认为最早的蒸具是陶甑（zèng）还不够确切。应该是下面的陶鬲和上面的陶甑连接一起的蒸具，这个蒸具的名称是陶甗（yǎn）。陶甗的下部是煮制食物或烧沸水的陶鬲，下面有三个空足支撑；陶鬲的上部是带盖的用于盛装食物的陶甑，其底部有许多透蒸汽的孔格，如箅。这样，在陶鬲下的三个空足间燃火，使陶鬲中的水烧沸，即液体化为气体上升，便使陶甑中的食物蒸熟。因而，甗可视为“蒸”字的化身。

甗的使用始于何时？《世本》谓黄帝创釜甑，“始蒸谷为饭”。但这非指黄帝是釜甑和蒸饭的发明者。黄帝“艺五谷，抚万民”（《史记·五帝本纪》语），该理解为那时候已有谷物和陶鬲，能熬粥煮饭。但甗的使用还晚一些。这从“甗”字的构造中能反映出来。“甗”由虍（hū）、鬲、瓦三字组合。“虍”字的本义指虎皮上的花纹，在“甗”字中是指“虍”下的陶鬲颜色像虎皮色，中有弯曲的花纹；“甗”字右边的“瓦”，寓示人的居屋。三国时蜀人谯周在《古史考》中记：“夏后氏时，昆吾作瓦，以代茅茨之始。”按此说，甗可能在夏后氏部落长、夏朝建立者——禹的时代，当先人有了瓦屋即有了定居生活的条件下使用的。据《辞海·三代世系表》记：夏后氏时代约在公元前二十一世纪至公元前十六世纪之间。

至商，甗除陶制外，已有青铜制，显见于周代至春秋时期。《博古图录》记：“（铜）甗之为器，上若甑而足以炊物，下若鬲而足以饪物，盖兼二器而有之。”这里的“炊物”，当蒸物讲。可见，铜甗是陶甗的传承，只是由铜替陶。汉后，甗下面的鬲已习惯谓为“釜”，多为铁制。《汉书·楚元王传》中记：汉高祖刘邦初为泗水亭长时，常领一帮朋友到他的长嫂家蹭饭吃，“嫂厌叔与客来，阳为羹尽轑釜”。“轑（lǎo）釜”，是指刘邦的长嫂用舀羹的勺子敲击釜沿，假称羹已用尽。这种釜，那时下面已无三个空足，而是釜体四周高中间低，圆底，或有双耳，可置灶口上。釜又称鬴（fǔ）、鍑（与鬴同音）。“鬴，古釜字也；鍑，釜之大口者也”（颜师古注《汉书·匈奴传下》语）。刘邦长嫂用的釜，可能是大口的铁鍑。如果蠡测不错的话，这与现代的铁锅已无大别。而鍑上面的甑也在不断进化。约在晋后，甑渐为以木为邦以竹为箅的蒸笼（或谓笼屉）代替。蒸笼在隋唐之际已见习用。至此，下为铁鍑上为蒸笼的蒸具，完成了一个历史造型，并开始对后世传播着普及的使命。

工欲善其事，必先利于器。甗是蒸具的祖先，昆吾是制甗之父。“蒸”字，则涵括着鬲的自陶经铜至铁和甑至蒸笼的物质文明进化过程。“蒸”字入甗，也使后世百代延展出一个丰富多彩的蒸食世界。

“蒸”字与蒸汽

“蒸”字的最大贡献，是通过蒸具向人类释放出蒸汽的意义。由蒸汽产生蒸馏。蒸馏的方法很多，主要有简单蒸馏、精馏、恒沸蒸馏、萃取蒸馏、真空蒸馏、分子蒸馏、蒸汽馏等。广泛应用于化学、石油、冶金、原子能和食品等领域。这里只谈“蒸”字里的“幽灵”——蒸汽，对中国食俎在历史发展中所起到的作用。

如果说，人工取火行为是中国食俎的发端，那么人工利用蒸汽则是开启了食俎向科学化迈近的新纪元。以现代食俎观念审视，用于蒸的食材必须新鲜，且在蒸制过程中能使食材的本味和营养素得以被较为充分的保留，又能起到食材中的蛋白质或脂肪的分离作用，有利于向人体易于吸收和消化的方面较变。蒸馔多为荤素搭配，较少使用附加油类，这会降低动物类食材被酸性化的几率，有益于此种成品酸碱平衡的调和。又因蒸汽的温度较水温高，有些可以起到水温达不到的杀菌消毒作用。蒸制成品通常具有鲜嫩、清淡、滋润，或酥烂透味，形状规整，或暄软柔合、适口性强的特点。蒸食含有较高的科技质素，是应予提倡和宣扬的。这也是“蒸”字和蒸汽带给我们的福祉。

回溯历史，由“蒸”字和蒸汽衍生的蒸法和蒸馔，大致是经历过如下的几个发展阶段——

周至春秋，虽有铜甗的使用，蒸法却未见兴尚，从古文献中也难以找到有关蒸馔的具体内容。可能那时的人们还习惯炙、酱、煎等香浓味厚的食物，较为清淡少脂的蒸馔还未能改变世人的传统进食观念。

战国时，蒸馔在楚国有了较大发展。如楚王墓曾出土了成套的大甗，有的竟达一米多高。这是大型蒸具，可蒸制较多食品。《楚辞·大招》中还记有一份楚王的御膳单，中有“烝凫”一馔。既然有蒸野鸭，会不会还有蒸野雉、蒸鱼或其他蒸馔？想来也该有的，只是未被录入《楚辞》中。后来，湖北荆州、沔阳地区为何能将蒸馔发扬到“无菜不可蒸，无蒸不成席”的境界？不能不说这是继承和推演了楚国的蒸馔遗风使然。

秦汉时，已有二扇圆形石磨和杵臼，蒸制面食渐被推广。之后诸葛亮南征渡泸水，有了蛮首（馒头）的发明（见承高《事物纪源》）。此后馒头因被世人习作祭品或日常主食，促进蒸法有了较大范围的普及，也带动了蒸馔的长足进步。这不是臆想。因为贾思勰撰《齐民要术》书中，有“蒸缹法”一章，对蒸法和蒸馔发展到南北朝时期的情状作了较为系统的归纳。如蒸法分为粉蒸、清蒸、糁蒸、裹蒸、蜜蒸等；蒸馔分为蒸熊、蒸羊、蒸鸡、蒸豚、蒸鱼、蒸藕等。

两宋时，蒸法有了更多变化，蒸馔也更为精细。据《梦梁录》《都城纪胜》等书载，又有排蒸（如鹅鸭排蒸）、盏蒸（如盏蒸羊）、脂蒸（如脂蒸鸭子）、酒蒸（如酒蒸石首）、烂蒸（如烂蒸两片）、酿蒸（如蟹酿橙）、乳蒸（如乳蒸羊）、糖蒸（如糖蒸茄）等。南宋临安（杭州）食肆的米面蒸品尤为丰富多彩。《武林旧事·市食》中记其蒸糕有19种，如蜜糕、栗糕、乳糕、花糕等；又记有“蒸作从食”53种，如荷叶饼、骆驼蹄（象形糕点）、太学馒头、诸色包子等。由于历史原因，南宋继承并发展了北宋的蒸法和蒸馔，加上半壁江南固有的蒸食成果，故而领先建构了中国蒸法和蒸馔的基本型格。

明清时期尤其是清中末叶，蒸馔和蒸法更为成熟和理性化，实际上已构成现代蒸法和蒸馔的基础和原状。在长期不断的推演、进化和递嬗过程中，各地涌现出诸多为时今人们所熟悉的著名蒸馔。如京之潘鱼；鄂之荆沔三蒸、蟠龙菜、清蒸武昌鱼；鲁之酥肉、招远丸子；川之虫草鸭子、小笼粉蒸牛肉；浙之排南、南乳肉、白鲞扣鸡；苏之清蒸鲥鱼、扬州狮子头；粤之豉汁蟠龙鱼、蒸大红膏蟹；皖之徽州丸子；泸之香菇蒸鸡；滇之汽锅鸡；东北之蒸鹿尾、蒸驼峰，等等。

现代，蒸法已发展成应用最多、流布最广的烹饪方法之一。蒸馔也汲古开新，层出不穷。时今看来，以往我们对蒸法的概念和定义也需作些调整和更新，以臻完善。理性地说，蒸法大体分为清蒸、蒸扣、粉蒸和馏四类。清蒸分为四种：蒸后浇清汁法（如清蒸红海斑）、蒸后浇芡汁法（如金华玉树鸭）、调味干蒸法（如干蒸鲤鱼）、味汤蒸制法（如清蒸人参鸡）。蒸扣分两种：红扣法（如扣肘）、白扣法（如干贝扣瓜蝶）。粉蒸定义不变。干蒸为何列入清蒸？因干蒸鱼与清蒸鱼无大区别，只是清蒸多用咸水鱼，不需调味，蒸后浇以清汁；干蒸鱼多用淡水鱼，需要调味，要调入味料。蒸扣为何列入蒸法？因逢扣必蒸，扣仅是方式，其蒸才是本法。另外，蒸馏的馏，《说文解字·食部》释：“馏，饭气蒸也。”馏义为重新蒸热已经冷却的熟食品。这也是常被应用的一种蒸法。

所以，“蒸”字与蒸汽，还需要我们下功夫去探索。

“炒”字探源

“炒”是应用最广泛的烹饪法。肴馔谱系中，炒之者堪称大家族。也常听人们说“炒几个菜”而不说“熬几个菜”或“煎几个菜”等。可见“炒”已趋成烹饪法的代词而被俗以言传了。探索一下“炒”字的起源、成因和演变，对于加深领会这一传统技艺中的文化内涵，并在应用中汲古开新，或许都有裨益。

“炒”字的起源

三国时，蜀国名士谯周著《古史考》中记：“神农时，民食谷，释米加烧石上而食之。”我以为，说这种方法是燔，不确。燔义为祭祀宗庙时用火烤熟的肉：“天子有事膰（燔）焉，以馈同姓诸侯。”（《左传·僖公·二十四年》语）即此义。所以就想，谯周记此，大凡是将平石烧令热彻，放上谷米，应以树枝拨动，使其受热均匀而熟。这有“炒”的特征，说这是“石上炒谷”较为贴切。现今的炒货店，用烧热的铁锅以铲炒制花生、瓜子一类，虽比“石上炒谷”的炒具有了进化，但在方法上却一脉相承。

凡字有本。“炒”的本字应该起源于“石上炒谷”，后来发展到器中炒谷而会意。

所以，“炒”的本字正如《辞海》所释：“炒，本作鬻……”（见中华书局香港分局1985年版，第843页）这个“鬻”字，笔划虽繁，造的却很达意：下面的“鬲”是炒具，上面中间的“米”是谷，两旁的“弓”为曲线，表示不断上升的烟气。

对“䰗”字中的“芻”，还要多说几句。《说文·艸部》释此字为：“刈草也。像包裹束艸之形。”刈义为割草，勹意为包裹。字中上下两个“勹”，像是包裹两捆“束艸”即柴草之形。我以为，单从“芻”字讲，是为此义。然“芻”字被结构到“䰗”字中，其义就不是割草了，应是割的谷。你看“芻”在“鬲”之上，是显示谷放炒具中，表义为“以火而干五谷”。

“䰗”字之后，“炒”的先字又被意会出诸多字形。如：焣、𤎐、𩱐、𩰲、𤆄、煼等。这些字的读音与“炒”相同，字义多指“火干”。如《方言·七》：“焣，火干也。凡以火而干五谷之类，秦晋之间，或谓为焣。”这些字形中，大都有“芻”。这也能被意会为“芻”不是指柴草，而是“以火而干五谷”的表义。

“炒”字的成因

“炒”字的写法始于何时？据唐朝玄应法师所著《一切经音义》卷一注《大集月藏分经·炒粳》中记：“古文䰗、𤆄、焣、𤎐四形，今作𩰲，崔寔《四民月令》作炒……”引文中所提到的崔寔，为东汉人。按玄应所记，“炒”字的出现不晚于东汉。

可是，北魏农学家贾思勰所著《齐民要术》中，引《四民月令》所记“（正月）可作诸酱，上旬𩰲豆”，这是记的“𩰲”，并不是“炒”。这与玄应所记有差池。分析原因，可能是《四民月令》早无原本，流传后世已是抄本，抄本容易遗脱先字。若按贾思勰所引，“炒”字的出现就不一定是在东汉。

另据唐朝佛书《法苑珠林》（卷四十二）引《搜神记》：“其家人蒸炒，亦变为虫。”《搜神记》为东晋人干宝所著。如果对玄应的引据存疑，那么，“炒”字的出现不会晚于东晋。

从上述引文看，东汉或东晋，“炒”的那些先字与新生的“炒”字已在并行使用。这也是“炒”字成因的过渡阶段。到了北魏，这种过渡使“炒”所旨义的炒法就出现了重要的转折。《齐民要术》对此有记载：一是将“以火而干五谷”之义明确为“炒”。其卷七“造神曲并酒等”记：“作三斛麦曲法：蒸、炒、生，各一斛，炒麦黄，莫令焦。”“炒麦黄”也就是炒谷。这里的“炒”，虽然字形已转变为今字，但仍是“鬻”的本字“以火而干五谷”之义。二是将“炒”明确为是对烹饪菜肴的应用方法，这也是“炒”字成因后转义的启端。如所记“炒鸡子法”：“（鸡蛋）打破，著铜铛中，搅令黄白相杂。细擘葱白，下盐米、浑豉，麻油炒之，甚香美。”这是“豉酱炒鸡蛋”，很普通的菜，今仍沿制。但不普通处在于，它却是当今炒之肴的鼻祖。

“炒”字为何以“火”加“少”组合而成？推断有三种原因：一是其先字笔划过繁或较多而改以从简使然，以致本字“鬻”后写为“炇”等系字，而“炇”等系字后又被“炒”字取代。二是“炒”的先字纷杂，在秦晋之间众国之中“各自为政”，到了统一北方的北魏时，就如秦始皇统一度量衡和货币那样，文字也有了被趋向一致的需要，于是就出现了“炒”字的新兴而使其先字渐为减迹的拐点。三是“炒”的那些先字在北魏已经不能表达其应用于烹饪菜肴的含义，需用一种贴切的字予以补阙。这样，与“鬻”字有因果关系且笔划简净又通“吵”的“炒”字就应运而生。字中的“少”是表示区别作用的指事符号，既可意会为“炒”字的笔划“不多也”，又可意会为炒之肴量数无多，异同于容量为五瞉（一瞉为一斗二升）的鬲的以火干谷。在尚水查到比《齐民要术》更早的“炒”字前，“炒”字的成因可初定在北魏时期。

“炒”字的演变

清朝是“炒”字在古代的最后演变阶段，也积聚了古代炒法的成果。这里以《随园食单》《调鼎集》《清稗类钞·饮食类》《素食说略》和乾隆、慈禧的膳档这些有代表性的史料为据，从中提取所记炒法并加以梳理，能较为全面地厘清炒法留给我们的食俎遗产。这些炒法经统计有20类。其中有些与其他烹饪法相近，但主要还是以炒法“收口”，在清代仍属于炒法范畴。

生炒、熟料、生熟炒。其中生炒应用较多。生炒多用质地脆嫩的食材，不上浆，不过油，直接用旺火热油速炒成菜。如：炒蟹粉、炒肉生、炒茭白（菰）、炒瓢菜。与生炒对应的是熟炒，是将饪熟的食材经改刀（或不改刀）以少量油炒制成菜。如：炒斑鱼肝、炒鹿肚丝、炒鸽蛋。生熟炒是生、熟食材相掺的炒法。如：炒生熟肉、栗子炒鸡、变蛋（皮蛋）配炒鸡蛋。

爆炒、炮炒。此二法相通，但也有别。爆炒通常是将脆嫩的食材直接用旺火热油但不加汤水而速炒成菜。如山东炒白菜：“白菜切长方块，以香油炒过，加酱油、陈醋焖烂，不加水，浓厚爽口……济南饭馆此菜甚得法，故名。”（载《素食说略》）但老传统是：白菜切细条，配猪肉丝炒之。不加水是对的，但不焖烂，而是用旺火热油速炒至水分除尽，使其脆爽，为咸香酸辣口，不勾芡。炮炒一般是将较为耐火但又质脆的食材，先用热油“闯”过，使其断生再速炒成菜。如：炒鸭肫、爆炒双脆（鸡肫、肚仁）。

煨炒。是将肉类食材切成小块，先用底油炒尽水分，再加调料和汤水煨至肉熟透味，起锅时略施薄芡。这与烧法先将食材过油或焯水，成菜软烂且芡汁较为宽厚不同，仍是具有“炒”的特征。如：炒折骨甲鱼、炒野鸡。

抓炒、软炒、滑炒。都是先过油再行炒的方法。抓炒出自慈禧的西膳房，是将鱼片挂薄糊，以手抓着一片片抻平，放入油中炸过再炒，故谓“抓炒”。这是硬炒。软炒是将鱼片上浆，用温油滑熟，再与配料炒之。如：炒鳇鱼片、炒鳝鱼片。滑炒多用猪脊肉、鸡脯肉，切丝码味上浆，用温油滑熟，再用味汁炒之。如：炒牛肉丝、梨炒鸡丝。上述三法与溜法相

青花瓷碗

近，区别在于成菜的汁芡。熘法芡汁较宽，紧汁抱芡；此三法芡汁较少，有“炒”的净爽利落的特征。

大炒、小炒、清炒。此三谓皆为俎习使然。大炒见乾隆、慈禧的膳档中记有冬笋大炒鸡、榆蘑大炒肉等。因是为御食，器大馔丰，故得此谓。小炒多是随意便酌之肴，也是速炒快成。如：小炒羊肉、虾油炒豆腐。清炒指用单一的荤材，此示“清一色”，一般不上浆，只勾薄芡，或不勾芡。如：清炒虾仁、清炒肉片。

酱炒、葱炒、姜炒、酒炒、腌菜炒。都是以调味料或腌菜以凸显风味的炒法。晚清御膳“炒四大酱”（炒榛子酱、炒黄瓜酱、炒豌豆酱、炒胡萝卜酱），还有民间的葱椒炒羊肉、瓜姜肉、炒田鸡（甜酒主调）、炒淡菜（贻贝，绍酒主调）、雪里蕻炒百合、盐白菜炒鸡，都属此类炒法。

撬炒、干炒、少炒。其中以撬炒为多，即以荤材为主、素材为“撬头”的炒法。如：韭芽炒肉、炒蛤蜊加韭。干炒有两种，一种是用风干瘦肉配以含水量少的蔬菜，加油和调料干炒而成。如晒干肉：“切薄片精肉，晒烈日中，以干为度，用陈大头菜，夹片干炒。”另种是将水分较多的食材以油和调料炒至水分除尽而成。如张恺豆腐：“将虾水捣碎，入豆腐中，起油锅，加作调干炒。”（上引《随园食单》）少炒最妙，《调鼎集》记“少炒肉”：将除骨猪肋条片去上一层横肉，用第二层半精肥者，切丝而炒；此层肉量少，只能炒半斤，故名“少炒”。此层肉有五种炒法：一用生梨丝炒，果香味；二用酱酒腌肉炒，浓香味；三用葱标炒，浑辛味；四用椒醋炒，酸辣味；五用腌芥菜炒，腌爽味。

综上所述，可见“炒”字留给我们的食俎遗产是丰富的。还要提到，现代辞典中多将“炒”释为“干煎”或“熬也”。从古附今习的角度看，我以为这应是“炒”字和炒法未被应用之前的定义；当“炒”字有了转义即炒法已成烹饪菜肴的方法之后，“炒”与“干煎”、“熬”遂至各成其义，成为不同的烹饪法。今仍定义如斯，既不现实，也混淆了这三种烹饪法的概念。

说“熬”道汤

“熬”字之释

“熬”字，金文写为“[illegible]”，小篆中写的与金文相仿。它由“火”与“敖”组成，是个下形上声的形声字。《说文解字·火部》解释：“熬，干煎也。”何谓干煎？《方言·七》记：“凡以火而干五谷之类……谓之熬。”熬即干煎，那就是说，将食物不用油也不用水，只用火使其至热或熟，与“烘”似为同义。如今的干煎，如干煎丸子、干煎黄花鱼，其实是油煎，而非干煎。说这是创新，不敢苟同，文字的本意还能创新吗？

金文　篆文

“熬”的另层含义，是指食物置于有汤水的器具中饪熟至烂。《周礼·地官·舍人》记：“丧纪，共饭米，熬谷。”有专家说，这是掌管宫政的舍人在处理丧事时，按规定要供饭米，这是实供，还要弄些熬干的谷类放置在棺旁以迷惑蚍蜉。这有道理。但我以为，“共饭米”就是“行糜粥”。这是周代旧俗。那时尊长风气是“养衰老，授几杖，行糜粥”（《礼记·月令》语）。老人尚在，可行糜粥；老人过世，粥又何用？对此，战国的儒家想到了，就将“行糜粥”延衍到丧葬礼仪中，即“行糜粥”与“斩缞”

（丧服。缞 cuī）、“苴杖”（居父丧所用的竹杖。苴 jū）、“枕块”，同作后辈对已故先亲的四项尽孝行为。先亲始逝，怎样“行糜粥”呢？《礼记·坊记》记：“水浆不入口，三日不举火，故邻里为之糜粥以饮食之。”看来，“三日不举火”是周代寒食禁火之俗的后延，“行糜粥”就演绎为在前辈丧期间的一种孝哀操守，成为与孝道相关的一种礼俗。而且，这种礼俗又很严厉，是自帝至民都不可违犯的尽孝规则。如西汉昭帝死后，辅政的博陆侯霍光迎立昌邑王刘贺为帝。可这位继帝在位不足一月，就被霍光废黜。罪名之一是刘贺在昭帝丧期内未能为素行粥，被视为伤风败俗。可见，若将“行糜粥”不当回事，即使是皇帝也不能宽恕。所以就想，“熬谷”在这里就有了两层含义，一是指用“干煎谷”迷惑侵蚀棺木的蚍蜉，二是指用“行糜粥”以供逝人，吊丧者也三日不举火而“行糜粥”。糜粥是熬谷所为，熬谷也是熬粥。既然这是皇帝都不可违犯的尽孝行为，“熬”字哪会不被后来的中国人牢牢记住。大抵由此，熬法便从“熬谷”的原意中被引伸出来，渐成熔解固体食物或饪烂食物的通称。如欧阳修《运盐诗》中有“熬波销海水”之句，所说“熬波”，即指熬海水以取盐。再如熬糖、熬药、熬菜等。以至后来，“熬”就发展成一种烹调法，它与烤、煮的区别是：先用佐料以少量的油炝锅，再将原料放入煸干水分，然后添汤水熬制，如：家常熬黄花鱼、萝卜熬大肠。

熬法之史

我以为，熬的最佳功能是制汤。在古代，尚无味精鸡粉、鲍汁蚝油之类，烹肴制馔全赖熬汤佐之。厨人一进膳房必先熬汤。这个传统至今犹存。这方面，今人多受古人之益。

泛义上说，自人类发明陶器后，熬汤现象就已先端存在。但熬汤熬出型格，有了章法，约在三国以后。如《齐民要术》（卷八）中录有腤（àn）鸡、腤白肉、腤猪、腤鱼等法。腤，指用水加以盐豉葱姜等与肉同饪。此法到了宋代始称卤，所用的汤即为卤汤。如今，北方多称其为酱汤，南方又称卤水。所谓“北酱南卤”，指的就是这类汤。它是以清水、调料、香料、药料合而熬之，又分红、白两类，红者用红曲、酱油着色，白者不加有色调料。猪牛鸡鸭等治净或脔切，投入汤中熬个火适温足，捞出冷却，切而食之。汤用过后，撇云浮油，用纱布将汤过滤，汰除杂质，再置火上煮滚后撤下，加盖置于阴凉处，下次再用。这样周而复始，时间长了，便称老汤。

说起老汤，我就想到明末的万历太后。努尔哈赤攻抚宁时，曾被明军所俘。后经女真方面贿赂内监言于万历太后，遂得释放。清入关后，为报此恩，则于清宫紫禁城东北隅设小屋三椽，供万历太后神牌，俗称万历妈妈。祭万历太后的煮白肉，由一老妪专主其事。每当子正三刻（午夜后一点三刻），东华门启扉时，首先入门者是一辆布围骡车，车中载活猪两口，老妪坐于车辕处，驱骡直入，循墙而行。车后，是奏事处官员提着圆纱灯照亮儿；再后，则是各部院的递奏官和各省折弁，以及趋朝各官，迤迤逦逦皆借灯光随行。每年三百六十五日，这道入宫的景观一成不变。二口活猪舁于司祝满洲，由他们灌酒于猪耳，猪大嚎，为福音。猪气息，再由司俎满洲去其皮，按节解开，于巨锅内煮熟，供于万历太后的神牌前。每日如是。那么，随老妪的骡车同行的一干人，为何也要起早贪黑的入宫呢？皇上不会过了午夜就开早朝，各部衙门也不会在这个时辰办公。原来都是去听猪嚎的福音，图个吉利，并参予祭祀和受胙。因为撤供的祭肉不令出户，需于长案前按次陈列，可由参祭者享食。这可是顿肥美又免费的福肉之餐，大凡有事进宫的人，谁肯错过这个良机呢。俟俎祭毕，吃了福肉，喝了福汤，天已大亮，该上朝的上朝，该办事的办事，两不耽误。

这就说到祭万历太后所煮白肉的老汤了，史籍中称有二百年历史，虽为张大之辞，但汤汁浓香醇厚倒是事实。因为天天要用巨锅煮两只肥猪，煮后撇去汤面的浮油，滤去汤中杂质，除供人喝外，还要留出“汤引子”，次日添水再用。您想这汤，还真有穿朝越代的可能，称其为老汤之祖，实不为过。这种老汤，是历史事件造就的，难以人为。民间虽不能致，却趋附之。所以，清时及后的食肆老店，就兴尚老汤制馔的风气。如东北的有家百年老店——“李连贵熏肉大饼店”，所营熏肉，先酱后熏；酱汁老汤的浮油，用来合面烙饼，别具风味。此酱汤据传已有百多年历史。

熬汤之道

俗谚云：“秋天进补，春天打虎。”这意思说，人在秋天滋补营养，精力旺盛，到了春天能与老虎搏弈。这有道理。每临秋季，气候凉爽而干燥，人易唇裂，喉咙上火。如何缓解干燥，有助于身心的补益呢？莫过于喝一碗醇酽鲜汤了。其实，喝好汤也不仅限于秋天，平时，老人强身，产妇催奶，孩童贪吃，病人进补，乃至馋人求爨，亦皆赖熬汤所为。如何熬得一锅好汤？慢炖还是快煮？用砂锅还是铁锅？冷水还是热水？什么时候放调料？放调料是怎样的比重？看似是小事，实乃大学问。

熬汤，非为煮汤。煮是大火快熟，以煮之食物熟而适食为目的，汤乃为其次。熬汤是文火慢饪，以汤的浓度达到要求为目的，食物乃为其次。北方人又谓“熬汤”为“吊汤”，“吊”是多用字，这里指提取，即是用鸡鸭猪骨等以水饪之，以提取汤汁。广东一带则称“煲汤”，“煲”指食物用水以文火饪之，以至成汤。

然而，熬汤并不一定是时间越长越好。这要看你的具体需要是什么。香港厨师熬“上汤”（他们称煲汤），几乎是一半儿料一半儿水，料是鸡、鸭、猪脊骨，还有火腿、干贝等，皆饪至酥烂，形同木屑而不可食，其养分全融入汤中，此汤主要是用于做鲍翅之馔。这就是具体需要。但要用中药材熬汤，时间则不宜超过一小时。排骨藕汤挺好喝，但你想用藕来败火，就不宜用于熬汤，藕是凉性之蔬，最好一焯水就拌着吃。苦瓜亦是此理。所以，“熬汤时间越长，汤就越有营养”，或是“熬汤时间不能长”这两种说法，都是人云亦云。何为长？何为短？乃是相对并非绝对的概念。

用营养学的视阈探讨熬汤，就更有说道。如果食物熬制时间长了，水溶性维生素或脂溶性维生素会有一些破坏，这是其弊；但利处是，熬制时间长也会改变其中某些不好的物质，如制五花肉、扣肉、红烧肉之类，时间超过一个多小时，脂肪含量就会降低，这对心血管病患者就不易构成威胁；同样，熬鱼的时间长了，影响过敏的物质也会减少。所以，熬汤的时间或长或短，取决于你的需要。如果你不在乎脂肪，要图个味道腴美，并要蛋白质吸收得好一些，维生素 C 也尽量不受破坏，那时间短点儿好。如果你是心血管病患者，介意吸收过多脂肪，那时间相对长点儿好。

还要说，熬汤的食材搭配也挺重要。你用两种食材熬汤，若是搭配合理，便能营养互补，相得济益。比如单是用鸡熬汤，能补；单是用黄芪泡水，也补。但单补不及双补。你若将鸡与黄芪放到一起，黄芪鸡汤就更补。反之，若将鸡与薄荷茶放到一起，鸡属温性，薄茶属寒性，那就不如单用鸡熬汤为好。这就像人走道，正常是迈一步，可你迈出半步又倒了回来。

因而，熬汤的食材选择就得有“热则寒补，寒则热补”的中医理念。体质虚弱，不宜猛补、大补，宜清补、温补，也不必非用鹿肉、狗肉之类，用鸡肉就行；如嫌鸡肉也过温，那就再加些偏凉的黄蘑或榛蘑，这能降低鸡肉的热度。产妇欲催奶，熬汤加些枣挺好，但还想加些枸杞，那就有损催奶之效了。熬汤时加些中药材也是养生之法，你若想这样，必得先问自己两个问题，一是“药性我懂吗？”二是“汤味我能接受吗？”因为别人说好的，不一定适合你，你喝进腹内，要看身体抗议不抗议。

熬汤是学问，喝汤也要得道。饮食的目的是求得营养均衡，喝汤量也要适度。俗谚云：“餐前先喝汤，胜过良药方。”许多人吃宴，不注重先喝汤，只想到先吃些菜或点心，垫垫胃，以应对酒阵，忽略了餐前喝些汤可滋润脾胃，使体内易于获得利用吸收的营养素。但喝汤也不宜过量，特别是高脂肪的浓汤，正常来说，控制在200毫升以下足矣。

熬汤还要根据季节和地域的差异，并要顺合自己的口味和体质。老年人喝汤，早上或中午为宜，晚上宜“行糜粥”，最好是杂粮熬的。喝汤虽有滋补效用，但非人人皆宜。患有脂肪肝、高血脂、糖尿病、痛风者，或肥胖症者，不可喝过量的高脂肪浓汤；有胰腺、胆囊病者，喝汤要有所选择，非得喝肉汤，就用精瘦肉熬制，不用骨棒或整鸡。喝汤也会刺激胃酸分泌，患有骨溃疡或胃出血症者，就不宜多喝汤。

走笔至此，说“熬”也未尽意。如前所述，熬为干煎，但干煎至极，食物就会变焦，由此，熬也引申为焦。《后汉书·边让传》中说，东汉文学家蔡邕（yōng），敬重边让的才能，将他举荐给汉灵帝的宠臣何进，请求重用，并说：“函牛之鼎以亨（烹）鸡，多汁则淡而不可食，少汁则熬而不可熟。”意思是用装下牛的鼎熬鸡汤，多加汤鸡味被冲淡了就不好吃，少添汤又容易熬焦了也不熟。“熬”在这里就是当“焦”用。“熬”这个具体的动词，也被扩大应用，比喻为折磨。有齣《秋胡戏妻》的戏里道：“我捱尽凄凉，熬尽情肠。”——就是感情被折磨，但不是本文述重的内容了，就此打住。

“爆”字入组记

“爆”字初义

篆文

“爆”字，《说文·火部》释：“灼也。”何为“灼”？《说文·火部》又释为“炙也。”对此，段玉裁《说文解字注》中认为“炙也”为“灸也”，“灼”与“灸”为转注。这有道理。“灸”是中医的一种医疗方法，与针法合称针灸。按此说来，“爆”字的初义为“灼”或“灸”，与烹饪方法还无关联。

然而，“爆”字是由“暴”字演进而来。“爆”字中的“火”是偏旁，“暴”是主构字。这个“暴”字很古老，文字初期就有，写来颇繁（见《说文·日部》），是“晒米”的专用字。后来的“暴”是这个专用字的简化字，见于篆书，写为“[篆文]”：最上部是“日”；下边是“出”；再下边是两只手；两手中间是“米”。整个字形表示在太阳出来时，用双手捧出米来晒的意思。可见，“暴”字的本义是晒粮食。后来“暴”字又写为“曝”，原因据北齐人颜之推《颜氏家训·书证》记：“案字书，古者暴晒字与暴疾字相似，唯下少异，后人专辄加傍日耳。”这是讳“暴疾”而将“暴”字左边又加了“日”字。但是“暴”左边加“火”为“爆”字，就转义成许慎所释的“灼”了。许慎又说“爆”字“从火，暴声”（《说文·火部》），可知“爆”字的初义也为“火烈”声或“火烧物”声。晋后，有了节日以火烧竹引发爆裂声，用以驱鬼的习俗，称为“爆竹”。如南北朝梁宗懔《荆楚岁时记》载：“正月一日……鸡鸣而起，先于庭前爆竹，心辟山臊恶鬼。”唐时，“爆竹”已成国俗，政府公布的节假日也取爆迸之义，称为“爆直”（值）。这使“爆”字的应用更为广泛了。

“爆”字入俎端在何时？我以为与吴中一带“爆谷”的古老习俗有关。对此，明人杨基《八卜流》诗中记：“春入吴门十万家，家家爆谷作生涯。”诗题自注：“吴人于初正（元旦），以谷（糯米）占人一年休咎（吉凶），炒成花者吉，否，反是。”做“爆米花”必须用猛火以热锅爆炒，否则爆不出米花来。这是取“爆”字的爆迸之义，以糯米在热锅中毕剥有声来讨一个吉利的口彩。而且“爆米花”香酥诱口（今人亦喜嗜），那时是典型的爆炒食品。这可能是“爆”字最初依附于“炒”法的入俎过渡期。

“爆”字转义

“爆”字转义于食俎，是在宋朝。

宋朝的“爆”字很有深味。由于火药的发明和应用，使宋人能够用纸捲火药，点燃发声。由此取代了以真竹著火爆之的习俗。因而，人们对“爆声”的思维开阔了，闻种种行为引发的爆声都谓为“爆”，其中就包括用食材以热油行俎而产生的声音。又由于宋朝在文化、经济上有了大发展，也带动了餐饮业的兴盛。看张择端的《清明上河图》，汴京食肆中的宋人摩臂擦肩，酒楼里的喧阗扑面而来，一些重要的烹饪方法都在这里形成。膳房里传出菜料入灼油时的哔响，或许就是“爆”字入俎的“音证”。

“爆”字最初入俎的例子见于宋代浙省人“浦江吴氏”所著《吴氏中馈录》中记载的“肉生”一菜：“用精肉切成细薄片子，酱油洗净（应为用适量酱油拌匀），入火烧红锅（应为添了底油的热锅）爆炒，去血水，微白即好。取出切成丝。再加酱瓜、糟萝卜、大蒜、砂仁、草果、花椒、桔丝、香油拌炒肉丝。临时加醋和匀，食之甚美。”且不说这菜应该将生肉直接切成肉丝来炒；“临时加醋和匀”是指出锅前要喷点醋，可以提味。只说这“爆炒”的“爆”字，应是“爆竹”声转义为“爆炒”声的先端。

最初用“爆”法制成的菜可能是“爆肉”，见于宋人孟元老《东京梦华录》卷之九：“凡御宴至第三盏，方有下酒肉、（肉）咸豉、爆肉……”这是记载北宋汴京禁中御宴，当酒过三巡，“爆肉”是作为下酒菜而进奉宴中的。“爆肉”如何做法？书中未予交待。但有一点能够结论：宋代的“爆肉”与现今的爆菜肯定有代差，没有代差的应该是以猛火热油快速成菜的方法。既谓“爆肉”而未谓“爆炒肉”，这大概是需要先过油的，这就涉及到“炸”。“炸”在宋以前大致是以汤水做菜的方法，宋时始有“油炸”之谓。《吴氏中馈录》中记有“酥儿印”（点心），即是“用酥油锅内煠（炸）熟”的。“爆肉”先要过油，现今厨业习谓“闯油”，与“油炸”有别。从宋代的烹饪术已经十分发达、“油炸”方法已很普遍的情形来看，宋宫的御厨能将改刀的肉料先以“闯油”而饪之，再加调料制做成菜的方法，应该存在。只是那时尚无“油爆”一说，但是“油爆”的方法却已名无实存地被应用着。鉴于“爆”字在宋代入俎，且有“爆肉”之馔，因而说“爆”法端睨于宋代，或说宋代是“爆”法的萌生期，应该不是轻率的结论。

至明代，始见“油爆”。明人宋诩《宋氏养生部》中就记有多种油爆菜，如“油爆鹅”：“用熟肉切脔，以盐、酒烦揉，加花椒、葱，投少量香油中爆干香。”再如“油爆鸡”：“用熟肉细切为脍，同酱瓜、姜丝、栗、茭白、竹笋丝，热油中爆之，加花椒、葱起。”可见，那时的油爆菜是将原料改刀、腌味，再经“闯油”，然后加调料爆之而成，虽然没有交待清楚原料经“闯油”后，要将油澄出，但已能构成“油爆”法的基本模式。

清代，“油爆”法已与现代接轨，亦是现代“油爆”法的原状。如《随园食单》“油灼肉”：“用硬短勒（带筋的肉）切方块，去筋袢（硬筋），酒酱郁过（腌透），入滚油中炮炙（爆）之，使肥者不腻，精者肉松。将起锅时，加葱、蒜，微加醋喷之。”这道菜，或许就是现今“爆肉”类菜的母菜。现今的葱爆羊肉、芫爆里脊、酱爆肉丁、盐爆肉条等，大抵是顺衍此法而成就。又如《调鼎集》中的“爆羊肚”，记得更为清楚：“生肚切骨牌块，滚水略炸（注：水炸法），入热油锅连翻数次，澄去油，加豆粉、葱段、蒜片、酱油。”这道菜，或许就是现今内脏类及海味类“油爆”菜的母菜，如爆双脆、爆肚仁、爆腰花及爆鱿鱼卷、爆海螺等，可能都是它的子孙。

“汤爆”菜也端见宋代。《宋氏养生部》“暴齑（jì）”：“菘菜（白菜）嫩茎汤焯半熟，扭干（沥净汤水），切作碎段，少加油，略炒过，入器内，加醋些少，停少顷食之。”（这里漏写了“用盐些少”）这菜，与现今“汤爆”的做法相似。还值得关注的是此菜命名为“暴齑”，“暴”在这里指“停少顷食之”（“齑”指切碎），这是表明此菜做好后，要晾一会儿再吃。晾通晒，晒即暴，所以这菜叫“暴齑”。这不仅是“暴”字入组的初端，也是“汤爆”菜的初级模式，或说是向“汤爆”菜过渡的一种征象。

“汤爆”菜在元代已经成型。元代无名氏编著《居家必用事类全集》中记有“汤肺”：“肺一具，生切作条或块。用姜四两取自然汁、杏泥二两、酱一匙头、盐钱半，淹（腌）肺。下滚肉汁内，两滚即盛供。”这菜亦可谓“汤爆肺”，与现今的“汤爆”法较为接近了。

清代，“汤爆”菜显著于京都，已演进成一类风味特食，当称“汤爆肚系列”。卖汤爆肚的叫爆肚摊，专制牛羊的肚领、肚仁、蘑菇头、散丹、板芯等，现切现爆，佐料现吃现调。一锅汤沸着，一次只能爆半斤。因为肚料不同，爆的时间有长短，那也是以秒论差。爆时数数，一个数为一秒，爆散丹五个数，爆板芯七个数，爆肚领、蘑茹头八个数，最多不超过十个数。肚料爆好，马溜儿往碗里一盛。佐料罐里有麻酱、酱油、辣椒油、卤虾油、蒜汁、醋、香菜段、葱花等，食客可随意取之蘸食。做汤爆肚的手艺，全在于一爆，稍久就嚼不烂，稍短又咬不动，恰到火侯才能鲜、嫩、脆、爽。及至民国后，已有了爆肚王、爆肚满、爆肚冯、爆肚石、爆肚杨等一批爆肚名手，蜚誉京都，多为天方教人。他们用毕生的敬业精神守护着“汤爆”的技法，令人赞敬。

“爆”法定义

归纳来看，自“暴”字演进为“爆”，再由“爆”字入俎，转义为“爆炒”，然后延伸为“油爆”、“汤爆”，至“油爆”、“汤爆”成型后，“爆”字在食俎的历史隧道里一路哗响，终于给国人寻觅美食带来一种独特的技能。若将“爆”法作出定义，应该是：

> 爆法分油爆、汤爆。油爆即为猛火热油爆熟小形原料，再用调好的味汁快速泼溜成菜的方法。汤爆即为沸汤（或沸水）急焯细形原料致熟，再浇入味汤或佐入调料而成菜的方法。因其烹饪时间短促（油爆菜一般不超过20秒，汤爆菜一般不超过10秒），故而油爆菜适用于新鲜、无骨且质地脆嫩的动物性原料。如：熟猪肚、熟猪肠，生猪腰、猪补脊；生鱿鱼、螺肉、虾、鳝、海蜇、鸡鸭胗等。汤爆菜适用于牛、羊胃料。牛胃料如：生肚领、蘑菇头、散丹；羊胃料如：生肚领、蘑菇头、散丹、肚葫芦、肚板、食管等。为使原料在爆制中快速成熟，油爆菜适宜改刀成较小的片、段或花刀条；汤爆菜适宜改刀成粗丝或细条。成菜特点：油爆菜脆爽香嫩、紧汁抱芡，主味多为咸香并含有少酸微甜的回味；如调味重葱、姜、酱、糟，则谓葱爆、姜爆、酱爆、糟爆。汤爆菜唯求胃料清鲜脆嫩、本味突出、爽利适口，调味适宜自便。

从“烧”字说到苏东坡

“烧”字与烧法

《说文·艸部》释“烧”字为：“爇也。从火，尧声。”“爇”字义为使物着火，或放火焚烧。如《左传·昭公二十七年》：“遂令攻郤氏，且爇之。”

篆文

“烧”字造得很有意思：左边是“火”，右边是“尧”（繁体字为“堯”）。“尧”亦作“垚”；“垚”为“三土”，义为地势高，又在“兀”上，“兀”亦训高。这是表义，“尧”是很高的地方。那么，“火”在很高的地方作什么呢？另有个字是“荛”（繁体字为“蕘”），“荛”即薪，为草木（或柴草）。原来，“火”在那里燃着了草木，“荛”字中的草字头就给燃没了，只剩下“尧”。于是，“火”和没了草字头的“尧”就组成了“烧”字。

“烧”字在当初与烹饪方法中的烧法并无关联，义指火焚，或指放火烧野草，以草灰肥田。如《管子·轻重甲》：“齐之北泽烧，火光照堂下。管子入贺桓公（注：齐国国君）曰：‘吾田野辟，农夫必有百倍之利矣。’”“烧”字何时入俎的？从字面看，应该在北魏。贾思勰《齐民要术》卷九“饼法”中记有“作烧饼法”：“面一斤，羊肉二斤，葱白一合，豉汁及盐熬令熟，炙之，面当令起。”这是说，羊肉先捣碎，再用葱花、豉酱和盐炒熟（注：不宜熬，应是炒后略煨一下），然后再将馅料分份包入面剂中，逐个擀薄，放入饼炉炙之而成。但这种烧法却是炙法。可见，古人起初是把烧法视为炙法的。

烧即为炙，其复杂性就在这里。古代，“烧”的同义字还有不少：“炮”即通“烧”，《诗·小雅·瓠叶》：“有兔斯首，炮之燔之。”这里又引出个“燔”字，燔即炙，亦通烧。还有“鸩”字，义为用柴火余烬将锅中食物慢慢加热至熟，这也通烧。还有“熝”字，汉后多指在灰火中煨烤食物，也当烧讲。还有“翯”字，《说文》释：“翯，置角筩（注：断竹筒）中炙也。”这仍可谓烧……古人为何不直接谓为“烧”，而是绕开它又创造了许多同义的字来代替烧法呢？我想主要还是“烧”字已被定义为使物着火或火焚，若用“烧”字去连带食物，食物被烧了，那还能吃吗。因而多用“炙”字或前述与“烧”同义的字。即使贾思勰记录“作烧饼法”，也强调是“炙之”而成。

唐代时，长安官场兴尚烧尾宴，但也不能说明烧法在俎宴中已被明确。因为那时，凡新授大官，例许向皇帝献食，称烧尾。对此，唐人封演《封氏闻见记·烧尾》记：“士子初登荣进及迁除，朋僚慰贺，必盛置酒馔音乐，以展欢宴，谓之烧尾。说者谓虎变为人，惟尾不化，须为焚除，乃得成人……”这是说，学子入仕成了显宦，地位发生巨变，就如老虎要变成人，只是尾巴还在，须以置办美酒佳肴，请皇帝来家中好吃好喝一顿，以谢圣恩。这如鲤跃龙门，得有圣天之火把鲤尾烧掉，才能变成真龙。所以，“烧”字之义在这里非指俎宴，乃指以火烧尾。

至宋代，烧法才有了新象。宋人陈元靓《事林广记》中记有“烧梨子法”：“赤皮梨子三百个，入瓶中（注：为耐火器具），用糖五斤，微火烧。令沸，可一日。候糖干，入盐一斤、酥（注：酪类）半斤。烧候黑色，放冷。别入新净干瓶里收之。其味好。”又记“烧林檎（注：沙果）法”，与烧梨子法相似。这种烧法，应是现今汤汁烧法的肇端。其实，自有了煮法，汤汁烧法就蕴藉其中。食物置炊具内，用汤水和有色调料煮至软烂入

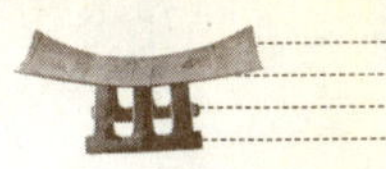

味，只剩少许汤汁，即是红烧法的先象；若使汤汁完全渗入原料内部或沾裹在原料上，即是干烧法的先象。先人行俎不会没有这些体验。但囿于烧为焚或以烧为炙的局限，便习以煮法看待。宋人对此的贡献就在于将烧法从炙法中分离出来，使食物用俎具与火隔开，利用食物本身的水分或填入汤水，以微火慢烧，使之料烂味浓。这样便纠正了食物“被焚”的语误，使烧法成为现今汤汁烧法的起始。致于烧法得以确立并为后人世代沿袭的贡献，就不能不提到——

苏东坡与苏氏烧肉法

元丰间，苏东坡因“乌台诗案”受陷，被责罪“蔑视朝廷”、“不忠于君”，官位从六品知州贬为黄州团练副使（八品）的闲职。但他心胸豁达，随遇而安，仍将诗情对着古老的赤壁奔放，且“自笑平生为口忙”（《初到黄州》诗语），常以躬俎为乐。

苏东坡不久就发现，黄州人食鱼有道，食猪肉却无道。临水之人嗜鱼疏畜，这倒符合特定的习俗。而他的故乡眉州却相反，自古昌兴以畜入馔。及第之前，他在家中逢有年节，也会帮着母亲事炊俎肉，对此道自我感悟。后来入仕，也没少涉猎官场间的宴酬，使他这位肉食主义者对肉馔便有心得。于是，他随感而发，写了“黄州好猪肉，价钱如粪土。富者不肯食，贫者不解煮”的诗（《猪肉颂》）。既然猪肉不论钱，何不顿顿而食。这样，一个无人经意的举动就发生了，汴京来的贬官把他的烧肉法悄悄带进了黄州。

苏东坡的烧肉法也记在他的《猪肉颂》里：“慢著火，少著水，柴头罨焰烟不尽，待它自熟莫催它，火候足时它自美……”后来，便于易记，就流传下这样十三个字：“慢着火，适着水，火候足时它自美。”并被后世厨业称为“烧肉十三字经”。对此，我的理解是：烧肉时水要一次性填足，沸后转小火加盖，烧至肉烂汤浓，其间切忌加水或除汤。这要掌控火候、肉质、调料和汤水的有机交合；汤少则肉韧，汤多则味寡，火武则吃汤，无盖则弃香，失一而不达也。

我们也不妨设想，假如苏东坡是在眉山烧猪肉，有酒楼的大厨们比着，人们对他的烧肉法可能习睹不惊。问题是，他是在食猪肉无道的黄州并以颂扬猪肉的精神对其研俎，这就不是理论思辨的结果，而是在实际体验中作出的生活性选择。他的智慧足以使其烧肉法有了食俎科学中最原本的逻辑内核。而且，他的学识个性也赋予其烧肉法以人格意义，文化巨擘的名望也连附其中，再由他笔下腾起的诗风一刮，他的烧肉法就有了极大的传世性和普及性。

这方面，后来的史籍或档案屡有记载。明人沈德符《万历野获录·物带人语》："肉之大胾不割者，为东坡肉。"清初人朱彝尊《食宪鸿秘》下卷记金华火腿的食法，中有"东坡腿"。之后，乾隆的御膳中也有了东坡蹄镟子（载《苏造底档》，北京中国第一历史档案馆藏本）。这菜是烧猪蹄，盛在银质圆形镟子中。苏东坡也真有能耐，竟让琼厨金穴的乾隆在啃猪爪子时也会想到他。这时期，京都食肆也有了回应。《都门杂咏》中记有东坡肉词："原来肉制贵微火，火到东坡腻油脂；象眼截痕看不见，啖时举箸烂方知。"（注："象眼截痕"指在猪肉块的皮面上交斜划成象眼形状的刀痕，易于入味至烂）词注交待，此馔为"日俭居"所制。清末，苏东坡的故乡有了更热烈的回应。傅崇榘《成都通览》中，干脆将东坡肉说成红烧肉："肉烧皮，洗，红烧，加冰糖，红上。"这是说，先将猪肉皮面的毛茬用火燎掉，洗净，再切块红烧之，调味时也要放适量冰糖，使成菜有光泽而红润。这也是红烧法自古至今的贯律。

上述回应，只是历史的远唤。若见际当今中国，苏东坡的烧肉法则无处不在。上起繁都下迄古镇，皆有酒楼菜馆营制东坡菜。蜀浙苏鄂陕粤，因留有苏东坡生前的"吃历"，自不消说。在大理少数民族的婚礼中，也竟有新郎、新娘要循合食东坡肉的新俗。东北大城市的餐饮场所承办婚

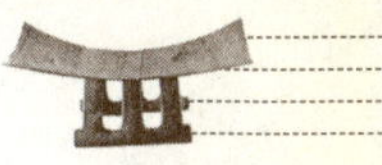

宴，厨师长必得列上东坡肘子作为"大件"，宾客才能认可……这固然是时势通商、经济交埠带来的名人效应。但也要看到，"东坡菜"中如东坡肉、东坡肘子、东坡鸡、东坡鱼……皆为腴美味酽的"红烧荤"。这种烧法，早已不囿地习域俗，四万皆宜，哪位国人没吃过呢。

因而就想，自"烧"字被应用于俎，且不说与它同义的诸多古字，即在现今，"烧"的释义仍是莫衷一是：烧饼是烧；烤鸭是烧；笃也是烧；华南一带，称卤为烧；食物涂糊用油炸，又谓锅烧……"烧"的字义已被引申得过于随意而失准则。食俎文化也需要简净。我以为，炙法或以"炙"的同义字为烧的，统谓烤为宜；汤汁烧法为烧的，统按红烧归属为宜。因为干烧、葱烧、蒜烧、酱烧、糟烧等虽有细别，大范围讲仍系红烧之列。但谓碎烧和软烧，如画蛇添足：凡是食物经改刀烧之，都是碎烧；凡经烧法而成菜，也没有不软烂的。还有谓煸烧、煎烧的，是不是还得加上炸烧、煮烧、卤烧？若谓白烧，是不是还得加上黄烧、赭烧？汤烧之谓亦不妥，凡为烧菜，哪有不用汤的？这样说也不是要改称呼，只是感到"烧"字已被滥用，需要向规范的方向发展。

之所以主张烧法归咎于红烧，还因为苏东坡实为红烧之祖，他的烧肉法是衍生当今东坡菜的根源。如是这样，中国的烧菜法就有了确切的文化内涵和人格化的情结；而且从史料推断，烧法始于宋代，这与苏东坡也颇有干系。

“氽”、“汆”字释

氽（音 tǔn）、汆（音 cuān）二字，音、义都不同。从成字上看，先有“氽”，后有“汆”；但从实际的应用上看，则先是“汆”，后是“氽”。这两个字的来历，说来也很曲折。

氽

《说文》里未录“氽”字。之后，晋人吕忱撰《字林》，搜求异字，补《说文》所遗漏者，则始见“氽”字，但录为“炗”。明人梅膺祚所撰《字彙》中，则释“史”为“氽”。可见,“炗”、“史”二字即是“氽”字的母字。

“氽”字为何义？《字彙》里释：“人在水上为氽。”《辞海》的“氽条”则释：“水推物。如冰块在水上氽。”这是说，人渡水或物体在水上飘浮，且有动态，则谓为氽。

这使我想到学徒时，跟师父王甫亭学制小肉丸（今谓“汆丸子”）：将七瘦三肥的猪肉用绞肉机绞两遍，成为很细的茸泥，遂用绍酒、精盐、葱汁、姜汁调味，再加入所需鸡蛋清、淀粉和清水搅匀，然后挤成小丸子下入微开不滚的水锅中；其间，要保持中火，使小肉丸在不至大沸的水中渐渐浸而任之。师父说：“这叫‘渡’。”遂就理解，挤成的小肉丸若放入大沸的水中，则易散碎。只有在水锅微沸又是中火以下的前提下，小肉丸才能独到地被制成半成品，以供制汤菜用。这种方法因为较慢，需在营业前按一天的用量一并制出，届时可缩短上菜的时间。制虾丸、鱼丸、鸡丸等，通常也是这种制法。按师父所说，制小肉丸的茸泥中要禁放鸡蛋黄，精盐也要少放，不能足口，否则小肉丸在饪熟时不会在水中飘浮起来。这种方法，其实就是“氽”字本义在烹饪中的体现，与“人在水上为氽”或“冰块在水上氽”是一个道理。所以，若将此法谓为“汆”，就错了。准确地说，应谓为“氽”。

《辞海》中又将“氽”字释为：“用油炸。如油炸花生米。”我以为欠确当。花生米用油炸时会沉入油中，不会浮在油面上。这种炸法需要温油小火，类似“软炸”或“浸炸”的成菜方法，并不是“氽”。“氽”法在烹饪中通常是加工半成品的方法，如用油涨发干制的鱼肚、猪蹄筋、羊蹄筋、猪肉皮等。这类食材比油轻，放入温油中都会浮在油面上。此法谓“油氽”，这也符合“氽”字的本义。因而，宜将烹饪中的“氽”定义为：

> 氽，通常是指某些特定食材在成菜前的半成品加工方法。分水氽法和油氽法。水氽法：一般用于加工肉丸、虾丸、鱼丸、鸡丸等，茸泥在调味时不加有色调料，但需放所需量的鸡蛋清和淀粉，盐要少放，不足口。水氽时，火力在中火以下，锅水要宽，使水在丸子下入后，一直保持微开不沸的状态，以达到丸子浮在水面并至饪熟的效果。油氽法：一般用于加工干制鱼肚、猪羊蹄筋、猪肉皮等。油氽时，需用温热的油（约在150℃以下），将所述原料放入，慢慢氽开、氽均、氽透，达到氽后用沸水浸泡回软的效果。

汆

汆，是做汤菜的烹饪方法。自新石器时代有了陶器，“汆”法就开始应用了。所谓“九沸九变，火之为纪”（《吕氏春秋·本味篇》语）之说，就涵括着“汆”法的应用行为。将陶器中装入水，置于火上，再放入“宿沙盐”等和鸟蛋、鲜菇、野蔬一类易熟的原料，几个滚开之后，就可以连吃带喝了。这即是原始的“汆”法。特点是饪熟时间快。若放入禽畜肉块，饪熟时间要长，那就成煮了。我想，先人对这两种烹饪方法，会有实践或感悟，但还没有区别。就是有了文字以后，仍是将用水（或汤）饪熟食物的方法称作“煮”；原料切薄或小、经汤水几滚即成的“汆”法，也就隐于“煮”法之中。先秦时期，羹菜盛行。这与“汆”法较近，但又被后世人归类于“烩”法，所谓“烩羹”即指于斯。这样，“汆”法本来资格甚老，曾与“煮”法平起平坐，又是“烩”法的老前辈，可是汆来汆去，也未汆出个名份。

直到宋朝，才有了“汆”法的同义字。那时，王安石被授权变法，为拉动经济发展，公然实施“设法卖酒”。户部有十三处大酒库，皆附设酒楼。这自然也推动了酒肆业的兴旺。到南宋时，此风仍盛，并连带起烹饪术的发展。由于饮酒成俗，醒酒汤最能派上用场。汤菜一时尚，其制法就有了细化。吴自牧《梦粱录·分茶酒店》记：“杭城食店，多是效学京师（注：指北宋汴京）人……凡点索茶食，大要及时。如欲速饱，先重后轻。”这是说，供应客人的酒肴需要快速，以顺应客人急于疗饥。所言“先重后轻”，是指先酒肴后羹汤。因为吴自牧接下来列举酒肆所卖菜品，不下四五百种，大约三分之一是汤羹菜。其中有：改汁羊撺汤、撺香螺、撺望湖青虾、撺鲈鱼清羹、撺小鸡……。这个“撺”字能出现在菜品中，在南宋以前的食书中还未曾见到，当属始为。“撺”，指掷、扔，也指“赶办”，都有“快”的特征，即所谓“大要及时”。“撺”与“汆”同音，又与几滚即成的“汆”法有类同的涵义；而且，从上述列举的“撺”菜所用的原料来看，也都是质嫩易熟的。因而可以判断，“撺”即是“汆”的先借字。

到了元末，无锡籍的大画家倪瓒，不仅以简淡雅逸、清远灵秀的水墨山水画闻名于世，还是位美食家，著有《云林堂饮食制度集》，其中记有：青虾卷爊、爊肉羹、爊田螺、田螺先生。所用“爊”字，尽管生僻，但也能意会是与“撺”字同义。这个“爦”字造得也很有趣：鼠遇火，急撺入洞穴，那速度该是很快的，用以比勘制氽菜的几滚即成。现录其一例，以证其实。

青虾卷爦：“生青虾去头壳，留小尾。以小刀子薄批，自大头批至尾，肉边尾不要断。以葱、椒、盐、酒、水腌之。以头壳擂碎熬汁，去查（渣）。于汁内爦虾肉，后澄清，入笋片、糟姜片供。元（原）汁。不用辣酒，不须多爦令熟。”这是说，鲜青虾要去头，剥去身壳，虾尾留着（当然还要挑去虾背上的深色虾线）。治净，从虾背处片开（不要将腹部片断），使虾身分为两半并与虾尾相连。遂用葱椒盐酒腌入味（不宜加水淹之）。虾头捣碎，熬汁。怎么个熬法？这里没有写明。以我的烹饪经验去体会，虾头中因有虾脑（又称“虾黄”），是虾中最有营养的部位，不捣碎最好，整个儿放在蒸钵里，加入所需鸡汤、葱段、糟姜片，旺火蒸至20分钟，使虾脑和虾头里的鲜味都融进汤里，再用细罗过滤。用这种汤调好味，先放入鲜笋片，几滚后放入腌入味的虾身肉，再滚开半分钟，撇去汤面上的浮沫，即成。那汤呈淡淡的金红色（因有虾脑溶化所至），虾肉卷翘，虾尾金红，肉、笋均很脆嫩，味道清淡鲜美。这是典型的“氽”菜。叫“青虾卷爦”，当然很贴实；如叫“原汁氽琵琶虾”，也很雅致，因为鲜虾尾氽熟后，煞是美观，形似琵琶长颈上的调弦曲首。

明、清时期，“氽”菜较为普遍，食书中录其名目，大多省略“氽”的同义字。如《调鼎集》所录的“面珠汤”（虾子面疙瘩蛋花汤）、神仙汤（葱花脂油汤）、云阳汤（肉丝紫菜汤）等，都是“才熟，即速取起”的氽类菜。但在清宫乾隆的膳食中，尚有“肥鸭撺丸子”、“肉片撺酸菜”等。这个“撺”字虽不经见，但也是“氽”的异体字。

“氽”字被始载于典，见于1979年修订民国四年、二十八年两次出版的旧版《辞源》中。其“氽条”记：“氽，用沸用煮的一种烹调方法。”这固然是对中国汤史一个关键词的正名，但又太简，也欠精准。当今许多酒楼餐馆的菜谱上，仍写着“川白肉”、“小白菜川丸子”等。其实，“川”是指水道、河流，也指平野、平地，与“氽”法并无关联；古代典籍或食书中，亦无将“川”字用于制汤方法的先例。故而，这都需要补阙、更正。以我的见解，“氽”字应释为：

氽，汤菜成菜时的烹饪方法。通常用脆嫩、柔软或小型易熟的食材，如鲜鲍、海参、虾仁、贝类、禽类肫肝、猪外脊、熟猪肚、猪腰、鸡脯、冬菇、冬笋、菜心等。形大者需切成丝、片或花刀条、块。一种原料单氽或两种、多种原料混氽皆宜。一般氽前需要焯水（出水）（但如鸡蛋、黄瓜片、西红柿片、紫菜等液体或鲜嫩原料不需焯水），再放入汤中、调味，俟汤沸料熟，即速盛装供食。成菜特点：①旺火快速致熟；②汤多于料；③两种以上原料宜质感类同；④汤色多清净，一般少用有色调料（但也有蕃茄汤、胡辣汤、鲍汁汤等汤色显重者）；⑤汤味多清淡，熟料柔软或脆嫩。

氽法，推断陶器时代已有应用。晋时始见“渁”字，其字与“氽”相关。南宋时见文献记载谓“撺”。元、明、清时期又有谓“爨”、“攛”等。“氽”字应用较晚，新中国以后再版《辞源》中始录此字，遂被共识。但“川”字与氽无关，为误借字。

“熏”字的困境

“熏”字入俎记

“熏”字，是由周朝金文中的“”演进为秦汉时期小篆体的“”：上面是草字头，中间是“黑”，下面是“火”。这就很形象地有了火烟为熏的表义。所以，《说文·中部》释“熏”字为：“火烟上出也。从中、从黑，中黑，熏黑也。”这个字隐含的来源，是上古时居室为茅草盖顶，先民点燃香草以驱蚊蝇，烟也从天窗中冒出，以致天窗附近的盖草渐黑。“熏”字的草字头即是盖草，盖草之黑即熏之黑。因而再看这个字，又似一束用以点燃生烟的香草。

金文　　　　篆文

由于“熏”字的本意是“火烟上出”，后世人就循沿此义去利用、发挥或形容、比喻火烟的作用。如：火烟引入鼠洞，能“穹窒熏鼠”（《诗·豳风·七月》句）；火烟在日暮漫滤天空，谓“熏夕”（《后汉书·赵壹传》语）；互相牵连坐罪，是“熏胥”（《汉书·叙传下》语）；佛教徒焚香持戒、修真养性，称“熏修”（《楞严经七》语）……还有许多语句如

“熏天”（形容气势之盛）、“熏风”（东南风或南风）、“熏灼”（喻气焰逼人）、“熏陶”（喻作育培养）……这都是以火烟的炙气、灼热或曛和、并有浸染特征来引申“熏”字字义的。

可是，“熏”字至宋以前，却一直未被应用于俎，也无“熏食”之说。分析原因，一是人们循以旧俗，习用火烟熏蚊蝇、熏老鼠、熏土（将风干泥土用杂草、落叶、藁秆等熏烧而为肥料）等，因而火烟就被当作是熏脏物的。它还呛人辣眼睛，其味不堪以嗅；即使炙食时也有副作用，往往使食物焦黑苦涩。这可能都是阻碍人们不将“熏”字直接与食物挂钩的原因。二是熏与炙虽有天然的因果关系，但熏是伴随着炙而产生，且对食物被饪熟不起关键作用。炙食有烟熏香味，也是炙时的“火光上也”（《说文》释“炙”字语）带来的结果。所以，先人就习惯将用火直接饪熟的食物谓为“炙食”。如先秦时期的牛炙、羊炙、豕炙（见《祀记·内则》），还有炙鸹（灰鹤）（见《楚辞·大招》）等。也因为烟熏香味是炙食的固有特征，先人在没有有意识地去熏食之前，这种固有特征也就被固有了，使熏难以越炙自立。

然而，熏与炙是密不可分的，凡为炙食都包含熏的成分。而且，“熏”的字义在汉以前就被中医学引申为“熏法”，即以药物燃烧或煎汤，取药气与热力熏及患部或全身，以除病邪。这两点，后来在宋朝被充分地发扬。如朱熹对《孟子·尽心下》中“非圣人而能若是乎？而况于亲炙之者乎？”之句，注释为：“亲近而熏炙之也。”可见，熏炙的关系已被这位理学巨擘用为人在亲身受到教益的代词。又如宋朝医书《金匮玉函经》，收录了秦汉以后用“熏法”除病的许多有效疗方，如“阳气怫郁在表，当解之熏之”、“蚀于肛者，雄黄熏之”……这对宋人理解“熏”的理在先、气为后和探索火烟熏食以除菌防腐，都会起到“近取诸身”的启示作用。所以，宋朝的文献中虽然还找不到用“熏”字冠名的食品，但已有不见经传的智者开始运用火烟熏食了。

说到宋朝，尽管军事上是败局，冷兵器时代的农耕文明打不过游牧文明，这没办法。但是经济和物质文明都有大发展。当时汴京可比长安的繁华，看《清明上河图》便知一斑。宋朝烹饪也是古代最发达的时期，许多烹饪方法都在这一时期形成，包括熏法。又因金兵夺汴，北宋的烹饪成果移聚江南，并与江南的烹饪成果融汇，使南宋烹饪又有了前所未有的高度。对此，南宋末理宗时期的编辑大家陈元靓所编《事林广记》一至五卷中记载的饮馔内容，就能反映这一点。而且，南宋人将“熏”字入俎的行为也被陈氏所记“造腊肉法”中披露出来：“腊月中取猪肉切片，先用盐腌三五天，再加酒、醋同腌二三天；然后晒干；接着将肉片入沸水一蘸，立即乘热刷上真麻油，将肉挂有烟处熏成。色味俱美。久尤佳。”从中可见，熏法起初是被应用于贮藏风味食品。这在当时的南方，对于食品贮藏不易解决杀毒防腐，则是重大的进展。

元朝，熏法已被广泛地应用于贮藏食品。如《居家必用事类全集·饮食类》所记“婺州（今浙省金华）腊猪”，竟要熏至10日，且使“其烟昼夜不绝”。元朝也是“熏”字入馔的过渡期。这样说是因为那时虽无“熏”字冠名之馔，却已有熏法入馔的实践。如倪瓒《云林堂饮食制度集》“烧猪肉”：“洗肉净，以葱、椒及蜜少许盐、酒擦之。锅内竹棒阁起。锅内用水一盏、酒一盏，盖锅，用湿纸封缝。干则以水润之。用大草把一个烧，不要拨动。候过，再烧草把一个。住火饭顷。以手候锅盖冷，开盖翻肉。再盖，以湿纸仍前封缝。再以烧草把一个。候锅盖冷即熟。”此馔虽谓“烧”，实则是先蒸后熏，谓为“生熏猪肉”亦宜矣。

明、清时期，熏馔已很普遍。《易牙遗意》《宋氏养生录》《食宪鸿秘》《中馈录》《调鼎集》等食书中均有记载。如：火肉、熏杨梅、熏鸡、熏鲫、五香熏鱼、熏白鱼、熏牛肉、熏蕈（香菇）、熏鸭等。在清宫御茶膳房，则谓“火熏”，如：火熏猪肉、火熏猪肚、火熏白菜等（见乾隆朝御茶膳房档案，北京中国第一历史档案馆藏本）。这类熏馔，从所记录的行俎方法或分析来看，基本上是现代熏馔法的前基模式，且多采取熟熏法。即将食物先腌味再蒸或炸熟，或于味汤中煮煨至熟；然后在熏器中撒入锯末、谷砻糠类，或茶叶、甘蔗渣、荔枝壳、柏枝等；再置入熏架（多为细铁丝网），遂将食物摆入，盖严不使漏气。再以火烧熏器使内中熏料冒起重烟时，将熏器端离火位。俟熏器冷却，熏食即成。

熏法需要改革

古代的熏法在现今已被广泛循用，且有了制作精细、花样翻新的发展。这是由于熏食的烟香味别具一格，确实诱人食欲也脍炙人口，故而深受消费者欢迎。另则，熏烟中含有酚、二氧化碳、醋酸、甲醛等物质，能抑制熏食中微生物的生长和繁殖，使其防腐性比其他熟食要强得多。这也是熏食兴尚的一种原因。可是，烟熏的食物中又含有苯并芘、杂环胺类有害物质，对人的健康有害。尤其是苯并芘，是化学环芳香烃类致癌物质的一种代表物质，它被裹挟在熏料被烧焦时产生的熏烟中，而且熏烟又被盖物封闭，尽使其熏染食物。所以，久食熏馔有害无益。但要破除世间的“熏俗”或彻底排除熏食中的苯并芘等，也不现实。那就只能先从改革熏法为权宜措施。为此，笔者据实践经验提出四点主张。

一、生熏法不宜制作热馔。生熏的热馔多选用鲜嫩易熟的鱼类，腌味后经蒸再熏而成。这个连续过程中，熏比蒸的时间要长。鱼很快会被蒸熟，但分泌出的味汁和水分要靠熏来干燥，不干燥达不到熏的效果。由于熏的时间较长，产生苯并芘等有害物质就相对增多。当鱼被干燥并上色后，这类被封闭的有害物质已经充分地浸染到鱼体内，其维生素 B、C 等也遭到破坏。而且还要乘热进食。这都不符合烹饪作为实用科学和营养的原则。因而，对人体致癌风险系数较高且以热馔供食而采用的生熏法，不应该提倡。

二、熟熏法也只宜制作冷馔。这是因为，当任熟的冷馔原料被事先熏成后，随着热气散发，其中的苯并芘等物质也会被挥发一些，并可用洁净的油布擦拭熏食表面（苯并芘等物质不溶于水而溶于油脂）。这样，不仅能除掉熏食表面的一层烟垢，减少了有害物质的渗透量，还使熏食光洁悦目。实践证明，熏制的冷馔不仅比熏制的热馔会减少致癌物，而且味道和口感也好。

三、熟熏法也须规范熏料。对此，传统的熏料——锯末（木屑）应该被取缔。近来网上热传一条微博：肉类的蛋白质和油脂在木炭烘烤下，会分解成苯并芘、杂环胺类物质等致癌物。吃一根烤肉串，其危害相当于吸50根香烟。一位网友留言：“天天两串不等于天天5包烟吗？”且不说这个比例是否有科学根据，但医学可确定的一点是，用木类烤焦的肉食含这类有害物质最多。何况，以锯末熏食的烟气要在封闭中保留，这是令人担忧的。所以，熏料在原则上宜用食品。如：茶叶（以水浸湿）、米（为一类）；葱叶、蒜粒、香叶、花椒（为一类）；糖、橘皮、苹果皮（为一类）等。

四、强化熏制方法。一是食物熏制之前，宜用红卤或酱汤至熟（汤色不可过重），遂用洁布拭净表面汤汁，乘热立即熏制（切忌冷却再熏）。二是熏料和所熏食物的比例要合理。熏料过多，浓烟会使有害物质剧增，污染熏食，且使熏食颜色过重，也掩盖了食物本身的鲜香味。三是宜用中火热锅，可使食物着色均匀，熏味适中。熏制时间为4～5分钟，即可将熏锅端离火位，再候约5分钟，揭盖即成。四是食物熏成后，必须用油布拭净表面烟垢，遂涂匀香油（或葱油），冷却后即可供食。强化上述熏制方法，不仅能提高熏食质量，也是缩短熏制时间并排除一些有害物质的可行经验。

如上，虽说是探论熏法的改革，其实一想，还是在思辨“熏”字入俎后的困境，并试图使这个古老的文字能否在当代熏馔面前有一种履新求变的引申义。

“煸”字与沈石田

罕见的“煸”字

说“煸”字罕见，因为在古辞书中难以寻到，就是1979年修订版的《辞源》里亦未收录。但此字确有。

近来翻阅清人褚人穫《瓠坚集》，其“六集卷之三”中有存目《田家乐》，阅之，作者开头写道：“闲居笔记，（中）有田家乐词，（其）书中云。沈石田作。其语虽俚，然有帝力何有于我之意，录之。”作者所录示的田家乐词很长，这里只摘出现“煸”字的前后几句：“秧芽搭饼甜酒浆，炒豆松甜儿叫娘……爊葫芦、煸苋菜、糟落酥……”这写的都是田家酒菜，其中写到“炒豆”和“煸苋菜”，说明这是用两种烹饪方法做的。而“煸苋菜”的“煸”字，虽然在《瓠坚集》里始被发现，却不是最早的记载。

《瓠坚集》初版于康熙乙亥岁首（1695年初），但作者褚人穫所录的田家乐词为沈石田所作。沈石田即沈周（1427—1509），字启南，号石田，长洲（江苏苏州）人，为明初著名书画家，其画、书、诗为世人所爱重，与唐寅、文徵明、仇英并称明画四大家。尤以画闻名，是“吴门画派”之始祖，评者谓明世第一。诗文著作亦丰，除了褚人穫提到的《闲居笔记》，还有《客座新闻》、《石田集》、《石田诗抄》、《石田杂记》、《江南春诗》等。褚人穫录出沈石田的田家乐词，说“其语虽俚”，是指词中运用了较多的田家俚语。沈石田的家乡在阳澄湖西岸的西斜宅村，村旁有大河清水港，上接阳澄湖，下通长江，不远处是虞山，可谓是农家的伊甸园。他从小在这里跟着祖父做农活，对吴地一带民间的食俗俚语自然熟悉，所写的田家乐词，应该是取材于他的家乡。所以，“煸”字因未入辞书，许是那时吴地一带的民间俚语。但凡事都是“先有后书”的，“煸”字在明初已被沈所引用，其传檄是不是应该上溯到明代以前？

至于“煸”为何是“火”加“扁”而成字？有“火”字旁是理定的，但“扁”为何解？笔者考量，如袁枚《随园食单》中记“逢蒿菜”的制法：“取蒿尖用油灼瘪……”这“用油灼瘪”，即是将饱满而支撬的蓬蒿用热油灼成扁平状。煸苋菜也是同样的道理。从这个角度去理会，许是“扁”入“煸”字的因素。此字是不是沈石田所创？或是他据前代已俗成为俚语而沿袭成字？这都有待进一步考证。但无论怎样，经沈石田的手笔写出的“煸”字是可信而可贵的。“煸”字给我们留下的，是一种值得重视的食俎遗产。

“煸”是烹饪中的加工工序

1979年修订版的《辞海》中，“煸”字始被收录。其“煸”条（卷三，3578页）记：煸，“烹调法的一道手续，就是把菜肴放在热油里炒到半熟，以便加作料或再加水烹煮。”这是有道理的。因为在《辞海》出版之前，不少地区仍然将“煸”作为烹饪中的加工工序，所以这样释煸有所依据。煸字能被《辞海》收录，从源流上看，应算沈石田的功劳。他这个“煸”字真没白写，使后世人渐不陌生，逐解其义。煸作为烹饪中的加工工序，积至于今，主要应用在如下方面。

一、通常是炖、熬、烧、煨等类菜在成菜之前的一道加工工序。如做坛子肉，先将猪五花肉切成小方块，再将锅中放入适量底油，用适量白糖炒成糖色，遂将肉块下入煸翻，直至肉块中的水分除尽并染上颜色，然后再进行下一步操作（或不用糖色，在煸翻肉块时加入适量老抽，使肉块上色)。再如小鸡炖蘑菇、排骨炖云豆、五花肉熬白菜、糟香肉、家常炖肉、松蘑煨鸡块等菜，其中的鸡块、云豆、白菜(切段)、肉块，也都先需要在锅中用底油煸透，排除水分和生味，再进行下一步的烹饪。这种加工工序对厨师或懂得烹饪的人来讲，已是成律，并被普遍应用。其作用不仅能排除食材中的水分、生味(或杂味、异味)，目的是结重其本味、纯味，达到炖或熬、烧、煨类菜的香鲜味厚的效果。

二、通常是酿熟馅菜类的加工工序。如做箱子豆腐、酿馅八宝豆腐等：豆腐切长方块(或方块)，经油炸黄后挖去内瓤，往里酿入的馅料一般都是先用适量底油加调味品煸熟的。再如吉利酿馅虾球、三鲜蟹黄虾包等：虾肉制茸，用适量鸡蛋清、调料、淀粉合成后，挤成丸状，再一一包入馅料——这种馅料的加工与前述制法类似。酿熟馅的菜类一般用炸、扒、蒸、烤等方法制成，煸在这里是一种补助方法。其作用能使菜的外味之中又增有内味，味中有味，达到味感复合、促进食欲的效果。

三、通常是熟馅类主食品的加工工序。这类主食品种不少。如沈阳老边饺子，是河北任丘人边福于清道光九年(1820)首创，此饺即是用煸熟的馅料包制。其子边得贵继承父业，又将油煸馅改进成汤煸馅，创造出压倒同行的特殊风味——老边汤煸馅饺子，从此声名大振，分号开遍全国各地。但汤煸馅饺子以蒸、煮的方法制成，煸在这里仍是属于一道加工工序。其作用是能缩短饪熟时间，有利于外皮的口感，并有馅味香浓醇美的特征。

这样去看，煸在烹饪中的加工工序的应用是较为宽泛的。若无这种加工工序，许多菜或煸馅类主食品将会失饪失味，不达完臻。因此，煸的加工工序是烹饪中的重要关节，不可忽视。

“煸”又是一种烹饪方法

沈石田录出“煸苋菜”，可证“煸”在那时与“爊葫芦”的“爊”(āo，

类似熬）、“糟落酥”的“糟”，已是吴地一带已有或流行的烹饪法了。但“爊”、“糟”法，古籍中多有记载，“煸”法目前仅见于沈石田所记。分析原因，一是“煸”字在古辞书中似无记录，因而在行文上碍于传播：二是“煸”为专用字，无他义，社会应用面较窄，容易被忽视；三是那时人们还惯于将“煸”归类于“炒”，就如中古以前，人们惯于将本是“炖”、“熬”等都归类于“煮”一样。即使记到“煸”，也像袁枚那样说成“用油灼瘪”或“滚干”。而沈石田的可贵处不仅是录出“煸苋菜”的“煸”，同时还录出“炒豆”的“炒”与“煸”是两种烹调法，反映出那时吴地民间的烹饪对煸、炒已有了划分。

因此，吴地应该是运用“煸”法的较早地区。这从临近苏州的上海早期烹饪中有所反映。17 世纪前，上海的本地菜有吴地风格，“煸”法是其特色之一，在上海被广泛应用，代表菜是生煸草头。草头即苜蓿，又称三叶菜。其菜的操作过程不超过十秒：选用带嫩茎有三瓣叶片的草头，洗净沥水；先将所需精盐撒在上面，遂下入有底油（豆油）的热锅中，旺火急煸，速推速颠，俟草头受热均匀稍有变色，立即泼入事先用酱油、曲酒、白糖、味精调好的味汁，翻匀后少淋明油，离火颠翻几下即成。成菜油润翠绿，柔软清新，鲜嫩中含有曲酒的香气。类似做法的还有生煸豆苗、生煸豆荚等。也可做生煸鲜蘑、生煸四季豆、生煸苋菜、生煸苦瓜、生煸甘兰等。这是继承了煸苋菜的传统，发展成的一类“抢火菜”。

四川烹饪对“煸”法也作出重要贡献。其传统尤以干烧干煸、小煎小炒见长，“干煸”法是其特色之一。代表菜是干煸牛肉丝：选牛里脊肉切成约二寸长粗丝，放入有底油（菜油）的锅里用中火反复煸至水分除尽时，下姜丝、精盐、豆瓣（剁细），继续煸翻；煸至肉丝酥松时，再下辣椒面、醪糟汁（糯米酒汁）、酱油、味精、青蒜苗，至青蒜苗断生即淋少许的醋，快速煸翻再淋入香油即成。成菜红润干爽，香咸麻辣，酥松诱口，颇有回味。用这种煸法，还可做干煸猪肉丝、干煸鳝鱼丝、干煸鱿鱼丝、干煸冬笋等。

如今，生煸和干煸方法在各地被广泛应用。原因是生煸类菜是绿色营养菜，既能减少营养素的损失，又能保持其原味，为其他素菜所不及。干煸类菜，荤料细做，煸而至味，是典型的滋味菜，且有回味特征。两者虽然在制法上选料不同，快慢有别，但都突出了“煸”字的本意，以“煸”法成菜，有独特的烹技含量，是值得发扬光大的。时今如何诠释“煸”字？试作如是说：

煸：①烹饪工艺流程中的一种加工工序。通常用于炖、熬、烧、煨菜类，即是改刀的荤、素食材（如小块、段、条等），先用适量底油煸透，排除其水分和生味，以便再加所需调料和汤水进行烹饪；或酿煸馅类菜（含煸馅类主食品）制做煸馅的半成品加工。②烹饪方法之一。主要分为生煸、干煸。生煸：通常选用鲜新、质地脆嫩的蔬菜，如苜蓿、豆苗、豆荚、鲜蘑、苦瓜等，用猛火、热油（底油）迅速煸至成菜（间加调品味）的方法。干煸：通常选用纤维较长、肌里结构紧密的牛肉、猪肉、鳝鱼、鱿鱼等（一般切成约 6.6 厘米的粗丝），用中火、热油（底油）入锅不断煸翻，俟锅中见油不见水分时，加调配料继续煸至干香酥松而成。③凡生煸、干煸类菜，皆用生料，制时不过油、不焯水，只用调料，不加汤水，不勾芡。与炒法有明显的不同。

说到“煸”字，还得记住沈石田。

“炸”字的变迁

“炸”字的古体字写为“煠”，与炸同音。至清代时，人们仍习用“煠”字而极少用“炸”。如乾隆南巡期间的膳食档案——《江南节次照常膳底档》（乾隆三十年正月十六日至四月二十日立，北京中国第一历史档案馆藏本）中，记乾隆在正月十八日从宫中启銮至涿州（注：今河北中部涿县、雄县及固安县地），于酉初（下午五点）上灯楼看烟花后，回行宫吃夜宵的膳单上，有“煠八件鸡”一馔，即今“炸八块”的先名。乾隆以后的清帝膳单中，凡涉“炸”字也均写为“煠”，至清末时才有变化，留待后说。所以，谈“炸”字，需从“煠”字谈起。

“炸”字小考

“煠”字的左边是“火”字，右边上部是“世”字，下部是“木”字。其字中的“火”和“木”容易意会，即以火燃木，才能煠制食物。但“世”字为何意？我以为，这是反映了造字者造“煠”字时所持有的一种传统观念。《说文》里说，上古时期，以三十年为“一世”，后来则父子相继亦称“一世”。所以，《说文》里引溯的“世”字就写为“卋”，这是由三个“十”字组成，三个“十”字即表示人的一生一世。这样，将“世”字放在“煠”字的结构中，也就寓意人这辈子是离不开烧火取食的。故而，“煠”字的本意不单是指一种烹调方法，还类同“炒菜”或“烧菜”，有涵括烹调的泛义性。

具体说，煠法最初不是指以油煠制食物。你看“油”字，左边是“三滴水”，乃是由水引申而来的字。因此，煠法先前是指以汤水作馔的方法。唐人刘恂《岭表录异》记：“水母……先煮椒桂，或豆寇、生薑（姜），缕切而煠之。”这是说，先要在盛汤水的炊具里放入所需的调味品，煮至汤水中融入滋味，再将切成丝或小片状的食物放入，饪熟。这种味汤称“水母”，用水母饪熟食物的方法称“煠”。李时珍在《本草纲目》的“慈姑”条中记：蔬物“嫩茎亦可煠食。”也是这个意思。实际上，在中古时期以前，油料作物尚为珍贵，这种煠法因便利易行，已经名无实存地被应用着；煮及制羹，是引申煠法的先端烹调方式。

“煠”字，汉以前还未曾有过，甲骨文、金文、小篆里均无此字，东汉《说文》里也没有。“煠”字初见三国魏时张揖所撰的《广雅》里，其记：“……煠，汤瀹也。”瀹（yuè），指以汤煮物。三国魏时，虽然有了“煠”字，但仍未改其意，仍是指以味汤饪熟食物的方法。

有学者说，“煠”原为南方叫法，引据是唐代儒僧玄应《一切经音义》中记：“江东谓瀹为煠。”“谓瀹为煠”倒是实情，但“煠”为江东始谓，似不足据。因“煠”字先出于《广雅》，其作者张揖为魏初明帝时博士，清河人，清河即河北威县一带。就是说，张揖不可能“跨国”，将江东吴国“谓瀹为煠”的说法归咎到自己的著述中。由此推断，“煠”在三国魏时已有称谓，因而就反映到《广雅》中。至东晋，司马睿建都建康（建邺），后传位十帝。北人为避战乱，南迁江东者为数庞鸿。那么，“谓瀹为煠”之俗是否由北人传入江东？有待考稽。

《广雅》是研究古代词汇和训诂学的重要著述，对文字产生过较大影响。“煠”字后来能被循用，于此相关。现今再版的古籍中，凡涉及“煠”字之处都写为“炸”，但并非源出，乃为校注者易煠为炸之为也。

“炸”字转义

“煠”字在何时又指以油饪熟食物？推断在宋朝。苏东坡《东坡集续集》卷十二《十二时中偈》记：“百衮油铛里，恣把心肝煠。”引文中的“衮”通“滚”，即滚沸；“油铛”指盛油的炊具。这是说，在滚热的油锅里，将食物煠制而成。苏东坡作为文化至尊，他的语言感召力是有影响的。也许正因这样，人们也就认同了将食物用热油饪熟亦为煠。如元代元名氏撰《居家必用事类全集》里，就记有“煠骨头”：“乳团、豆粉、生面一斤，盐、酱、茴香、桔皮、椒末和匀，蒸熟；切作骨头样（注：排骨段状），油煠。”还记有“煠山药”：山药“熟者切作段；粉牵内蘸（注：指蘸上干粉）……煠热供。”

由此，宋元及后的“煠”字就有了两种解释。一是指食物放入烧滚的味汤中，一沸而出称煠；二是指食物放入热油中，饪而至熟亦称煠。

那么，“炸”字是何时出现的？这难以考稽精准，只能从典籍中去寻觅蛛丝马迹，试作探讨。如《红楼梦》第三十五回中写道：“薛蟠道：‘妹妹的项圈我瞧瞧，只怕该炸一炸去了。”这“炸一炸”，不是指将项圈用油去炸，而是指金银器物旧了，要经淬火加工使它重现光泽，这也谓炸。我注意到，《辞源》中的“炸”条举例，就引用了上述薛蟠对薛宝钗说的这段话，话中“该炸一炸去了”就没写为“该煠一煠去了”。这说明，原版的《红楼梦》中已用过“炸”字。曹雪芹是南京人，生于康熙五十四年（1715）或雍正二年（1724），卒于乾隆二十七年（1763）或乾隆二十八年（1764）；乾隆十七年或十八年左右，他已将《石头记》在北京西郊的山乡里写成，并传抄问世。这又说明，在曹雪芹之前或他的生卒时期，“使金属器物重新见光曰炸”的俗语已有流行。这个俗话，在曹雪芹需以用作描写小说中的人物对话时，便自然流露了出来。

但是，《红楼梦》中所用的“炸”字，其义与烹调似不搭界。“炸”字又是何时意指烹调？有一则史事或许能帮助我们推断。1924年，即民国十三年，冯玉祥率部进驻北平，将溥仪逐出清宫。俞平伯作为清宫财产保管委员会的公务人员，曾到婉容皇后的膳所——储秀宫中的丽景轩验查。他看到了一份遗留在那里的食谱，后来在他所写的《杂记〈储秀宫〉》一文中将其抄录下来：

> 野意膳房九月初七日早膳，厨役郑大水恭作。
>
> 清汤银耳　驴肉熬冬瓜　炒三冬　鸭条烩海参　葛仁烩豆腐　红烧鱼翅　炮羊肉　烩酸菜粉　锅烧茄子　红烧桂（鲑）鱼　炒黄瓜酱　干炸肉　羊肉烫白菜　大豆芽炒各达英　热汤面　黄焖鸡　摊鸡子　木樨汤
>
> 熏菜膳品　酱肘子　熏肝
>
> 蒸食膳品，厨役郑恩福恭作。
>
> 猪肉馒首　烙饼　抢（炝）面馒首　包金卷　紫米膳　白米膳　小米膳　甜油炸果　咸油炸果　粳米红豆粥　玉米身粥　小米粥　香稻米粥

摘自俞平伯《杂拌儿》（上海开明书店民国十九年九月三版，第124～125页）

这是御茶膳房的笔帖式用毛笔写的一份食谱。郑大水原是北京忠信堂炒头火的大师傅。要说的是，所录食谱原为繁体字，其中“乾炸肉”、“甜油炸果”、“鹹油炸果”中的“炸”字未写为“煠”。这是“原汁原味”的抄录。兹见，起码在清末民初之际，“炸”字已经悄然取代了烹调中的“煠”字。来自清宫里“炸”代之“煠”的变化，应该能反映出当时社会上对此字转换的迹象。

“炸”字认定

还需说的是，在现今，“谓瀹为炸”已不为人们循认。代之而兴尚的是灼、汆、浸等烹调法。这类烹调法，大致都是将小型或嫩而易熟的食材用味汤在较短时间饪熟，再佐以烧沸的味汁、烧热葱椒油。如白灼虾、白灼螺片、三椒腰片等。这是随着烹饪的发展使“谓瀹为炸”得以演进的结果。而“谓瀹为炸”见已习成为菜肴在出品前的一种热处理方法，称“焯”或“出水”。如“葱烧海参”，海参在葱烧前需先在味汤中“紧皮”，使其表皮紧缩，并有除却腥异、浸入汤味之效，然后再行葱烧。再如“蚝油生菜”，生菜需先在味汤中沸而即熟，略入滋味，取出置盘内，再浇以蚝汁成菜。这种在味汤中将食材“焯”或“出水”，即是古代的瀹法。现今的厨师凡烧、炒干货涨发的食材，如鱼肚、蹄筋、蜇头、发菜和青蔬如油菜、盖菜及豆制品等，通常运用此法。

所以，我以为对“炸”字的认定，还是古附今习为好，即食物以油饪熟为炸。解释“谓瀹为炸”在历史中是烹调的一种现象是必要的，但也不必今循。且“瀹”字已成生僻字，许多文化程度不低的人对它亦感陌生。重要的是，继承文化传统并不等于文化复古。

多年前，我参予《中国烹饪辞典》的编撰，负责烹饪技术部分，将“炸”写为：“烹调法之一。将处理好的原料下入宽油锅中，浸在热油内，经加热使之成熟，称炸。炸法还用于原料预熟加工，厨业称为“过油”；并常用于发制干货原料，如：发制鱼肚、肉皮等。”附条写有“清炸”、“干炸”、“酥炸”、“软炸”、“脆皮炸”、“西炸”、“纸包炸”等（《中国烹饪辞典》，中国商业出版社 1992 年 3 月出版，第 264～266 页）。关于“谓瀹为炸”，因属古代烹饪范畴，另有编委写有“瀹”条，故未在“炸”条中写入。

“熘”、“溜”字辨

烹饪术语中，有些说出来语音对，写到字上就错了。如：脢子肉（背脊肉）写成梅子肉，余白肉写成川白肉，爰窝窝写成艾窝窝等。时今，溜又多写为熘，亦非规范。本文仅就熘、溜试作字辨，兼议溜法定义。

读“熘”一得

“熘”字晚成。1983年修订版《辞源》中，尚未录入此字。该《辞源》“收词一般止于鸦片战争（公元1840年）”（见其“出版说明”）。可知“熘”字之造在道光以后；抑或先前已有，因未为社会公用，无资入典。

1979年第三次修订版《辞海》中，始录“熘”字，只释为：“同餾（馏）。”无他释（见其下卷“火部”3578页）。亦可知“熘”是专用字，与馏义同。

朱骏声《说文通训定声・孚部》：“米一蒸曰馈（fēn），再蒸曰馏。”“馈”字之义指由生至熟的蒸制食品；若冷却了再度蒸热，则为馏。

比方饭店酒楼为婚宴落桌，通常是将四喜丸子、扣肘等大件预先制好、蒸成，俟上席前再及时蒸热至透，以便出菜快捷。此法为馏。

可是，第六次修订版的《辞海》中，又释为“溜”同“熘”。前后两种解释均未注明原因，亦无史据引证。有不确定和疑议因素。宜待确解。

时今，报刊媒体兴用“熘”字，或许有“火字旁与做饭更相符”的原因。所以有人就说：现在全用“熘”字，这是规范写法。但我认为：后造

的“熘”字不是用来取代“溜”字的，国家语委无此规定。“溜”仍是自清代沿承至今用于烹饪的本字。全用“熘”字，等于“溜”字被废除，也脱离了“溜”这一本字的传统使用跨度，不宜认为是规范写法。即使“熘同溜”，“熘”也属于后造的或体类的异体字，而且“熘同餾（馏）”还是“熘同溜”，也有待探解确释。因而用“溜”字有传统性、公认性或稳定性。这也不是我个人的主张。上世纪末以来，由原商业部饮食服务局和中国烹饪协会、中国财政经济出版社共同主持编写、出版的《中国名菜谱》（丛书），是新时期菜谱类书籍的权威范本。我有幸被聘为编委。记得编委会对各省饮服公司等主管编写的部门有统一的布置和规定（包括文字）。所以丛书的各省分辑中涉及溜馔、溜法之处均用“溜”字。还须提到，溜法主要是从炒法中衍生、递嬗出来，初期与炒法因未“断胎”，有相似过程。如今的溜与炒已分菽麦，概念殊同。第六次修订版的《辞海》中仍释溜“跟炒相似”，失确。宜作釐订。

“溜”字入馔

“溜”字则很古老，汉前已有。《说文·水部》释“溜”为：“水，出郁林郡。从水，留声。”可知“溜”字初义为河流名，发源于郁林郡，治所在今广西桂平县西南古城。溜水即今柳江。后来，随着物质文明的进步和发展，“溜”字又有了引申义：一指小股水流，或瀑布涧水；二指屋檐下滴水处，如：檐溜；三指滑行，如：溜冰；四通“遛”，如：遛达、遛弯儿；五指连串，如：“说成篇，道成溜，句一答十，问十道百”（《清平山堂话本·快嘴李翠莲记》语），今语谓“嘴皮子挺溜”。六指滑动、圆转，如：宋人邵雍《伊川击壤集·插花吟》：“酒涵花景红光溜，争忍花前不醉归。”但清以前的文献中，目前尚未发现有“溜”字入馔的记载。

篆文

直至清乾嘉间，有一部“不著撰者，盖相传旧抄本”的《调鼎集》

中，初见“醋溜变蛋”一馔，记为：“（变蛋）切块，入脂油炒，加豆粉、盐、酒、醋。”但所录过于简略，又似炒法成馔。而且，“加豆粉、盐、酒、醋”的次序也失宜，应为“加醋、酒、盐、豆粉”，因豆粉是最后用来勾芡的。尽管有这些不足，但毕竟是“溜”字入馔的历史存真。

民国初年成书的《素食说略》（薛宝辰著），也录有两款溜馔。但“溜”字不在馔名里，是在操俎过程中。一为“山芋圆”：“山芋去皮蒸熟，以木杵臼捣之，愈捣愈粘。捣成，加盐及姜米丸之，幞以粉面，以猛火溜炸之，搭芡起锅。”另为“馏荸荠”：“荸荠煮熟去皮，整个缠以粉糊，猛火溜炸之，搭芡起锅，甚脆美。”这里须作补释：一是“溜炸之”宜录“炸溜之”，即先炸后溜，不是先溜后炸；二是“搭芡起锅”之前，应该有味汁投入，不然何以能搭芡？三是“馏荸荠”的“馏”字，用之失确，因为荸荠是煮熟后，再以炸、溜而成馔。但谓“馏荸荠”就有待探解了。或许与《辞海》先前解释的“馏同熘”有某种关联。然而，此二馔虽录之有欠，我们仍能得知，这是两款炸溜之馔，今语可谓焦溜山芋圆、焦溜荸荠。据此推测，素馔历来有“仿荤”传统，荤馔中使用炸熘法，应该还要早些。但早到何时，须作探究。

所以又想，“溜”字入馔较早见于清中叶，且落实到变蛋上。这是不是将“溜”字的滑动、圆转之义与变蛋的体质特征在火具中的“滑溜”状态接榫了，便会意出“溜”之谓？不然，该如何解释“溜”字入馔的具体原因呢？事实是，醋溜变蛋中的“溜”的价值是使古代烹饪法在文字取义方面又有了一种重要突破。以此为端，一宗以溜法制馔的体系得以形成和发展，从而丰富了中国烹饪的宝库收藏。

时今，醋溜变蛋已经演进成名馔。“文革”前笔者随师父去南方交流厨艺，在上海见一酒楼的菜牌上就标有“溜变蛋”；后又见扬州的传统菜谱里，此馔亦忝其列；山东谓“炸溜松花”；辽宁则谓“焦溜松花”。你看，滑溜的变蛋因与“溜”字有夤缘，竟成为最具中国特色的烹饪法之一——溜法发端的重要引掣。变蛋有功矣。醋溜变蛋可算是溜法的“点灯者”。

溜法定义

1984年，笔者参加了《中国烹饪辞典》(中国商业出版社1992年出版)的编纂工作，负责烹饪技术部分。对其中各地的溜法资料并结合个人对此的积识，作了综合归纳和修编。1992年到新加坡教学，受该国酒楼餐饮业公会委托，编著《中华烹饪——新加坡中餐厨师职业课程教材》(利佳多设计印行，辽宁科技出版社、台湾百通图书股份有限公司再版)。书中对溜法作了理论泛述。如今回顾，都有欠缺和须补阙之处。这有我的责任。故借此文之便，对溜法定义再作釐订。

溜法，是将质嫩或鲜脆食材，如：禽类脯肉，畜类脢肉（内、外脊肉）、内脏、鱼肉、虾仁和青蔬茎部等，经改刀加工成丸、条、小段、滚刀块、片、丁、丝等，多挂糊或糢粉、上浆（亦有无此工序者），经热油炸至外脆里嫩或用温油滑熟而软，再用预先兑制的味汁（含淀粉）在火具中翻溜成馔的烹饪方法。又有将整鱼（剞花刀）或鱼扇（去骨的两片连皮的鱼肉）切成各种象形的花刀，或直接用水（或汤）饪熟，或码味后挂糊经油炸至表面酥脆，再将制熟的味汁（带芡）浇匀其上；或将畜类肠肚（熟）、山药、红薯等，改刀后直接经热油饪透或炸熟，再用味汁（带芡）或熬成的糖浆溜之成馔，也谓溜。

溜法由宋以降已成型系的炒法（如：川炒鸡《居家必用事类全集·饮食类》载）、煎烹法（如：油煎鸡《宋氏养生部》载）、糖缠法（糖熬成浆，“投以果物合匀”)(《宋氏养生部》语）和油灼法（如：炮猪肚《随园食单》载）演化、衍进而来。此四法较易递嬗为溜法，在变通过程中因发展出挂糊或糢粉、上浆的制馔工序，以此为主要特征，逐至成熟了选料质嫩或鲜脆、旺火至熟、味汁（含淀粉）泼溜（或卧汁、浇汁）、快速操作成馔的溜法。“溜”字入馔初见清乾嘉间，如：醋溜变蛋（《调鼎集》载），为溜法以文字取义的先端。但不带“溜”字又近似溜馔的演化过程由来较久。其成型系显见咸丰以降。如：碎溜鸡、口蘑溜鱼片、溜鱼片、溜鸡蛋（《清宫琐记》《孔府档案》等载），其制法与今已无大别。清末民国之际，溜法在京鲁、川豫、江浙、港粤等地均有长足发展，不仅形成了各种溜法的工序定格，在调味上也呈现出诸多味型。

溜法通常分为四个连续的操作程序：1. 将改刀、码味的原料挂糊或糝粉、上浆（亦有无此程序者）；2. 使其用油或水、汤热传导至熟；3. 兑制味汁（含淀粉）或熬糖浆；4. 原料与味汁（或糖浆）溜合一起成馔。因使用的原料性质、糊浆糝粉和调味的不同，溜法分为焦溜、滑溜、软溜、糖溜四类。

焦溜：又称脆溜、炸溜、武溜。原料须挂糊或糝粉，经油炸至外焦里嫩，随即用味汁（含淀粉）溜之成馔；或炸后再将味汁浇匀其上的方法。如：山东（孔府）武溜肉片、广东咕噜肉、江苏松鼠鲑鱼、东北焦溜肉段、河南（厚德福）糖醋瓦块鱼、安徽葡萄鱼等。

滑溜：多用禽畜肉类，切成丝、丁、片、条等，经码味、上浆，经温油滑散至熟，再用味汁（含淀粉）溜之成馔的方法。通具滑嫩鲜香之特征。如：四川宫保鸡丁、浙江龙井虾仁、北京（东兴楼）糟溜鱼片、香港醋溜石斑球等。

软溜：通常用鱼料。如整鱼经加工后用沸水至熟，再将制成的味汁（含淀粉）浇匀其上，如：杭州西湖醋鱼；或用鱼扇（连皮），经改刀、码味后，用温油浸炸至熟，再用鲜汤、调味料溜之搭芡而成，如：天津软溜鱼扇；或用鲜鱼肉切片，码味后挂蛋泡糊用净温油缓炸至熟（保持白色），再用制成的白色味汁（含淀粉）浇匀其上，如山东普酥鱼。通具腴软鲜嫩之特征。

糖溜：是将糖熬成浆状，随即下入炸过的原料翻匀成馔的方法，今习

谓拔丝或琉璃、挂霜。但此三谓俱指成馔之特征，其烹饪方法仍属于溜，即糖溜。用料多为干鲜果品、根茎类蔬菜及山楂糕、澄沙、汤圆、冰淇淋淋配方等。拔丝者金黄酥糯、箸夹牵丝，如：北京（致美斋）拔丝西瓜、浙江拔丝汤圆等；琉璃者光色如金，甚为甜脆，如：满汉全席中琉璃夏果、御府菜中琥珀桃仁等；挂霜者糖霜雪白，甘香松软，如：山东霜雪姜丸、辽宁挂霜丸子等。

溜法，根据食材特质和使用调味料的不同，又有鱼香型（如：四川魚香肉丝）、糟香型（如：山东糟溜牡丹鱼）、醋香型（如：东北醋溜白菜）、糖醋型（如：辽宁糖醋鱼仁）、咸香型（如：清真溜牛肚）、甜脆型（如：河南琉璃藕）等。

“扒”字·扒菜·大翻勺

“扒”字之义

“扒”字概有四义：一作刨挖。（北周）卫元嵩《元包经》：“拔屵扒氐。”屵（è）：山崖高为屵；氐：树根。二作攀援。（明）朱京藩《风流院》：“我优待了他，他明朝就扒在我头上来哩。”三作拨动。《西游记》十四回：“你小时不曾在我面前扒柴。”扒柴指用耙把干草聚拢。四作伏地而行，通“爬”。

“扒”字还有引申义，如“扒犁”（雪橇）、“扒船”（舢板船）、“扒手”（小偷）等。但《辞源》《辞海》中未将“扒”释为一种烹饪方法。分析原因，这与那时食俎文化尚未得到深入开掘，“扒”在这方面就显得“生僻”或“不够成词”有关。按说，“扒”是很专业的烹饪术语，也是流布很广且富有技巧性的制馔津梁之一，应该列为“扒”字引申义中的一种。

“扒”字入馔，初见于清中叶。乾嘉间的食书《调鼎集》卷七录有“满席”，中记“爬小猪”一馔，似为扒菜之端倪。因“爬”通“扒”，都是胸腹向下卧的意思。小猪（乳猪）制馔前需将胸腹处剖开，取出内脏，使其成馔时胸腹部面处朝下，卧于盛器中，便是“爬”（扒）状了。后来的扒雏鸡、红扒鸭子等，也类似这种做法。但是“爬”不能被解释为烹饪方法，谓“扒”较为贴切。这可能是后来“扒”代替“爬”的因由。故而，凡食材成馔以卧状于盛器者，后来就成为扒菜的基本特征。

始见“扒”字当头的菜肴，也是《调鼎集》中所记，即“扒大豆腐”：“一、二块油炸过，挖空，填入肉丁、海参等物，仍以腐切块盖好，再用脂油煎透。味胜于常。”这记得虽然像是煎菜，而且豆腐块已用油炸过，挖空后填入馅料，就不宜再以“脂油煎透”了。可能是其中的关节未被释明。但不管怎样，我们还是能从“扒大豆腐”的制做中，感悟或想象到扒菜最初的粗疏情状。

北扒和南扒

扒菜趋向成熟期和被传播阶段大致在清末至民国初。这主要有两种原因：一是这时期的山东菜已成为“北食”代表，京津和东北地区的大饭庄、大酒楼，多数经营山东风味，主灶的山东大厨们后来也多数成为这些地区厨业的祖师爷。作为山东烹饪的特长技法——扒，因被其弟子们学续而有了扩延。二是粤地制做海珍、海鲜的扒法在这时期也显而起誉，并通过著名人物府邸的私家菜方式有了“涟漪扩散”，逐至流布南北各地，又渐被当地厨业所沿承。谭家菜即是典型。谭家菜中诸多荤素名馔，都具有粤式扒法的特征。新中国后，扒菜在更多地区有了不同程度的发扬，这从1959—1961年间由原商业部饮食服务局编写的《中国菜谱》（共11辑）中可见踪迹。及至时今，扒菜大致已经形成“北扒”、“南扒”两种流派。

北扒的主要特征是烧扒（或称煨扒），为烹饪方法中技巧性含量颇高的一种。习于选择高档或精致的荤素食材，且要质地、形状、颜色一致，以利于切配、拼码菜形，使菜面规整、协调、美观。注重菜形的刀口、布局、形态，讲究制做中的添汤调味、菜码推盘落勺、先旺火烧开遂转小火煨制再换旺火勾芡和大翻勺的火候转换。制做过程中的每一环节，都需要有相当娴熟的行俎造诣。具有一菜一扒，以大翻勺作为收官成菜的特征。调味上分为白扒、奶油扒、鸡油扒等；形式上分为单一扒、盖面扒、拼配扒等。成菜的汁芡略宽而抱芡，菜面整齐明净，清鲜糯香。厨业称其为

“扒菜一张皮，全凭功夫细”。但也较有厚度，即中间略凸，坡向周围。著名者如：山东扒三白，北京清真白扒鸡肚羊、天津扒通天鱼翅、东北白扒鹿筋、河南奶油扒广肚、陕西鸡油扒春笋等。

南扒的主要特征是箅扒，为烹饪方法中最讲究火功和用汤技术的一种。箅是用竹箅子编制的底垫或夹具，主要用于鱼翅、鲍鱼、大乌参等的制做。如白扒鱼翅，需将涨发后并经初加工的大裙翅（约三斤重）掀开，用箅夹夹住，铺在器底的箅垫上（“头围”朝下，“二围”朝上）。然后放入经过沸水焯透的鸡脚、鸭脚、火腿块等配料（八斤）及葱姜，摆平，再添入清水（八斤），旺火烧沸 15 分钟，转小火加盖慢焖约六小时。俟鱼翅焖透（用手指一捏便断），取出配料和箅具，将鱼翅翻卧到盛器中（翅面朝上）；原汁过罗（剩汁约一斤半）倒入双耳锅内，用所需调料调好口味，沸后用少许淀粉勾成薄芡（因汤汁已较浓，勾芡若厚腻口，影响汤汁的鲜美），淋入适量鸡油，轻轻搅匀，浇在鱼翅上，上面撒些烤火腿末（或丝）即成。如加蟹黄或干贝，则谓白扒蟹黄鱼翅、白扒干贝鱼翅；如在鱼翅下面以滑炒虾仁、滑炒三丝（海参丝、鸡丝、冬笋丝）垫底，则谓白扒虾仁鱼翅、白扒三丝鱼翅。成菜通具汁芡宽余、翅面明润、柔软糯滑、浓鲜味醇的特点。常为筵席头馔。

还有蒸扒，制法南北相近。通常选用畜禽野味食材，根据其质地、韧性特征和烹调要求，或整形或刀工处理，或经过腌味、卤煮、着色、炸制等工序，再面朝下摆入蒸具中，兑入调好味的汤汁，蒸时掌握火力和时间，以达到该鲜嫩则鲜嫩，该酥烂则酥烂。蒸成后取出，翻卧到盛器中（菜面朝上）；蒸汁滗入炊具内，调好口味，沸后用淀粉勾成琉璃芡，浇在原料上即成。蒸扒多为红扒，又分为五香扒、蚝油扒等。用于婚宴或桌数较多的膳事，应用较为普遍。但是，蒸扒的菜肴一定得是平面化即扒卧状，这与蒸扣的菜肴在选料、加工和成品形态上都是有区别的。

大翻勺的技巧

厨业有句俗谚：“厨师难作，扒菜难翻。”“难翻”是指做扒菜时的大翻勺。尤其是天津、东北、西北等地区，往往将做三拼式的扒菜和大翻勺当作衡量厨技是否精湛的标准。所谓“三拼式”，典型的菜例是扒三白。这道菜源出山东，大翻勺可能也是山东厨业老前辈的创举。但始自何人？未见记载。我只知道东北地区大翻勺的始作俑者，是上世纪 20 年代在沈阳公纪饭店主灶的山东名厨张文学。后来被我的师父王甫亭继承下来。《中国烹饪》杂志创刊号上，郭希廉老师曾撰《扒菜大王王老七》一文（我师父排行第七），可知他做的扒菜在东北厨业中是被公认的。我 15 岁（1961 年）就跟他学徒，至 1978 年出国司厨后才算出徒。因而对他做的扒菜较为熟知且有体验。扒三白的选 料原为鲍鱼、鸡脯和芦笋。起先师父也这样做，但因鲍鱼成本高，只能适用于筵席，一般顾客很少问津。师父就换成了白菜嫩头、猪大肠和罐头芦笋。这样就大众化了，顾客散点时也便于享用。别看原料降格，制做却精益求精，深受顾客欢迎。具体制法是这样的：

白菜嫩头顺长切成两爿，用一爿，再切去菜叶、除去菜心，经水焯、投凉、沥水后净重约 400 克；遂铺开，顺长切成筷头粗的长条（仍与嫩菜头连着），修饰整齐，码在圆盘中间（约 21 厘米长）。猪熟大肠选最粗的一段（300 克），斜刀切成马蹄片（约 0.5 厘米厚），再错开显出均匀的刀口，按原形码在白菜条的一侧（长度与其相等）。芦笋剥皮（净重 300 克），横着排好，两端修齐，码在白菜条的另一侧。这样，总体呈方形，中间略凸，是为菜面。然后，用一相同的圆盘，盘面朝下压到菜面上，再翻转过来，使菜底朝上翻转到另一盘中。

扒勺（勺口较大，底部较为宽平的带柄勺）置火上烧热，用少量净油晃满勺，倒出，再添底油（净猪油 30 克），以温火用葱段、姜片炝勺，遂添奶汤（350 克）、精盐（2 克）、绍酒（50 克），使炝料在微沸的奶汤中略煨片刻，取出。然后，将码摆好的菜料要保持原形不变地平推入勺内（菜面朝下），旺火烧沸后，转小火煨透入味（约3分钟），再调入味精。俟勺中汤汁被火力和菜体吸收一半，再转旺火用凉奶汤调和淀粉的"汤淀粉"勾芡。这时，师父的勺功就显豁出来了。只见他左手握勺柄，使勺底担在灶口的后沿上，徐徐向右晃动；右手执手勺，手勺中的汤淀粉往勺中徐徐注入，如一根细长的白线在流动，均匀、不断，又不变。注入的落点先是菜体的周边，这能使勺底的菜面不会散乱而定形；然后渐向内里和中间注入，使菜体的芡汁被渗透得十分融洽。芡又不能勾稠，那会吃口发腻；也不能勾稀，那会菜不抱芡，容易散乱。要不紧不澥，还得有宽余。勾好芡后，用鸡油（约40克）从勺边一圈均匀地淋入，同时轻轻晃勺，使鸡油渗透到菜体中，也使勺底增加润滑度，并借助勺下旺火的火力依托，这就该大翻勺了。

这时，师父将左臂从容地向前上方一伸、一纵，勺即离火在升扬中呈倾斜状；随即，他执勺柄的手腕往回一弯，那软沓沓的一大片菜体便脱勺而出，在他的头上方翻转后，便朝向他的身后降落下去；与此同时，他的左臂跟着回转，侧身执空勺在背后将菜体轻巧稳当地接回勺中。又趁着勺底的热度和润滑惯力，对准圆盘的一侧（保持适当的高度和斜度），手腕往回一抖，勺即向后猛然一撤，菜体便齐刷刷地扒卧盘中，盘边无一油星或芡滴。菜面切码时啥样，成菜时还是啥样。芡汁像玻璃罩扣在上面，菜面的整齐划一的刀口清晰可见。味感上白菜透味清口，猪肠腴香滑嫩，芦笋鲜美糯软。

可惜，这类大翻勺技巧中的扒菜，如今却越来越少了。这是烹饪在进化呢，还是我们渐离了传统？

“涮”字的前世今生

“涮”字，初见陈彭年、邱雍等人根据《切韵》增订而成的《大宋重修广韵》中。此书成于北宋真宗（赵恒）在位的大中祥符四年（公元1011年）。《广韵》对《切韵》的增订以增字加注为主，是研究汉语史的重要资料。其中对新增的“涮”字解注为：“涮，洗也。”

“涮”字易释：左边是三滴水，示水；右边是“刷”。“刷”即刷洗；也通梳理，如李白《黄山胡公求白鹇》诗：“照影玉潭里，刷毛琪树间。”这意境很美：树上的白鹇在梳理羽毛，身影却倒映在澄澈的潭水中；“刷”又通查究，旧时官吏查看文书叫“刷卷”。但“涮”字里的“刷”是离不开水的，可解释为什物需洁净时在水中摆荡洗涤。

“涮”字虽是初见于北宋，但并不等于是始造于北宋。从来都是事为先、字为后的，推测此字，约在唐以后就在民间有所传播。俟它有了一定的应用气场，便被文字学家注重，遂被录之于经籍之中。不过，那时候还无人将“涮”字认为是表达一种烹饪的方法。

其实，古人虽不认涮为俎，但“涮”字所涵蕴的这种食俎法却早已存在。我想，自先人们发明了火具和盐，懂得了食材的老、嫩特征，就已为涮法创造了可行的条件，就有了产生涮食的具体环境。这种食俎法在如今的学人们以文字考稽涮法的起源时，无文字之前的涮法早已先端存在了。可能地说，涮法在商以前就有。那时期，烹饪逼仄于烤、煮之间，由煮法派生出涮法，就较为易行。涮法的初级形式很简单，就如菠菜蘸酱，菠菜放入沸水中一滚即出，然后蘸酱吃。“成汤作醢”之前，咸调料只有盐。先人将蔬食或河虾河蚌、鸟蛋野菌等小型的东西，放入沸水里至熟，取出来蘸盐吃，是想象得到的事情。

周以后，文字渐丰，原本只能意会的食俎方法便陆续有了文字上的表达。先得说说涮法之母的煮法，它是以文字表达最多的烹饪方法，这反映煮法被应用的广泛性。如“宰夫胹熊蹯不熟”（《左传·宣公二年》）的“胹”（ér），“䰼鹑敶只”（《楚辞·大招》）中的“䰼”（qián），“三献爓，一献孰”（《礼·礼器》）中的“爓”（yàn），以及后来的“燅”（xún，又读qiàn）、“袰”、“瀹”（yuè）、“脯”、“脭”（zhēng）、“腤”（ān）等，表达的都是煮法。胹熊掌，时间需长些；䰼鹌鹑，时间略短；爓是将肉煮至半熟；燅与䰼意趋同；袰是“微火温肉，所谓袰也”（段注《说文》）；瀹、脯指煮肉；脭、腤指杂煮或加入盐豉姜葱同鱼或肉合煮。先秦至汉，大致地说，用汤或水饪熟食物的方法，统有煮意之寓，包括制羹和涮法。涮法是入清后才明确的。汉以前尽管有涮法的方式，但仍是被习惯为煮的范畴，即是将鲜嫩的原料快速的煮熟。

先秦至西汉时期，有“染食”一说。何谓“染食”？东汉高诱注《吕氏春秋·当务》：“染，豉酱也。”即指食物调料，意为熟后的食物沾染豉酱而食。对此，有学人就指出当时的染杯、染炉是小火锅一类的东西，因而结论出染食法是涮食法的旁系祖先。但问题是，染杯若解释为盛调料的小型器皿，可能有道理；染炉若是小火锅，就差强人意了。

陶制火盆架

炉与小火锅是两个概念。我倒以为，染炉是染色用的专物，染杯是染炉的配套用具，可能是盛“种子色”的。染食与染杯、染炉没有关系。因为：一、染食可以助味，染炉有什么效果呢？莫非要将调味料染到炉中不成？这只能解释为染炉中盛有调味品或味汤。如是这样，从食俎的角度而言，染炉的称谓就不符常规。二、涮法的特征是将鲜嫩的原料放入沸汤（或沸水）中滚熟即出，遂蘸调味料食之。可见，染食法是肴馔烹饪后的食用方法，不算烹饪方法。而且，染食法的应用不仅用于涮，许多烹饪方法制成的肴馔也都存在染食的食用方法。如周代“八珍”中的炮小猪、炮母羊羔，食时需蘸肉酱、醋等调食；再有《楚辞·招魂》说的“胹鳖炮羔，有柘浆些”（指煮甲鱼、炙羊羔需配调味料佐食）等。即使如今，染食法的应用也极普遍，如烤乳猪、烤鸭、吃醉虾、大闸蟹，还有众多的炸馔、煎馔、卤水冷荤等，例子颇多。三、那时期的染料业是新兴产业。原因是先秦以前，用染料染的衣服只有皇帝和官员们穿，平民不准用之。自先秦及后，平民也可以穿，所以染料业的生产和经营很为兴盛。据司马迁《货殖列传》记，当时已经大量生产栀（蓝色）、茜（红色）、姜（黄色）、韭（绿色）等植物染料，红、黄、蓝是基本色，可以配出其他各种颜色，皇室朝服也由纁（淡红）、玄（黑）改为大黄、大红。相较而言，染食法只是“吃”中一个细节，染杯、染炉不会只为这个细节而得名。

到了三国魏时，自有“煠”（炸）字出现（张揖《广雅》载），可说向涮法靠近了些。至清以前，炸法多指切成细小状或小型的原料放入滚沸的味汤（称水母）中，饪熟而食。这与涮法有相近之处。但炸法是用味汤，食物被饪时会入味，故不必非得蘸调料而食，这又与涮法不同。所以，若从清以前有文字记载的烹饪方法中找到涮法，即使是义同字异的，也不可能。因为宋以前，人们尚无涮法的观念，涮法是被各种煮义字所融合；宋后，当“涮”字出现，人们只是认它为漂洗什物，未与烹饪挂钩。囿于这两种情形，涮法就无从在经籍中找到定义。涮法如有前身，只能是煮法的派生。而且，它又是在文字未曾记载到的地方被默默使用着。

我认为，涮法的确立是在清时的北京地区，并与康乾嘉时期清宫举办六次规模盛大的“千叟宴”相关。这六次“千叟宴”的时间是：康熙五十二年三月壬寅（康熙六旬寿辰日）、过三日续宴、康熙六十一年正月初二日、康熙六十一年正月初五日、乾隆五十年（春正月）逢国大庆日、嘉庆元年嘉庆登基日。每次赴宴者为3500余人至5000余人不等（参见吴振棫《养吉斋丛录·卷十四》）。宴中，每桌固定要设火锅两个，配有羊肉片、猪肉片、鹿肉、狍肉等，是为主馔（参见吴正格《满族食俗与清宫御膳史·下卷·千叟宴》）。可以说，“千叟宴”就是火锅宴。这六次“千叟宴”，是在清朝兴盛时期举办，起到亲民敬老的作用。因而，宫廷的火锅之馔对京都的餐饮市场则构成了传播和染化效果。以至乾隆六十年时，安徽桐城有位叫杨米人的，撰有《都门竹枝词》一书，以诗词形式描述了乾隆末年京都民间的风俗习尚。其中一首写道：

锡暖锅儿三百三，高汤添满好加餐。
馆中叫个描金盒，不比人家请客难。

“锡暖锅”即火锅，内以铜制，外为锡面，故称锡暖锅。“锡暖锅儿三百三”，是引用乾隆举办“千叟宴”，用了数百个火锅的原意。“描金盒”又称葵花盒，圆形，内分数格，可分装涮食，是“千叟宴”中的传菜用具。可见，那时京都的餐饮市场，因受“千叟宴”影响，经营火锅之馔已很流行。这里，还有一个重要原因是，乾隆倡导“宫民同食”，以洵盛世气象。所以，那时期御茶膳房的一些名馔，在酒楼饭庄中都有流布。对此，《都门竹枝词》中有所反映。正是这种背景和情势，“千叟宴”中的火锅之馔，就在趋附皇食的京兆心态作用下，遂于民间发轫成一种显著的食象，为后来“涮羊肉”这一名食奠定了前基。

清末，以羊肉为主料的火锅之馔开始在京都餐饮市场上走俏。咸丰四年（1854），前门外肉市的正阳楼开业，是回民馆经营涮羊肉的首创者。因切肉者切出的羊肉片，“片薄如纸，无一不完整”，很快就誉满京都。1912年，原皇家养马场的主管太监魏延，资助干儿子丁德山（字子清）盖了三间大瓦房，起店号为“东来顺羊肉馆”。丁德山不惜重金将正阳楼的切肉师傅聘请过来，专营涮羊肉。丁德山对用羊产地、用肉部位、切肉手法等还作出规范。所用之羊，是产自内蒙古锡林郭勒盟的东乌珠穆沁旗、西乌珠穆沁旗的白身黑头羯羊，并特定为一岁至一岁半被阉割的公羊。所用之肉，只限于上脑、黄瓜条、磨裆、大小三岔五个部位，占净肉的35%～40%。上述部位皆为细嫩、色艳的肉。羊来自非疫区，宰前检疫宰后检验，由有资格的阿訇主刀屠宰，按着伊斯兰的食用标准加工。致于切法，丁德山规定切出的羊肉片，铺在青花瓷盘里，透过肉必须能看到盘上的花纹。他并对蘸调料也进行了革命性勾兑：以芝麻酱、酱油为主味，以腐乳、韭菜花为助味，以卤虾油、南绍、辣椒油为辅味，合成了咸、香、鲜、辣、糟卤的独特风味。据老作家刘中秋撰文回忆，上世纪三四十年代，常有一位老师傅立于东来顺门外，操刀切肉。桃李无言，下自成蹊。过往行人看那切得薄如纸片、鲜嫩无比的羊肉，谁人不想一涮为快？以致，“东来顺羊肉馆”便成为普通大众的美食胜地，达官缙绅、富贾墨客也时来一涮，东来顺由此蜚声京城，后更名为“东来顺饭庄”。如今，这座址在新东安五楼的著名饭庄，已在国内建立近百家连锁店，在美国等60余个国家完成商标注册。

所以，我又想，那个不被人注意又很少被人使用的“涮”字，早已从《广韵》里蹦出来，融入东来顺的火锅里，显示出一涮皇城暖的炽热活力，并成为家喻户晓的文字明星。尔后，京人又将“涮”字从涮羊肉的鲜汤中提炼出来，演绎成独具风味的北京方言：他大爷的，出了澡堂子奔茶馆儿，里外都挨涮；好傢伙，您是拿我开涮呐；呦，您这不是涮登人么……

由“涮”字衍生的涮食法，如今已形成了广泛的共识，即：用器为火锅（又谓涮锅），锅内盛装带有香料和滋补料的鲜汤，汤沸，将切成薄片的各种肉料或鲜蔬或加工成小型的荤素原料，放入涮熟，取出来，蘸以麻酱等味料进食。这种涮食法优点居多。从经营角度说，可不必高薪聘请大厨，节约了成本；原料经加工或洗涤，转手就出利润；而且，能提前备妥，供应快捷，没有熘炒烹炸的诸多繁琐。从消费者角度说，原料一涮而食，可以较多地纳取营养成分，食之又清爽不腻，鲜嫩适口，还易于消化；且能随心所欲，想吃嘛涮嘛，蘸料可以任意调配，自由方便；摆到桌上热热闹闹，很有气氛；餐后埋单，价格又不贵。所以，专营火锅店在大江南北，四域八方，越开越多。可见，用好一个“涮”字，能支撑起一片涮食世界。而这个世界的模式，却是由一个曾给各炕厂送黄土为生，后来挂个“东来顺粥摊”幌子，卖玉米面贴饼子和小米粥的丁德山先生创立的。

真应该将“涮”字肃写描金，敬赠给丁老前辈。因为他守护了“涮”字的前世，开拓了“涮”字的今生，激发出“涮”字的经济和文化意义。一个人为“涮”字而奋斗，仅这一点，他的人生就颇有价值。

四

字中食材

“鱼”字与鱼

自有文字伊始，“鱼”字即忝其列。甲骨文之“鱼”写为“”，鳍、鳞略约不缺；金文写为“”，更透剔，眼与张嘴之状都有描摹；小篆写为“”，亦能看出鱼的形态；楷书写鱼，鱼尾成四点儿；现在又将四点儿精简为一横，使“鱼”字现代化了。

甲骨文

金文

篆文

“鱼”字虽为人所造，鱼却为人先；水中有鱼时，人还是爬树的猿。

上古，“天下多水”（《尸子》语），洪水漫漶，涨潮泻浪，屡屡犯陆。鱼被裹挟，懵懂蹦岸。人受其灾，乃视鱼为侵略者，俘鱼而生啖。那样年代，这是一种可能。

自人懂得取火，鱼便被炙烤；鱼之美味，便诱使人兹生了捕鱼的动机。于是，有一个人就于水畔窥探，徒手逮鱼；鱼以鳍刺其掌，唧溜挣脱。这人痛而目眦，眙鱼扬长而去，忿忿然。之后，他又手持树棍候之。原始鱼毫无警觉，竟摇头摆尾，傻乎乎迎游而来。这人一棍击去，鱼即昏死，遂捞而获之。但是，这种棍击法因受囿于水的浮力，成率不高。再后，这人就发现有鱼被落在水中的缠结树藤羁绊而不得游，即有所悟，遂动起祖宗们留下的“结绳之政”的念头。于是，他用树的细藤或植物物的粗纤编织成网，一端系于扎固溪畔的树棍上，将另端拎在手里，横过溪流，撒网潜于水下，兜而候之。有鱼游到网中，即提网而获——这虽说是想象，但以那时人已能编织遮身裙裾的智慧，这样的捕鱼行为该不算虚拟。不然，渔网何以能得成于初端？这个人是准？史官们说是伏羲氏，说他能“结网罟以教（民）佃鱼”。

夏后氏前，鱼集雷泽（今山西永济南）。虞舜忧之，恐为水患。乃令火攻独木，剜以空心为舟。乃率民携以网绳，登舟于雷水征鱼。此为史前一场人侵水国之战。人聚喤呷，涛惊浪惶；撒网剿机，鳞族抗舟。孰胜熟负？人方《史记·货殖列传》记：“舜渔于雷泽。”想见征鱼告捷。然鱼方若有白皮书，亦会记：翻舟落水而葬于鱼腹者，不计其数。

史后，人渐知鱼。乃思其浮而造船；思其鳍而造橹；思其形而造鱼笺、造鱼符、造鱼鼓、造鱼钥；思其义而造地物域名、造姓氏、造渔具；思其鳞而造铠甲、造鱼轩（贵妇车）；思其皮而造鱼鞘、造鱼服（箭袋）；思其肠而造鱼剑；思其尾而造划行器、造书标（）；思其美吉而造年画……近代，鱼雷艇、鱼雷、飞机，乃至鱼胶、鱼油、鱼肝油、鱼精蛋白……亦皆有鱼之踪影、鱼之功能。

然而，鱼的本质效用是供人的美食。鱼肉自不消说，还有鲨翅、鳐唇、鳖肚、鲑籽、鲟筋、鳇骨，并称六大珍馐；“无鱼不成席”也成千古流传的谚语；“年年有鱼（余）”又成为每位国人饮吉食祥的象征性符号。

人将鱼尽悉而用，受获巨矣。鱼肋人创造了灿烂的物质文化。

鱼助人在精神疆域创造的文化，也得从“鱼”字说起。晋人葛洪《抱朴子·遐览》记：“谚云：‘书三写，鱼成鲁，虚成虎。’”意指文字因形而易笔误。可见，古人造字一多，为避免类似而非、类非而是，亦以“鱼”字当头，为是非之经。对此，春秋人子夏说是“此圣人之所慎也”（《吕氏春秋·察传》语）。子夏说的圣人，指他的老师孔子。其实，“莫将鱼字误书鲁”的是非观，不囿作学之道。常人求业，处世待事，举止作为，又何不需必慎其独、律鱼戒鲁呢。

至于由“鱼”字衍生的成语典故，更是不胜枚举。候有规矩、行有秩序，我们说“鱼贯而入”；各种人置居一处，优劣难辨，我们说“鱼龙混杂”；某地富庶，水产丰饶，稻植兴勃，我们说“鱼米之乡”；世道昏乱，各色人物都登台表演，我们说“鱼龙曼衍”；以假货冒充真品，我们说“鱼目混珠”；将老百姓当成鱼肉宰割，我们说“鱼肉百姓”；封建专权者行将灭亡，我们说“鱼游釜中”；比喻人的关系密不可分，我们说“鱼水之情”；形容美女的花容月貌，我们说“沉鱼落雁”……

走笔至此，我就想，人何以处处学效于鱼？并以“鱼”字寄情论事？是不是在于鱼的神奇和特异、人远莫及？

鱼神奇吗？神奇。多年前，我陪星州作家、餐饮业大亨周颖南君游览了辽宁本溪谢家崴子古水洞。导游员说，鱼无水不活，无睛却无碍。水洞未开发前，曾黑暗千年万载，水中之鱼竟无睛！鱼生于漆黑，活于漆黑，至死不见光明，有睛作甚？无用嘛。俟水洞修为胜景，灯火亮耀，船舷相摩，鱼的生态环境随声光人气所变，鱼便附势随时，长出青眸！周君与我听之，愕然不禁。鱼这种符境之能，识遇而变，似同科幻，却也引人思忖，颇耐寻味。

鱼特异吗？特异。譬如鲫生河湖，河湖舒缓，鲫悠游之，骨骼无需坚硬，亦不必剧烈运动；稍有支撑，便能生存，故身宽体肥，刺细肉嫩。譬如鲳生海洋，海洋涛猛浪急，流逆涡旋，若无坚硬骨骼，无击水能力，存活难矣，故头尖颈短，体狭背扁，适宜游弋。这是生命的两种模式。人若思其特异，择其向往，为鲫者乎？为鲳者乎？

所以，别看鱼仍披原始鳞衣，只识游水，遇网又不知避，但是，鱼世世代代忠于水，守于本，那么纯洁，那么自然随境，一身却都是实实在在的功能和安安分分的本事。人的许多智慧，都是鱼给的；人的许多文化，也是吸纳鱼的特征。而且，鱼还甘愿游候，唯待人用，最终将自己的腴美奉献为人的营养。比勘之下，人却对鱼钓饵以诱，网而以谋，仿其以享，食其以乐。不仅没有像国外食品科技人员那样，每年都要举行隆重的仪式来祭奠那些“为人类献身”的动物，如解剖金枪鱼前，手术者躬着腰说“对不起了”的那份虔诚和无奈的“悼词”，还要反唇相讥，说鱼的智商不如猫狗。

剖析“鱼”字，浓鲜扑鼻。嗅到的却是百味人生。人海之中的我们也如鱼。当我们浸沉在体验贤能最深的地方，会悟觉到鱼的忠正正是我们所缺少的营养，鱼的特长也正是我们在后天中需要变通的智慧。在自然规则面前，复杂的我们和简净的鱼形成鲜明的对照，贤之任者是鱼而不是我们。

“鱼，我所欲也”。欲念之前，我们是不是先要恭敬地重识“鱼”字和祭拜于鱼呢？

羊年唠“羊”

“羊”字，甲骨文写作“Ұ”，金文、小篆写的也大同小异。这个象形字描绘的是一只羊头的正视图：上端是两只弯曲的羊角，中间一竖是羊脸的线条化，向上斜的两笔是羊的耳朵，一竖末端是羊嘴。

其实，“羊”字的出现比甲骨文还要原始得多。民国二十一年（1932），甘肃辛店出土了第一批有汉字图像的陶片，上面有禾、羊、鱼的象形文字。考古学家鉴定，这是甲骨文前身的象形文字。那时，正是新石器时代后期的“仰韶文化”时期。陶片中的禾、羊、鱼，反映了上古时期的农耕、狩猎和网罟，是中国文明起源的三种主要标识：种禾是为吃饭，猎羊捕鱼是为吃菜。因而，说中 国文明发端于饮食，并不为过。

羊是最先进入人类历史的动物之一，它的奶、肉、骨、角、皮对先人的生产、生活都大有用处，因而得羊、养羊和以羊祭祀都被认作是利好的事情。自周代，羊与豕、牛被合称为“太牢”，羊与豕则合称“少牢”。《礼记·王制》：“天子社稷皆太牢，诸侯社稷皆少牢。”以至就出现了“吉羊”这个词儿，铜器铭文上也习见“吉羊”字样。后来，“羊”字的左边又添上了义符“示”，成了形声字“祥”。所以，许慎在《说文·羊部》里释

"羊"为"祥也"。"吉羊"就等于"吉祥"，羊、祥二字后被通用。

在崇尚羊的先秦时期，"羊"字又薮出羊氏一族。此氏族后来贤彦辈出，如羊角哀、羊仲、羊续、羊瓘之、羊祜、羊忱、羊欣……他们的善举懿行并成为文化掌故。如"羊左"：即战国人羊角哀和左伯桃的合称。两人为挚友，闻楚王招贤，同赴楚。不料途中遭遇大风雪，粮少衣薄，势难俱生，伯桃就将衣食留给角哀，自入空树中死。角哀至楚，为上卿，乃启树以厚礼葬伯桃。后世则称生死之交为"羊左"。如"羊廉"：指东汉南阳太守羊续。此公一向敝衣薄食，"车马羸败"。有个府丞献鱼要巴结他，羊续却不食而悬于宅庭。府丞后又献之，羊续便出前所悬者以杜其意。后世人则称清官为"羊廉"。如"羊碑"：指羊续之孙羊祜，为晋时襄阳节度使，在任十年颇有政绩。他逝后，当地吏民为其建庙立碑，名"羊碑"。后世人则用"羊碑"作为称颂好官的贯语。如"羊何"：即南朝宋人羊瓘之、何长瑜的合称。这两人与名士谢灵运、荀雍结为好友，时常文会酌聚或相携旅游。时人慕之，赞为"四友"。后世人则称情投志合者为"羊何"……所以就想，从发生学角度来说，姓氏不会无缘无故地产生。这些掌故的渊薮应该都与羊有关联。羊是何种动物？《公羊传·庄二四年》记："羔取其执之不鸣，杀之不号，乳必跪而受之，频死义和祀者也。"羊的这种本性，或许是构成羊氏贤彦们对操守姓氏的某种传脉，令人感慨他们自有一种真善美的情怀。

正因为羊在古代社会被崇尚，故而又被赋予许多象征性意义。羊的形象特征、用途也就顺衍并积淀出深厚的文化和人文习俗。这例子甚多。如羊脑笺，清人沈初《西清笔记》（卷二）记："此笺为明宣德间始造，用羊脑和顶烟墨窖藏，经一定时间取出涂于磁青纸上，砑光成盏，墨如漆，制以写金，历久不坏，虫不成蚀。"若无对羊的深刻感知，岂有如此独特的发明。又如羊毫，是古代应用最广的毛笔，它记录出中国的文字、书法和绘画。还有羊城（广州别称）、羊卜（古代西戎族用羊骨或生羊占卜凶吉的一种卜法)、羊角(曲而上升的旋风)、羊肠(阪名或崎岖曲折的小径)等等。奇异的又有羊踯躅，是一种落叶小灌木，花有毒。《政和证类本草》卷六记："羊踯躅，花黄，羊食之则死，羊见之则踯躅分散。"可见，此灌木是以羊的徘徊惧进貌而得名……然而，羊对国人来讲，主要还是食用。因此，以羊所形成的核心文化表征当属食俎文化。

关于食羊，《说文·羊部》释："羊在六畜主给膳也。"古人谓六畜为羊、牛、马、豕、鸡、犬。羊为"主给膳"，可见其食用价值和品位在六畜之首。反映在文字上，"羊"自然成为首部字，并顺衍出许多以"羊"为意符的字。如羒(fén)：白色公羊；羖(gǔ)：黑色公羊；羝(dī)：公羊；羭(yǔ)：母羊；羱(yuán)：北山羊；羚：分原羚、膨喉羚、藏羚、斑羚等繁多种类；羠(dì)、羯(jié)：去势的公羊；羜(zhu)：出生五个月的小羊；羍(zhào)：羊未满一岁之称；羁(jì)：切割羊羔；羓(bà)：羊肉干；羶：今写作膻，指羊的特味。还有"群"字，也从羊。《小雅·无羊》："谁谓尔无羊，三百为群。"可见，"群"字在当初也是因为"羊性好群"的本义而造出的。就是"恙"字，指疾病，即所谓"安然无恙"，连人无病有病，都从"羊"字中取义。

羊为"主给膳"，还能从如下诸字中得到鉴证。"羊"意符为"养"：顾野王《玉篇》秋"养"为"具珍羞以供养尊者也"，这里的羞同馐，指美味的食物。"羊"意符为"善"：善通膳，《庄子·至乐》："具大牢以为善"大牢是关牲畜的栏圈。这里的"善"即当"膳"用。"羊"意符为"羡"：羡原写为"羨"(多一水)，从次从羊，《说文·次部》释"次"为"慕欲口液也"，后概用涎，即垂涎羊肉之意。羡也是声符，简化作羡。"羊"意符为"美"，《说文·羊部》释"美"为"甘也，美与善同义。臣铉等曰：'羊大则美，故从大。'")。这是说，美义为味道鲜，美从羊从大，大羊味道就鲜美，所以字形从大了。可见，"美"字在当初也是以大羊的好味道为本义的。以上字例，反映出先人向往和追求饮祥食瑞的观念意识，也折射出那种时代人们的社会心态和审美情趣。

而且，先人在长期的食羊体验中，还约定俗成出许多“羊式成语”。如“羊胛熟”：羊胛为羊的肩骨处，易熟。宋人欧阳修《欧阳文忠公集》卷七：“尔来不觉三十年，岁月才如熟羊胛。”即喻时间短促。“羊踏菜园”：此成语出自隋人侯白《启颜录》：“有人常食菜蔬，忽食羊，梦五藏神曰：‘羊踏破菜园。’”后以此嘲得美食而致腹疾。“羊质虎皮”：出自汉人杨雄《法言·吾子》：“羊质虎皮，见草而说，见豺而战，忘其皮之虎矣。”即喻虚有其表。“羊毛尘”：出自佛书《俱舍论·分别四品》：“积七兔毛尘，为一羊毛尘量。”即喻微小……

至于羊馔，笔者曾查自春秋至清的历代相关古籍和食书，竟归纳约三百款羊馔；若有暇作疏证、析释和钩沉复制，足可编撰一部《中国羊馔史纲》。其中多有奇巧出彩者可为今所借鉴。如唐代《卢氏杂说》记“浑羊殁忽”：将鸡肉和糯米酿入鹅腹中，再将鹅酿入羊腹中，缝合烤成。这与阿拉伯“贝都因”人的烤全驼类似：将熟鸡蛋酿入鱼腹中，将鱼酿入鸡腹中，将鸡酿入羊腹中，再将羊酿入驼腹中，烤之而成。如唐代苏鹗《杜阳杂编》记“灵消炙”：“仅取一羊极精之肉四两，细脔成粒，腌味炸干，加调料稍煨而成，虽经暑毒，终不臭败。”是为唐懿宗赐予同昌公主之食。如宋代陶谷《清异录》引唐人韦巨源《食帐》记“红羊枝杖”：枝杖即羊蹄，似红煨之；古人视国乱为“红羊劫”，唐人殷尧藩诗《李节度平虏》：“太平从此销兵甲，记取红羊换劫年。”此馔之“红羊”，事关此意。如宋代陈元靓《事林广记》记“假羊眼羹”：“取螺肉头数枚，拌合绿豆稀粉灌羊肠中，煮熟冷却，薄切作羹，俨然羊眼无辨也。”如元代无名氏《居家必用事类全集》记女真食品“蒸羊眉突”（满语眉突为块）：羊肉脔块，腌味后盘合泥封，烘炙而成（注：蒸实为烤）……如此种种，制法繁多。

尤其要提到全羊席。金代女真族享重客有全羊之俗，当为此席的发端。前清，满人食全羊之风更甚，席间不设杂肴，惟羊是需，兼篮并进

(《奉天通志·礼俗三》)。清入关，此席进入宫廷，遂成皇家婚庆大筵。康乾间，清廷对回部实行绥靖政策，以全羊之宴酬酢金川回部首领。由此，此席逐渐传播民间，并经汉、回厨师和文人食士的改进，成为仅次于满汉全席的清代第二名宴。对此，袁枚在《随园食单》中记“全羊法有七十二种”，认为此席是“屠龙之技，家厨难学”。何以如此？其因有三。一是洋洋馔名中竟无一个“羊”字，全都寓意在智巧而曼妙的比喻之中：羊眼制馔曰“明开夜合”，寓羊昼动目睁、夜息睛闭之意。羊鼻梁骨两侧之肉制馔曰“望峰坡”，羊鼻突兀喻“峰”，“峰”下之肉自然是“坡”了……二是选料极为精细，远非一只整羊分档取之。如羊耳分尖、中、根三部分，质感有别，得分而制之。耳根就那么指甲大小，饪后紧缩，只有榆钱大了，若用尺盘盛装，算算那得用多少羊的耳根方能撑起？以羊鼻头制馔，择其鼻肉完好无缺者，鼻孔因噏动不息，肉是活肉，柔韧嫩脆，非三十羊而不得一馔也……三是进席程序起头顶始，迄羊尾止，有循章扣法之功：脑宜烩，蹄宜酱，腰宜爆，肚宜涮，肝宜卤，肋宜炖，腿宜烤……可说每馔一法，各得其所。

时今看来，全羊席已不实用。一桌摆上72道羊馔，哪位消费者肯去吃呢？然而，其曾渗透着各民族的饮食传统和烹饪技巧，也凝结着先人食羊的文化考量。因而，也应该像其他传统文化事类一样，从中汲取有益的遗产价值，传承其合理内核，在保持实用的基本上又能求变履新，研制出以各类荤素食材与羊搭配且是一席食毕的“全羊席精华宴”，应该是可行的。

羊年唠“羊”，意在找回被淡漠或遗失的历史感觉。因为时今，羊文化已经离我们越来越远。

“猪”字琐记

篆文

猪，古名豕（shǐ）。甲骨文写作“[illegible]”，是个肚子挺大、垂着尾巴的猪。金文里写作“[illegible]”，上面是猪脑袋，下侧耷拉着两只大耳朵，再往下是凸起的肚子，前后是腿和尾巴。小篆里就写成“豕”了，《说文解字》里释：“豕，大彘也。”彘（zhì），古代指大猪，原是一种凶猛的动物。

由此又想到“毅”字，是“立”、“豕”、“殳”三字组成，殳（shū）是刺击用的兵器，从“毅”字中看，是人拿着这种兵器要猎杀大猪时，“立”、“豕”是表示大猪并不畏惧，而是刚鬃竖立，奋而迎战。《左传·庄公八年》里有个故事，或许与“毅”字的由来有关：齐侯到姑棼（fén）去游猎，在土丘处看到一只大猪。齐侯的随侍说，这是齐侯的仇人——公子彭生。齐侯恼怒地说，彭生敢见我，遂操起弓箭要射。大猪竟像人那样立起咆哮。齐侯胆惧，掉在车下，摔伤了脚骨。这能想象到，当初造“毅”字时，可能是从人、猪搏斗的场面中会意的。

蛮悍的大猪被驯养成家猪的起源问题，长期以来众说纷云。生物进化学鼻祖查理·达尔文的见解想来可信，他指出：“一位卓越的中国学者相信这个国家（中国）饲养猪的时期从现在起至少应当追溯有4900年以前。”他并认为猪的饲养起源地不是印度，“因为野生原种并不产生在印度，而是这个类群的最知名品种是暹罗（泰国）和中国输出的”（《动植物在家养下的变异》）。达尔文说的4900年以前，今计应在5000多年以前，那时候弓箭的使用已较普遍，坚硬的箭镞带着人类机械储存力量的知识积累，已能有效地射杀大猪。然后，必然是先吃死的，后吃受伤的，最后才轮到活的，而把小的饲养起来。家猪的饲养也正是在这样漫长的狩猎活动中逐渐形成的。

我们的祖先来自西北地区，应该吃惯牛羊肉的，徙迁到黄河流域后，由于地理环境的改变，牛、羊少了，猪却多了，于是就与猪长期地斗智斗勇，积累了捕猎和饲养经验。猪不需要牧场，搭个窝舍就行；猪还嘴壮，什么东西都是它的佳肴，人把残余杂物撒给它，它就满足了，就服贴老实了。猪习惯了嗟来之食，又没有运动空间，只能吃饱了就睡，因而被养得膘肥肉厚，宰了或炙或煮，那是带有野味的纯种笨猪肉，比其他兽肉要香。祖先们正是摸准了猪的这些特征，就把它认作最佳的饲养对象。

在古人看来，光有栖身之处还不算真正有家。有猪的家，才能体现生活安定、家境富足。因而，养猪的多少作为财富的象征就成为人们的共识。造字者也就趋附这种理念，创造了“家”字：家中上部的“宝字盖”为房屋，里面的“豕”即猪。你看，猪的能量该有多大，它竟成为国人“我想有个家”的历史依据。

以猪喻家的世俗应该在夏代就已作俑。殷承于夏，所以甲骨文中就有了“家”字，写作“[illegible]”，此为“家”字的始字。金文中的“家”写作“[illegible]”，是承袭甲骨文的形体而来。许慎在《说文解字》里用的是小篆体，写作“[illegible]”，释为：“家，居也，从宀，豭省声。”这是说，“宀”为居屋，下面本为“豭”（jiā），豭是牡猪即公猪，但造字者为了省事，就将“豭”字删去“叚”，成为“豕”。可是，删去“叚”也不是“豕”，而是“豸”（zhì）。豸是无足的昆虫，“有足谓之虫，无足谓之豸”（《尔雅》释“虫”）。蚯蚓之类即属豸。但这也不宜认作是许慎的“千虑而一失”，字圣岂能豕、豸不分？或许也为了省略。需要看重的是他对“宀”、“豕”为“家”的诠释。

正因为“家”字的本义是家庭，家庭的标志是养猪，因而我国自进入文字社会，养猪就承袭夏世，演绎成民间风俗，并成为农家世代相沿的最普通的副业，也使猪肉成为最大众化的肉食。猪肉吃了五千年，自然就吃出一门学问。

在古代，猪为“六畜”（羊、牛、猪、犬、鸡、马）之一，虽列于牛、羊之后，但食用最广。古籍中说：梁州（华山、华阳之南）称猪为豣（jiān），豫州称猪为彘，吴楚称猪为豨（xī），渔阳（京、津附近）以大猪为豝（bā），齐徐以小猪为豘（tūn）。“猪天下畜之，而各有不同。生青兖（山东境内）、徐淮者耳大，生燕冀（河北）者皮厚，生梁雍（陕、晋、甘、宁交境处）者足短，生辽东者头白，生江南者耳小，生岭南者白而极肥。猪孕四月而生，在畜属水（水为“五行”之一），在卦属坎（坎为八卦之一“☵”），在禽应属星（二十八宿天区之称）。若以食用效果排列，是野猪第一，乳猪第二，公猪第三，母猪最末。选猪一看眼二看毛，猪眼昏黄迷暗，肉里该生白米虫了；毛不纯黑而失泽，毛端无密而卷结，不是老猪就是病猪。可见，古人对猪早有研究。

《礼记·王制》里说：“诸侯无故不杀牛，大夫无故不杀羊，士无故不杀犬豕，庶人无故不食珍，庶羞（馐）不逾牲。”这表明在周代，牛、羊的等级比猪高。猪肉是士庶的食物，他们循习“食不逾生”，平日里也不常食猪肉的。杀猪为过年之举，称作“岁猪”（又谓“宰年猪”），九州农村乃至城里的殷实人家全都这样。清人顾禄撰《清嘉录》，卷十二里记苏州一带，“今人豢猪于栏，腊月宰之，卖于居人，充年馔之需，谓之‘冷肉’（注：岁猪之肉）。”每至岁尾，杀猪是件大事：将自用的猪肉留下，余者卖钱用于采办年货；自用的瘦肉制腊肉，碎肉做馅包饺子，肥脂炼油，猪头用于除夕吃“年汤”。《中华风俗志》卷五中记安徽婺源人“岁猪”风俗：“当夕焚香祭祖后，将备就之猪头煮熟，用铁铲捞起……再将所调之粉，搅入猪头汤中，更将肉丁、冬笋丁、香料等，使成糊状，然后盛之以碗盏，合家团聚而食，其味异常鲜美。又将煮熟之猪头，切成薄片，和年汤同食，亦鲜美可口……吃年汤时，愈吃得多愈好，故四碗、五碗亦不嫌其多。”

说起食猪，满洲人是出了名的。清时，满人以猪祭祀，要在院中搭棚铺席，供客人落座。识与不识者皆可来此食肉。食时，十人左右一围，由厨师将每块约十斤重的煮白肉置大铜盘内献于食者，不备盐酱但备高粱酒。客人吃肉愈多则主人愈高兴，如客人将肉食毕，连声高呼“添肉”时，主人会连声致谢，称赞不已。食肉时，客人们都用自带的佩刀割食。割食白肉是有技巧的，会割者能将白肉片成如掌大如纸薄的大片，且肥瘦兼而有之。割肉不得法者，会被诮为“屯老二”。客人食饱，也不必向主人道谢，起身即走，因为这是“享神馂馀”，不必谢任何人，古籍中称此为“食肉大典”。满人以猪祭祀，出于虔诚的心理意识，认为食猪可以获福。祭猪前必以酒灌于猪耳，使猪叫视为“福音”；又称猪肉为“福肉”，将猪肉带回家称“带福还家”。

袁枚说：“猪用最多，可称广大教祖。”又说猪有本味，为“豪杰之士”。他认为燕窝虽高贵，但无本味，全赖他味助之，故视燕窝为“庸陋之人”（《随园食单》）“特牲单”、“戒耳餐”）。这颇有见地。猪所以是“广大教祖”，因为猪易养、易活，饲料简单、随便，成本又低。这与我国自古以来小农经济基础有着密切关系。又因猪为最普遍的民食，对其制法也最为丰富。我国传统看馔若以数量计，猪馔最多；若以名馔计，猪馔亦居其首。如鲁菜的坛子肉、山东酥肉、九转大肠；川菜的回锅肉、蒜泥白肉、鱼香肉丝；苏菜的蟹粉狮子头、无锅排骨、水晶肴蹄；浙菜的东坡肉、绍式小扣、荷叶粉蒸肉；粤菜的片皮乳猪、叉烧肉、糖醋咕噜肉；东北菜的白肉血肠、锅包肉、焦熘肉段……真是不胜枚举。这些名馔，都是老百姓认可的；若做到极致，都是学问。

因而就想，人即以猪喻家，又谦称其子为“豚子”、“豚儿”，并以猪祭祀、喜食猪肉，但由“猪”字引申或衍生的文化事象为何又充满反意？豕突：喻坏人横冲直撞、流窜侵扰；豕目：喻人面相不仁、目视如豕而信反；豕喙：喻人口似猪嘴、有贪婪之相；豕心：喻人贪得无厌；豕交兽畜：喻人行为无礼；豕牢：虽指猪圈，又为厕所……猪在人的心目中，竟是个恶劣、丑陋、污秽、愚蠢、贪婪的东西。所以人都鄙猪，也成了风俗。人视猪为脏物、懒物、蠢物、废物。宅乱者为猪窝，恶迹者为猪罗，肥胖者为猪婆，食劣者为猪食，不一而足。然而，猪食糟糠，肉却鲜美，颇有“吸二氧化碳而吐氧”的绿树精神。是猪为国人的繁衍活力带来了丰富的营养，猪的牺牲也丰腴了一个民族的强健。猪一身是宝，连猪粪都能派上用场。人置现实中，多有受惠于猪之处，无论吃穿赏馈。但猪却是天生挨烹的的命。猪除了被食，留着还有什么用呢？猪活着没用，杀了用处就多了。所以猪来到人间，是充当悲剧角色的。它们已经够倒霉够冤屈了，可又被人们污蔑得一无是处、臭名远扬。这是猪的罪过还是人在自欺呢？这道理我真是搞不清楚。

“牛”字与牛

“牛”字，甲骨文里写作“Ψ”，是正面牛头的形象：两侧向上弯的部分是一双长角，长角下面向斜上方伸展的两笔是牛的耳朵。后来的金文和小篆里都写作“Ψ”。《说文·牛部》中释“牛”字为：“大牲也。牛，件也；件，事理也。象角头三、封、尾之形。凡牛之属皆从牛……”这是说，牛是大牲畜，为祭祀时的“大件”(件，为量词，如谓物品是一件两件的件)。“象角头三、封、尾之形”中的“象角头三”，是牛头和牛角；下面的一横是“封”，封，义为高起，指牛肩胛上的肉峰；而“牛”字中间的一道长竖是指牛身；一竖末处即是牛尾。所以，别看“牛”字在周朝以后的笔划有所简略，却能表现出牛的整体形象。“凡牛之属皆从牛”，是说“牛”是个首部字，以牛为偏傍的字都与牛或牲畜有关联。如：牲、牡、犊、牝、牧等。

甲骨文
金文
篆文

“牛”字虽为人所造，牛却为人先。那时，满世界都是疯长的草，草的水分也多，牛的饮食就得天独厚。所以，远古的疯草哺育了牛的庞大身躯，而且蛮赫力强；谁惹恼了它，还有一股撒疯的脾气。记得见过史书中一幅插图：一群猿人手持树棍在围殴一头硕壮的牛。这是在表现人类之初时捕猎动物以求生存的场面。但牛有从不主动伤人的本性，你不惹它，它不会惹你。一大帮猿人围着要杀它，那它还不恼，肯定要撒疯了。牛疯起来，冲速甚快，撵上用尖角一戳，后果必惨。要从后面袭它，那更危险。它一尥蹶子，碗大的蹄带着怒气踹将过去，轻者致伤，重者即死。没看《动物世界》吗，狮子都怕牛，牛冲过来，吓得夺路而逃。所以，这幅插图画得就不真实。撒疯的牛一戳尖角一尥蹶子，或许就放倒两个，猿人谁还敢近前？

因而，牛后来被驯养是需要有长期积累的经验和较发达的智力，同时也要熟悉其他发明的漫长过程。从母系社会时期的河北磁山遗址出土的牛遗骸来看，已在七八千年以前。父系社会时期出土的更多，如河南陕县庙底沟遗址、江苏邳县刘林遗址等处，都发掘过牛牙床或牛遗骸。这应是牛被驯养的扩布期。牛被驯养，有赖于弓箭的发明。牛不同于羊。羊胆小怕惊，一有响动撒蹄就跑，箭都不容易射中。牛呢，连猛兽都不惧，焉能惧人。人在拉动弓箭，它哪知其危，仍是牛哄哄地只顾吃草，加上目标又大，很容易被射中。受伤的牛失去抵抗力，则被擒缚。我推测，远古的牛是野兽中最多的一种。因为它们习于成群结队，形成了强大的自我保护圈，又善于长途徙迁，随季寻草。这是它们强壮硕大又易于繁殖的重要原因。先民们正是看到了牛的聚多、可食率大，且有不惧人的傻气，于是弓箭就成为它们的克星。捕获的牛多，吃不完就贮存起来。但贮存久了会腐败，之后就饲养活牛。饲料得来也易，鲜草、干草都是牛的美馔。再使公母混搭。这样，牛的吃喝不愁，又有配偶，时间长了，自会野气渐消，蛮性渐失，习惯了人的摆布。原始养牛业也就由此萌生。

起初，牛被驯养只是供人果腹，且是以烤食为主。《礼记·内则》载："膳，肜𦞦膮醢牛炙。""肜"（róng）是祭祀的名称，商朝的祭祀称"肜"（周朝称"绎"）；"𦞦"指暮日；"膮（xiāo）醢"是猪肉羹；牛炙即是烤牛肉。可见，牛炙在商朝已是膳食和祭食中的主件。炙牛心也是先人特别看重的，这种食俗至晋后仍盛。如《晋书·王羲之传》载："羲之幼讷于言，人未之奇。年十三，谒周顗。顗察而异之。时重牛心炙，座客未啖，顗先割啗（注：啖的古字）羲之。于是始知名。”这是说，羲之少时出言迟钝，也貌不惊人。他十三岁时始访东晋大臣周顗。周顗觉得奇怪。那时候盛行烤牛心，为宴中重馔。周顗宴客时，俟烤牛心上来，谁都没有动筷呢，周顗就先割了一块烤牛心，奉以这位少客，这才询知他叫王羲之。可见，书圣的名出之初，还是出自烤牛心的“中介”。又如，宋人虞俦在《有怀广文俞同年》的诗中写道：“客来愧乏牛心炙，茶摆空城马乳盘。”这是说，用烤牛心款待客人才有情面，若无此馔，那就很自愧也很遗憾。

春秋战国时期，牛的价值赫然飙升。从甲骨文的“¥”（牛头）到金文、小篆的“¥”（牛的整体）这一演进来看，反映了古人对牛的认识也有了转变和加深。那时，因为耒耜已进化为“犁耜”，出现了牛耕，这以后，牛不仅是食材，也是生产工具了。又因战国时，齐国将领田单以火牛阵突击燕军，大获全胜，收复失地七十余城。牛也成了战争中的英雄。以致，引发了帝王以牛肉赏赐有功之臣的新俗。《战国策·齐策》载：“乃赐单（田单）牛酒，嘉其行。”引文中的“牛酒”并非酒的名称，而是指用牛（肉）和酒犒劳军队。由此，后世人就常以“牛酒”作为礼物的别称。

食牛最盛时期是在汉朝。自孔子逝后，大约过了284年，汉高祖刘邦经过陬邑，出人意外地杀了一头牛祭祀孔子，开创了古代帝王为阐“文治”亲祭于牛而尊孔的先例，使牛在汉朝的功用价值有了空前的提升。也由于那时期的农耕文明的发展，人口增加，耕地面积扩大，汉武帝时有位叫赵过的人，将前代的耒耜、犁耜作了进一步改造，使牛耕犁已较完善并被普遍使用。这也带动了养牛业的兴旺，并使人们对食牛尤以为重。所以，汉朝一些史籍中凡及六牲，多将牛列之为首，枚乘《七发》里记述当时吴楚饮食为“天下之至美也”，所列吴楚嘉馔，冠首为“牛犓之腴”，这可看出汉朝人重于食牛之迹象。至于牛馔制法，《淮南子》里说：“今屠牛而烹其肉，或以为酸，或以为甘，煎熬燎炙，齐味万方，其本一牛之

体。”“齐味万方”或许张大，至少也是品味多端。而且，这是最初的全牛席，是后来产生全鱼席、全猪席、全羊席等的先基存在模式。因而就想，牛在汉朝“吃香”，入馔的频率自然就高，以至能传导出“全席”的宴式型格，这在中国宴筵史上是要记上一笔的。

食牛在晋后却渐不为盛。据史籍载，汉族在南北朝时期有明文规定，严禁屠宰耕牛，违者重惩。为了缓解牛耕的不足，又与西北少数民族作骡子贸易，使内地农区也逐渐掌握了马配驴繁殖骡子的方法和饲养知识，骡子也成为耕田和运输的好把式。由于禁食耕牛，对以牛入馔也有消减作用。这种作用甚至影响到隋、唐、宋三代。记载这三代的史书中有关饮食的记录，就很少有牛馔。据传，杜甫是因吃烤牛肉而病亡。我推测，诗圣是不是吃了耕不动田的染病老牛而患疾？或是过多地吸收了焦肉中的苯并芘？若真是这样，这悲剧太令人痛心了！由此又想到，北宋庆历年间，四川富顺、荣县一带盐井牵牛的役牛被淘汰后，盐工即以盐和花椒作调料煮食牛肉，即为现今名馔——水煮牛肉的来历。问题是，役牛“退休”而无病，煮食无妨，若是病牛再用木炭来烤，人吃了风险就大。有学者说，元朝食牛之风又盛。这可能以为游牧民族习食牛肉。其实不尽然。元朝人食羊最甚，也不怎么食牛。翻翻《饮膳正要》《居家必用事类全集·饮食部》和《云林堂饮食制度集》，仅能找到牛肉脯和黑牛髓煎，后者还是“治肾虚弱”的药品。倒是明朝，食牛风气较盛。明人宋诩《宋氏养生部》中，所记牛馔就很多。如：火牛肉、烹牛、熟牛羓、生牛腊、盐煎牛、油炒牛、牛饼子、牛脯等。又因朱棣扫北，定都北京，军中回人后来聚居牛街，开了一些清真菜馆，牛馔在那里又有所发展。

到了清朝，食牛又被皇太极严令禁止。《满洲秘档·太宗谕禁宰牛》中记：“今后自大内及诸贝勒府，以及庶民，凡大祭上陵用牛外，其屠宰马牛骡驴，考悉令禁止。若违法而以马牛骡驴屠卖，经奴仆首告时，准首告之人脱离其主。”这道禁令很是有效。我曾到北京故宫档案馆查阅过清代历朝的御膳原档，竟无一款牛馔。可见皇太极的话大约管用了近三百年。我甚至想，皇太极这道谕令颁发后出生的满族人，他们在一生中可能都不知道牛肉是啥滋味。由于满人不食牛肉，也影响了整个社稷的食牛情状。清朝的食书很多，但所记牛馔绝少。也就是《随园食单》中记有煮牛肉、煨牛舌。还有《农甫便览》中记有“炖牛乳”：“用牛乳一宋碗，细罗过净，入鸡蛋清五个，搅匀，细火炖之。”但这与食牛就是两码事了。有些传统牛馔虽然在清朝已有流行，但真正出名则是在清末以后。如：北京月盛斋的五香酱牛肉，四川自贡的灯影牛肉，成都的夫妻肺片等。

纵览历史中的牛馔，比起羊、猪、鱼类之馔，显得数寡额薄。原因是牛能不避艰辛、吃苦耐劳，一个劲儿地耕田拉车，只吃廉价的草，却贡献高营养的乳。自古以来是农家之宝，爱牛惜牛也就成为众多民族的传统良俗。如今，随着农业机械化和电气化的普及，曾对我国农业生产作出过重大贡献的牛，已经转化为以供人们的肉食和奶食为主。“俯首甘为孺子牛”，牛对人们的生活需求之提高，仍是不会抱怨的。

回头再看“牛”字，牛的头面有弯弯的长角，大大的眼睛，显豁的鼻中膈，窄窄的前额，还经常伸出上舔的柔软长舌，给人以形象特殊的感觉。因而也就衍生出“庖丁解牛”的典故，牛郎织女二星的美丽神话，“牛刀小试”和“宁为鸡口，无为牛后”的成语，还有“牛鬼蛇神”的荒诞，都会令人回味、思索。这说来话长，不赘。

从“鹿”字谈古

“鹿”字与“鹿”义

《诗经·小雅》中有《鹿鸣》，是反映帝王赐宴群臣的情形。唐代乡举考试后，州县长官要循例宴请中举之人，宴中就歌咏这篇《鹿鸣》，所以这种宴会就取名为“鹿鸣宴”。在沈阳有“鹿鸣春”饭店，即是取《诗经·鹿鸣》之意。“鹿鸣”的“鹿”字，起源甚早，商代的甲骨片上有多种“鹿”字的写法，如“”；金文写作“”；小篆写作“”。

甲骨文
金文
篆文

远古时候，鹿就是人们最喜欢得到的动物。这个观念在有了文字之后，人们即以“鹿”字泛指所要猎取的对象。后来用鹿比喻政权。《汉书·蒯通传》中有“秦失其鹿，天下共逐之”之句，颜师古诠释说：这是以鹿比喻帝位。又如《晋书·石勒载记》里说：石勒（注：十六国时后赵帝）在宴席上酣饮之后，笑着说：“我若遇到汉高祖（刘邦），就事他为主，和韩信、彭越去争前后；倘或遇到汉光武（刘秀），则要与他并驱中原，那还不知鹿死谁手呢。”这是说，还不知政权能落到我和汉光武谁的手里呢。由此，“鹿死谁手”就成为“政权不知归谁”的成语了。

鹿，还指粮仓。《国语·吴语》里有“囷（qūn）鹿空虚”之句，是什么意思呢？《广雅·释室》里解释：“鹿，仓也。”在古代，圆形的粮仓称“囷”，方形的粮仓称“鹿”。所以这句话是说粮食都空了。

在民间传统观念里，鹿又是长寿而吉祥的动物，如古画里南极仙翁的身旁，就伴有一只梅花鹿。又因“鹿”、“禄”谐音，古画里又有《百鹿图》，称为“百禄”；或画一位峨冠博带的瑞官抚摸着鹿，喻示“加官进禄”。但鹿在现实中乃为野生动物，所以“鹿”字又常与“豕”字连起来用，以指山野无知之物。如《孟子·尽心上》：“舜之居深山之中，与木石居，与鹿豕游。”后来也常以“鹿豕”比喻愚蠢的人，生气时骂人说：“蠢如鹿豕”。

鹿的生涯与哨鹿

我看过莫高窟的敦煌壁画，那已显斑驳的狩猎图中，四蹄腾空的群鹿在逃奔，腿儿都成了“八”字形；后面，是骑马张弓的武士在驱围追捕。这画面虽是艺术的遗存，却在我心中涌出一股沉郁之情。看着那群鹿跑呀逃啊，那是多么娇巧的肢体，多么美丽的生灵！鹿温驯有义，每当获食，从不独占，总是呦呦而鸣，唤来同类共享；鹿情柔性善，品质本分，胆小行慎，一生无恶。遂感到造物主太不公平，偏将鹿降身在人的弓弩箭镞旁，以至鹿的生涯中，随处都充满被杀伐的凶险。因而，他们本能地生就一双警惕、惊疑的眼睛，一见风吹草动，即刻撒腿逃奔。鹿穿朝越代地逃奔，人就世袭罔替地追捕猎杀。最愿意射鹿的，是历代图谋权位的豪雄；无数君王哨鹿，也热衷将鹿一箭穿心。鹿是最悲剧的动物。这样想来，真是应该郑重祭奠为人类而无辜献身的鹿；至少，人也应该向鹿深深鞠躬，愧怍地说一声：“对不起啦，鹿。”

鹿能生存，并无抵抗侵袭的能力，全靠快速逃奔方能繁衍的一种草食性反刍兽。反意来说，鹿也像流落在山溪野林中的黄金，人不开发、利用它，它只能毫无价值地被湮没在岁月荒土中。以至，先民最初的主要捕猎目标之一乃为鹿。因为鹿的本能不会攻击，只会逃跑，人至少是捕空而已，没有风险。这样推理，弓箭的发明就与鹿有关。先民要捕获鹿，必须想法要有比鹿的速度还快的工具。于是，最聪明的先民首先发明了弓箭。所以，鹿的快速逃奔也是启迪先民智慧的一种因素。

哨子的发明，大概也与鹿有关。猎鹿有了弓箭还得有诱鹿的办法，哨子便起到这种作用。较早善用哨子猎鹿的是女真人。五代后辽国势盛，辽帝和王公大臣每年七月要在永州（热河境内）的伏虎林举行狩猎活动，称“秋捺钵”。是时，女真族献给辽帝的哨鹿猎人就要发挥作用。他们戴上鹿角，穿上鹿皮衣，呦呦地吹起哨子，引诱鹿群，便于射杀。关于哨鹿，宋人蒋颖叔《蒋氏日录》记得确切：“江陵松滋枝江村，射鹿者淘河乌胫骨为管，以鹿心上脂膜作簧，吹作鹿声，有大号、小号，呦呦之异……则麋鹿毕集，盖为牝声所诱，人得壳矢而射之。”

还有一种情况，就是鹿喜食咸。所以有盐地之处，总会有鹿群出没。若无盐地，哨鹿者便以盐水洒在鲜草地上，再吹起哨子，诱来鹿群食之，遂以射杀。

哨鹿，满语谓“围场”之意。清朝的康、雍、乾、嘉四帝都是哨鹿能手。当然他们自己不会去吹哨子，而是用哨鹿的方法猎鹿。猎鹿活动的正称为“秋狝之典”，每年秋季在承德北部的“木兰林区”举行。如乾隆哨鹿，扈从到木兰的亲王昭梿在《啸亭杂录》中记：“高宗搜猎木兰时，于黎明亲御名骏，命侍卫等导入深山叠嶂中，寻见鹿群，命一侍卫举假鹿头，作呦声引牝鹿至，急发箭殪毙。”也有哨鹿时，配合大规模的合围之举。即管围大臣先是率领御前卫队和围场兵丁，有计划地于五更前齐出营地，将鹿群逼到乾隆的驻跸处，再由乾隆乘骑射杀：“每合围，麋鹿数百，他兽无算。上于围中射野彘獐鹿，矢无虚发”（《啸亭杂录》语）。您看，这乾隆也真会逞能，把劳苦大众的合围成果，由他一人恣情享受，旁观的王公大臣们还都在欢呼祝贺。鹿们的悲剧竟变成乾隆一人的喜剧。

食鹿与鹿馔

鹿是最原始的兽种之一。人类自懂得用火，有了渔猎，鹿就成为食品。古籍中记载食鹿，最早反映在商初。《吕氏春秋·本味》篇里有"草食者膻"之句，"草食者"即指鹿獐之属。可见，商初乃自夏代，人们对食鹿早已有过烹调体验。

西周初期，据《逸周书·王会解》记："成周之会坛上……西面者正北方稷慎大麈（zhǔ）。""稷慎"即肃慎族（满族先世）；大麈似鹿而大，属鹿科。这是说，那时的肃慎人已将捕获的大麈献给周成王作贡品了。在周宫宴膳中，也有用带骨的鹿肉制成的肉酱，称"鹿臡"。臡义指有骨的肉酱（见《周礼·天官·醢人》）。

西汉时，民间有"鹿矮"（wēi）的食品。《礼记·内则》注中有"今益州有鹿矮"之句，《释名》中释："矮，于伪反（注：指动植物枯槁）。益州人取鹿，杀而埋之地中，令臭乃出食之，名鹿矮是也。"古益州也是郡名，于西汉元封二年（公元前109年）置，治所在滇池（今云南晋宁东）。为何要将鹿埋在地中使其变臭而食？这是不是"本味"篇中"臭恶犹美，皆有所以"之说的遗传？或为除膻，或出自当地的食鹿食俗，不得解也。

汉后，世人对食鹿为滋补的观念大为增强。晋人葛洪《抱朴子》记："（鹿）春羸瘦，入夏唯食菖蒲即肥。当角解之时，其茸甚疼，猎人得之，以索系住取茸，然后毙鹿，鹿之血未散也。"取茸毙鹿又不使鹿血流失，可知汉后人们对鹿茸、鹿血和鹿肉的滋补作用已很了然。后魏《齐民要术》里，记载鹿馔就显见增多，如捣炙、胎炙、羌煮、菹消等馔都用及鹿。降自唐宋，以鹿为药已成风气。宋人周辉《清波杂志》记："通泰（今陕西葭县）盐地，麋食艾，生茸，入药，故人极力捕猎，以邀善价。"再如唐代宫

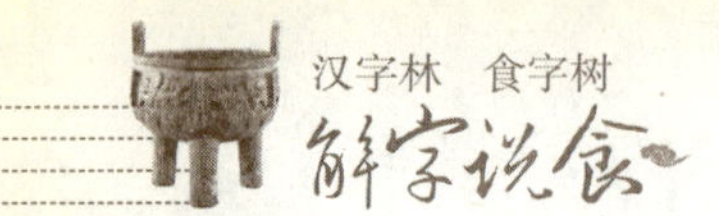

廷里，以鹿血灌入鹿肠制成“热洛河”，已成宴中时尚之馔。至明代，李时珍在《本草纲目》（卷五十一）中总结了前代以鹿为药的疗效：鹿茸主治漏下恶血，补男子腰肾虚冷、精液自出。鹿角蜜炙研末酒服，轻身强骨髓，补阳道绝伤。鹿血疗阳痿、补虚、益精血。鹿肉补中、益力气、强五脏……

清代，鹿馔以鹿尾为贵。汪启淑《水曹清暇录》记：“近时宴席不甚重熊掌猩唇，而独重鹿尾，一头全鹿不过数金，而一尾等之。蒸熟片食，饤盘甚微，形似猪脂，唯味稍带甜尔。”据说，鹿卧时习于扭颈以嘴紧抵肛门，元气乃归于腹，尾通其气，故尤有滋养。再有鹿血，咸丰特别垂青。他耽于声色，体多疾而面黄。御医谓鹿血可疗。咸丰遂命养鹿百数只，日命取血以进。庚子之役时，咸丰欲逃往热河，命率鹿以行。有阻之者说：“外兵已逼京都，避寇不暇，何必率鹿以为累？他日事平，再饮鹿血未晚也。”咸丰听之无奈，只好割爱（见燕北老人《满清十三朝宫闱秘史·鹿血壮阳之御用卫生方》)。至于鹿馔，袁枚《随园食单》记有“鹿肉”、“鹿筋二法”、“鹿尾”。如：“鹿肉，不可轻得。得而制之，其鲜嫩在獐肉之上。烧食可，煨食亦可。”

上述食鹿与鹿馔，只是钩玄提要。史籍中所录鹿馔较为粗略，且是要汲古开新的。所谓汲古，扼要地说：一是以鹿为药；二是进秋入冬食鹿；三是食鹿重炙、烧、蒸、煨、炒诸法；四是鹿肉较膻，但置案上不招苍蝇，吃完鹿肉喝生水，不会闹肚子——这些传统或经验，是要汲取和掌握的。所谓开新，即是用现代烹饪术，使鹿馔制法更为沿宽；用现代调味术化解鹿的膻味，使鹿馔的疗效寓于美味之中。鹿的全身都是大补之物，也都是烹制佳肴美馔的上乘食材。关键在于要熟谙鹿体和各部特征和烹饪细节。当然，前提是要用饲养而非野生之鹿。

宋人黄庭坚《豫章集》里有诗记：“照滩擒郭索，烧野得伊尼。”“擒郭索”，指捕蟹，为秋食之事；“得伊尼”，指猎鹿，为秋冬之为。冬天来临，就接黄诗人的话荐，罗索了这些“鹿”字里的故事。

“鸡”字造俗

甲骨文

金文

篆文

“鸡”字，古写为“雞”。左边的“奚”（xī），义为“大腹也”（《说文·大部》），即大肚子；右边的“隹”（zhuī），为“鸟之短尾总名也”（《说文·隹部》），即短尾鸟的总称。雞的胸脯发达，连带腹部也显得大，是为“奚”义；雞又属于短尾禽类，则为“隹”义。此二字合而为一，就把雞的形态特征反映出来了。

许慎释“雞”字为“知时畜也”（《说文·隹部》），意思是说“雞”义为知道报时的家禽。“雞”也写作“鷄”，是“雞”的籀（zhòu）文。籀文即“大篆”，春秋占功间通行于秦国，今谓简化字“鸡”的繁体字。

关于鸡的原产地，古代学者有两种观点！《别录》说，鸡生朝鲜平泽；《方言》也说，鸡产自“朝鲜冽水之间”。而南朝齐梁之际的医学家陶弘景则说：“鸡属甚多，朝鲜乃之菟乐浪，不应总是鸡所出也。”（《本草经集注》）“菟乐浪”之“菟”通“兔”，陶喻为边远人稀之地。另一位精通本草的北宋学者苏颂也说：“今处处人家饲养（鸡），不闻自朝鲜来。”（《开宝本草》语）是啊，中国是养鸡最早的国家之一，“鸡”字在甲骨文里已见端睨，何以说鸡是出自朝鲜呢？一般认为现代家鸡的祖先是红色原鸡，这种鸡古称丹鶾（hàn），先秦时期的鲁国郊祭时即用丹鶾，认为“用这只鸣声高长、羽毛赤红的肥鸡能消去鲁侯的灾阨。”可见，丹鶾能长鸣在古人看来是祥音。丹鶾的原产地主要在海南、云南、广西南部及印度一带。虽然李时珍在《本草纲目》中曾说：“鸡类甚多，五方所产，大小形色往往也异。朝鲜一种长尾鸡，尾长三四尺……”但这种鸡或许是长尾雉、花尾山鸡之类，有别于饲养的鸡种，饲养的鸡通常是没有长尾巴的。

“鸡”字因鸡而造，但鸡还有别名：一谓烛夜。因鸡能识曙，故喻其报晓声如烛光驱夜。二谓蜀。这里不当川蜀讲，“蜀”是“燭”（烛）的本字，故与“烛夜”的意思相似。三谓翰音。“翰音”是向高空飞扬的声音。《礼记·曲礼下》：“鸡曰翰音。”孔颖达疏：“翰，长也，鸡肥则其鸣声长也。”四谓钻篱菜。《东坡志林》：“僧谓……鸡为钻篱菜。”鸡常在篱笆间钻来钻去的，管它叫钻篱菜与叫猪耳为“俏冤家”一样生动有趣。佛家不吃荤，却能给鸡起出这么有田园味、民生味的名字，可见僧人的感悟很灵智。

谈“鸡”字，先得沿宽地看。由于鸡被饲养的历史悠久，与古人的生活和社会行为有了因缘际会，其形象、功能或特征，便被逐渐利用和发挥，从而显现出鸡的“文化习俗圈”。这涉猎观念形态和社会生态的各个方面，由此接缨了甚多拟鸡化的物象和事象。仅举部分例子，便知“鸡”字在人世间该有多大的效能。

物象方面。以“鸡”喻山者，如鸡头山至少有五处：甘肃二；湖北一，陕西一，豫鄂边境处又谓鸡公山。山状似鸡笼而得名的鸡笼山，至少也有四处：河北一（其山因有春秋代王妻之姊祠，夜有雉群鸣于祠屋，故又谓鸡鸣山），南京西北一（山有鸡鸣寺），安徽一，台湾一；台湾的鸡笼山在彰化县北海中，光绪元年置鸡笼厅，后为基隆市。以“鸡”喻城关者，如河北鸡泽县，因春秋时晋悼公及诸侯饮鸡血歃盟于此地而名；黑龙江省有鸡东县、鸡西市，因置鸡冠山之东西而得名；广西有鸡陵关，左右石山高插云表，似群鸡登顶啼晓得名；江苏有鸡鸣埭，在南京南，因南齐武穆裴皇后车驾早发，至玄武湖北，鸡始鸣，故名。我想鸡一定是对古人的感化太深，所以视物象往往取用“鸡”字，这例子太多：昌化石谓鸡血石，海南榄仁谓鸡尖（为上好造船材料）；丁香谓鸡舌；芡实谓鸡头；枣谓鸡心；鸡肶谓鸡内金；芋螺谓鸡心螺；洋石榴谓鸡蛋果。还有鸡纵菌、鸡冠花、鸡眼草、鸡血藤（藤老亦可作杖），等等，举不胜数。

事象方面。亦是如此，且能折映出“鸡”字的文化内涵和物质文明的进化。如鸡坛：谓挚友相聚之处，始于粤人每相交，礼设土坛，以鸡为祭，故名。鸡絮：指致祭的礼品，这里的“絮”，当绵絮渍酒讲，古人远祭，常备烧鸡一只，又以绵絮渍酒，日下暴干以裹鸡，至冢处，再以水淋绵絮，使有酒气，以行酒肉而寄情，后人谓此为“只鸡絮酒”，也指祭品的菲薄。鸡缸：为酒杯，明宣德成化窑产，上画牡丹，下有子母鸡，或画芳草斗鸡其上。鸡窗：为书房的代称，《艺文类聚》卷九十一引《幽明录》里说，晋时兖州刺史宋处宗，买一长鸣鸡，爱养甚至，置其笼于窗前，鸡遂学人语，与宋处宗对谈，极有言智，后人据此即以“鸡窗”谓喻书房。鸡毛笔：晋人王羲之《笔经》记：“岭外少兔，以鸡毛作笔，亦妙。”以至宋人黄庭坚撰《豫章集》，书后自言：“为资深书此卷，实用三钱买鸡毛笔书。”表示对前辈的尊敬。鸡肘博士：出自宋代太常博士张鼎书鸡肋为“鸡肘”，时辈讥而谓之。鸡口牛后：出自战国纵横家苏秦对赵王说的话：“宁为鸡口，无为牛后。”意思是说鸡口虽小乃进食，牛后虽大乃出粪，比喻事情宁肯做小一点或当小一点的官，这能独立自主，决不做虽然重大的事情或当较大的官，却要听人摆布或受制于人（参见《战国策·韩策一》）。鸡鸣：叫得挺特别，《周礼·考工记》里说是“戈广二寸”，汉人郑玄注：“戈，今句（勾）子戟也，或谓之鸡鸣。”这是指杀鸡的小刀，执此刀往鸡的喉处一抹，鸡鸣咽一声，即为鸡鸣；而喉在颈处，故又谓拥颈……

用“鸡鸣”弑鸡，是准备供人食用的。其实，鸡的实用价值还是制馔。鸡分肉用、蛋用、肉蛋兼用及观赏等类型。但观赏抑或“斗鸡”都是

“鸡群鹤”，毕竟很少，绝大部乃为食材。因而，由“鸡”字造俗于食鸡，也就渐积弥久地形成国人的一种深厚传统。这也是鸡的“文化习俗圈”中的主要内容。

从史载看，鸡在周代已列为六畜之一，宫中设有鸡人：“鸡人掌供鸡牲，辨其物；大祭祀，夜嘑（呼）旦以嘂（jiào，通叫）百官。”（《周礼·春宫·鸡人》）那时，宫中养鸡多供于祭祀，也用于报晓，故尔鸡人又谓报晓官。宫中以鸡祭祀就影响到民间，又因祭祀多在岁时节日，则渐而顺衍成年节杀鸡的习俗。《论语·微子》又记：“（丈人）止子路（仲由）宿，杀鸡为黍而食之。”这是待亲或宴客杀鸡的发端。子路为孔子的得意门生，名人效应使“鸡黍”由此成为酬待宾朋饭菜的标识，为后人沿循。如唐代孟浩然《过故人庄》诗：“故人具鸡黍，邀我至田家。”即是这种习俗的反映。又如唐德宗贞元五年，根据相臣李泌建议，下诏废止正月晦日之节，以二月初一为中和节，民间以果实鸡子等为礼互赠，号献生子（参见《旧唐书·德宗记》）。这一天俗称太阳节，人们习于晨迎初日，杀鸡祭日……这等习俗穿朝迭代地流传、扩延、演变，致使年节喜庆、婚丧嫁聚乃至妇女生育、治病强身，等等，都离不开鸡，而且吃法因地制宜各有不同。

同是“鸡”字，入俗八方，况味竟生迥异。如湖南一带，习吃叫鸡：男孩十五六岁变声时，家长要杀一只刚开叫的鸡，放葱姜盐等煮熟了给男孩吃，故称；以为吃了叫鸡，男孩成年后会身强骨健，声音嘹亮。甘肃东乡族习行鸡尾宴：将鸡宰后治净、煮熟，按部位分成13个等级：胯、小腿、大腿、胸、翅各二，尾一；进餐时，各人按辈份吃相应等级的鸡肉，阿訇吃胯，阿伯吃大腿，姑夫、姨夫吃胸，其他循规而食；鸡尾最贵重，必得阿舅或最年长而受尊敬之人去吃；若食之不当则为悖俗，将遭严斥。客家人习吃留头鸡：杀鸡酬客时需将头、翅、尾摆在鸡身的原来部位，鸡头必须朝向上位主宾；席间，任何人不得吃鸡头，小孩不能吃翅、尾，这要留到下一顿饭给长者吃。旧时广州，有吃无情鸡之习：商家老板常于夏历正月初二备办酒席，请伙计吃，席中必有整鸡之馔，吃完宣布辞退名单，被解雇者食毕就得离店，因无情可讲，故名……

同是“鸡”字，入俎九域，竟至鸡馐百端。例略荐之：河南滑县道口烧鸡，为明末清初张氏所创，故又谓张烧鸡；成品黄润泛淡红，干净漂亮，咸香微甜，味道醇厚，骨头一触即脱；只是此地不如符离集、德州能通火车，传播受限，但其制法却是后来各种名牌烧鸡的“祖脉”，此功不可忘却。云南武定县汽锅鸡，又称杨沥：选该县所饲养的肥壮母鸡，斩小块（头一剖为二），漂出血水，与头、胗、肝同放汽锅中，调以精盐、黄酒、姜，盖严（缝处用棉纸贴紧），置蒸具上（多用大砂锅），蒸至四五小时，再调入胡椒粉、味精即成，成品软烂清香，原味颇足。福州醉糟鸡，有百年历史：选嫩鸡治净，在微沸的水中浸至断生，身切四块，置器内，加茅台酒、精盐调匀，加盖密封腌渍一小时；启盖翻转再腌一小时；复启盖，加红糟、绍酒、五香粉、白糖、味精、鸡汤调匀，继续腌渍一小时，取出切柳条片，按鸡身原形码入盘中，并用头、翅、脚拼成整鸡状，配饰咸辣蓑衣萝卜；成品色艳红而肉极嫩，美酒香糟之味交融，颇具特色。还有鄂馔瓦罐鸡汤，浙馔叫化童鸡，京馔白露鸡，陕馔葫芦鸡，桂馔纸包鸡、川馔宫保鸡、怪味鸡，湘馔东安鸡、油淋庄鸡，鲁馔黄焖鸡，粤馔盐焗鸡、白斩鸡，沪馔贵妃鸡……皆为名品，不胜枚举。

说“鸡”字造俗，又想到我国的地理形态最为美巧，被誉为“雄鸡版图”。这种祥灵之禽为何在神州被演绎出如此席丰履厚之征象，任何国度都无由企及。这是天合吗？思来又觉奥妙。

由“鸭”字说到何孟春

与鸭有关的名字

“鸭”字，周代至春秋时期写为“舒凫”，《礼记·内则》篇有“弗食舒凫翠”的记载。舒凫，《本草钢目·禽一》释为：“鸭舒缓不能飞，故曰舒凫。”鸭因肚叠胸高，步履蹒跚，虽有双翼，只能呼扇几下而难翔也。但它那几下张翼，药圣认为舒展可观，故如是释之。

篆文

战国期间，“鸭”字被写为“凫”。《楚辞·屈原·卜居》：“宁昂昂若千里之驹乎，将氾氾若水中之凫与波上下，媮以全吾躯乎？”由此，后来又产生“凫乙”的成语，典出南朝人梁僧祐《弘明集·南齐张融·门论》：“昔有鸿飞天道，积远难亮。越人以为凫，楚人以为乙。人自越楚耳，鸿常一鸿乎？”鸿为天鹅，凫为野鸭，乙为燕子。天鹅高飞渐远，难以辨清，越人猜是野鸭，楚人猜是燕子。读来有趣。后喻各执己见谓“凫乙”。

野鸭谓凫，家鸭谓何？谓“鹜”（wù）。这个字，汉代已见习用。《说文解字·鸟部》：“鹜：舒凫也。从鸟，敄声。”即是指家鸭。“鹜”字，上部为“敄”，与“鹜”音同，义为强、强勉。鹜后作務，简化作务。从“鹜”字的构造上理解，因鸭是鸟纲雁形目鸭科动物的统称，而家鸭又由野生绿头鸭和斑嘴鸭驯化而来。大概有这些原因，鸭就被写成有强硕大鸟

之义的“鹜”字。

三国时魏国谓鸭为“䴔䴖”（mò pi）。《本草纲目·禽一》：“〈曲礼〉云，庶人执匹。匹双鹜也。匹元卑末，故〈广雅〉谓鸭为䴔䴖。”这里的“匹”，也是指鸭。匹、鹜义通。

这样往下说，与鸭有关的名字还有不少。凡水鸟似鸭者，名亦或带鸭字。如鸊鷉称刁鸭、油鸭，鸂鶒称溪鸭，鸳鸯称黄鸭；而原产美洲、引进中国的鸭，则称番鸭、瘤头鸭、麝香鸭等。还有“半番”之谓，是番鸭与鹜的杂交种，故取公驴和母马所生的种间杂种之意，戏谓为“驴鸭”……

字圣许慎说，鸭的本名为鹜，俗呼为鸭（《说文解字·鸟部》）。“俗”的传统力量是很大的，以至后世谓鸭渐而成习，“鹜”反倒成了陌生的字。

说到“鸭”字，本为“甲鸟”，即一等的好鸟，却还义为鄙称。《隋书·元善传》：“杨素粗疎，苏威怯愞，元胄、元旻正似鸭耳。”这是对隋朝大臣们的评价。“鸭”字在这里用来比喻品德不端的人。《水浒传》二十五回中，武大郎说：“我的老婆又不偷汉子，我如何是鸭？”你看，这“鸭”字里的含意也不是好内容。《水浒传》的成书约在元末明初。可知明代以前，人们俗将“鸭”字当作鄙夷、轻视之义使用。因而想到，明以前与食俎有关的文献中，为何载鸭馔较少？这与“鸭”义为鄙称所带来的世情影响不无关系。

与烤鸭有关的菜肴

明以前的鸭馔较少，能够承传下来的也不多。而以火炉烤鸭的菜式却被断断续续地递嬗至今，谓成“烤鸭”，并成为北京的美食象征，亦有“国菜”之誉。烤鸭的成因，说到底是人的作用使然。谁是使“北京烤鸭万岁”（日本客人语）的关键性或节点人物？这是值得探讨的。先从与烤鸭有关的菜肴说起。

最初的烤鸭迹象是北魏时期的“范炙”。《齐民要术》记“范炙”是用鹅鸭胸肉（内骨令碎），再将豉蒜葱姜、盐椒橘（皮）芹等“切和涂用”，混同炙之，炙后去骨斩肉。这可谓“炙鹅鸭胸脯”。而谓“范炙”，即示模范的炙法。

唐代，已有“炙鸭”之谓。据陆羽《茶经》中引述，弘君举撰《食檄》书中即录有此馔。惜此书已佚，“炙鸭”制法无从得知。《茶经》书成于唐代，以此蠡测，炙鸭或在唐前已有。唐人笔记《朝野佥载》又记：“易之为大铁笼，置鹅、鸭于其内，当中取起炭火，铜盆贮五味汁，鹅、鸭绕火走，渴即饮汁，火炙痛即回，表里皆熟，毛脱尽，肉赤烘烘乃死。”“易之”即张易之，为武则天的宠臣。他败坏政事也“正似鸭耳”，所嗜“炙鹅鸭”太过残忍，已非饮食文明。

宋时，林洪撰《山家清供》中录有“鸳鸯炙”。制法是：鸭治净后“油爁”，再以酒、酱、香料等用温火煨至入味。“爁”（lǎn）即炙，“油爁”似同锅烧，烧通炙。因鸳鸯又名黄鸭，故此馔与烤鸭贴近。

元代，忽思慧撰《饮膳正要》中录有“烧鸭子”。制法是：鸭治净（去内脏），再将羊肚（改刀）、葱、香菜与盐拌匀，塞入鸭腹内，遂烧之而成。怎样烧法，未见细录。但又录“烧水扎”（水扎为一种水鸟），中有“入炉鏊内炉熟亦可”之句。可见那时，用炉炙鸭也是可能的。

明时，宋诩撰《宋氏养生部》中录有“炙鸭”。制法是：“用肥者，全体爊汁中烹熟，将热油沃，架而炙之。”“爊（āo）汁”：卤汁；“沃”（wò）：浇。

上述，与后来的烤鸭制法均不相同，但在烤法的取意上有某种承前启后的作用。约自元、明之际，时今的烤鸭制法才在南京有了起端。南京烤鸭传入北京，成为举世闻名的北京烤鸭，反而比南京烤鸭的名气大了。所以，谈北京烤鸭，不要忘记南京烤鸭业的贡献。也不要忘记是谁的作用使南京烤鸭成为北京烤鸭的，这个人的贡献更大。这就要说到何孟春了。

与便宜坊有关的史事

北京烤鸭之起誉，明末笔记小说《菊隐记闻》有载：“前门桥东陈内官家首饰，双塔寺李家冠帽，大栅栏宋家靴，顺城门刘家冷淘（注：冷淘即过水面或凉面），米市口便宜坊烤鸭，皆著名一时。”

“米市口便宜坊烤鸭”，是指北京最早的烤鸭店，地址在宣武门外米市口胡同。据宣统末年到该店当了十四年账房先生的李景湘回忆：当时的店门上挂着“金陵老便宜坊”的牌匾；创办便宜坊的是吏部尚书何三大人。他年迈解职后，便开了这家烤鸭店。

这位“何三大人”排行老三，我查证是何孟春。他为何将自己的府宅开成“金陵老便宜坊”？这是该记载一下的。何为湖南郴州人，字子元，号燕泉，明弘治进士，初授兵部主事，后擢右副都御使，巡抚云南。世宗即位，迁吏部侍郎，并代署吏部尚书事。这与李景湘的回忆是吻合的。后“大礼”之议起，何对世宗亲信张璁列上礼官欺妄十三事，具疏驳斥。并偕九卿以下二百二十九人，于左顺门跪请世宗裁决，自辰至午，跪伏不起。张璁之意是迎合世宗的，何等于偕百官带头闹事，向世宗示威。为此，世宗大怒，命锦衣卫逮为首如翰林院编修王相等十八人，俱杖死。何以大臣故，姑且从轻夺俸一月。旋出为留都南京左侍郎。嘉庆六年（1527），引疾归居北京。及《明伦大典》成，因受“大礼”之议牵连，被削籍，卒于家。留世有《何文简疏议》《家语注》《何燕泉诗》《余冬序录》等。

从何孟春的遭际来看，他返京不久因被削籍，断了官俸，为了生计可能是他从商的动机，便将府宅改为“金陵老便宜坊”。但新开张的店号不会冠以“老”字，这显然是南京一家经营烤鸭的老字号，其招牌连同烤鸭技术被何孟春传播到北京。据后来《市政评论》杂志 1935 年 10 期载文论：“老便宜坊在宣外米市胡同，创自明成祖十四年，迄今已有三百余年历史……”这应该是南京便宜坊创办的年代，传到北京后而延续计之。烤鸭在南京由来已久。宋人洪迈《夷坚志》中记：南宋建康（南京）通判史忞职满后，回到杭州盐桥故居。有一天，他和家仆上街，见到有卖炙鸭的，便想起他在建康为官时的家厨“炙鸭美手”王立来了。这反映了南宋时期，炙鸭在南京已是名食，且有王立这样擅长炙鸭的厨师。入明，炙鸭与板鸭（又称“贡鸭”“官礼板鸭”）、盐水鸭（俗称“桂花鸭”）已成南京三大特产。说起南京传统名馔，当首推此“三鸭”也。按何孟春的履历分析，他是约在嘉靖二年到南京当了四五年的工部左侍郎。那时，金陵老便宜坊已是百年老店。何在任职期间可能是便宜坊的主顾，钟情炙鸭，且与便宜坊的东家有了交识。以何的身份和地位，将便宜坊的店号和其炙鸭厨师“分流”到北京，应该不是难事。而何办起“金陵老便宜坊”是他返居北京后，在《明伦大典》成于嘉靖五年后至十四年之间的事情，因为他卒于嘉靖十五年（1536）。传店匾为刑部员外郎杨继盛所书，可信。杨书法出众，当时就住在附近的炸子桥松筠庵，且与何为敢于抗辞执奏的同僚友好。

何孟春开办便宜坊的经营盛况，前引《市政评论》文记：“逊请老京官，每宴封疆大吏，会试主考，非此地方不为恭敬。同业垂涎日久，相继冒同仿名。”由明入清间，袭名便宜坊的商号竟达三十余家。清时京人谓炙鸭为烧鸭，民国后习谓烤鸭，甚有食烤鸭必说便宜坊之俗。

可见，北京烤鸭之起誉，首功当属敢于纠劾而险遭不测的失意大臣何孟春。他若不外放南京，后又不为生计不在自己的府宅开办金陵老便宜坊，北京烤鸭史或许要重写。历史往往很奇巧。

无蟹非秋

蟹在重阳节前后最好，鲜得再吃什么都没了味道。秋来也，谈“蟹”字与蟹，尚且随俗。

蟹字

“蟹”字，古写为“鰕”，因属水族，故其字之“鱼”为形符。后来，将蟹归为虫类，写为“蠏”，《说文·虫部》释其为“有二敖（螯）八足，旁行，非蛇蝉之穴无所庇。”这是说，蟹如果不栖息于蛇类动物的居穴，就无家可归了。蟹敢侵占蛇窝，看来它能降蛇。蟹擅爬，常横行于沙土，视其为虫类，也有道理。

汉以前，“蟹”写为“蠏”，今惯谓异体字。但仅是将偏旁的“虫”挪到“解”的下面，并未变字体，宜谓“移体”字。

蟹成字，为何写为“蟹”？一说其为“水虫”，故“虫”为形符；又因蟹于秋季脱壳，脱壳即有“解”义，属肢节动物，所以“虫”加“解”就成“蟹”字。另说食蟹要将其螯、足、脐等分解，“解”就成为食蟹的行为特征，加以虫之属则为“蟹”字。但后说似嫌牵强：食材入馔，多得肢解而为。所以，我倾向于前者。

还有个“蛫”（guǐ）字，《说文·虫部》也释为“蟹也”。蛫是一种两螯六足的“危虫”，有毒不可食。所以，购蟹吃蟹也得留意蟹的足数。

食蟹勇士

鲁迅说："第一次吃螃蟹的人是很可佩服的，不是勇士谁敢去吃它呢？"谁是最早食蟹者？这得以文字记载为据。先秦古籍《逸周书·王会解》里说，周成王时海阳献蟹。海阳有两处，一处在南粤，一处在胶东。从史情看，粤地的海阳县于晋时才在义安郡设置，即使从这里将蟹北运，其间路途遥遥，山阻水拦，交通极是不便，蟹是保不了鲜的，运到周宫岂不早已腐败。而胶东的海阳与中州接近，周初时是莱子国（诸侯国）的领地，因滨渤海、黄海而名，这里又大河纵横，近流入海，是优质蟹繁殖的天然之境。因而，莱子国于入秋选海阳之蟹，以南流河道将其运向中州，想来是可行的。

又据《周礼·天官·庖人》记：（周王）"共祭祀之好羞（馐）。"郑玄解释，其中就有"青州之蟹胥"，胥即酱。青州包括北面的海阳，可领会为海阳的扩大之谓。将吃不了的青州贡蟹做酱于瓮封，是因周天子们的嗜好而发明的腌藏法。

可见，胶东海阳人因向周成王献蟹，食蟹等于有了御牌广告，也就有了被传播的功效。这样去看，海阳人可算有文据的吃蟹勇士，也是食蟹于秋之俗的始作俑者。

蟹粉丝

宋朝食蟹成风，蟹粉丝广有人在。这里例其闻名者。

文史大家欧阳修，一生嗜蟹。他退职前给长子欧阳发写信说："安徽颍州（今阜阳）的猪羊肉没有京城的质量好，但是这里的西湖所产之蟹，却比京城市面上所卖之蟹强多了，价钱也便宜。所以，我晚年决定搬到颍州去住。"（参见《欧阳修集》卷153）欧阳修官至礼部侍郎，后来因进谏起用范仲淹，为人所忌，被贬，后出知安徽亳州（今亳县）。因而他对京、徽两地之蟹有过鉴证。欧阳修解职后，果然在颍州的西湖畔买了地皮，建起家宅，酌酒品蟹，悠居终老。仅为食蟹，他就在不是老家的疑州定居（他的老家是江西庐陵，今永丰县），这样的蟹粉丝可算鲜见，也让宋朝另一位大文学家苏东坡羡慕不已。

苏东坡也嗜蟹。他在《老饕赋》中描述了自己最爱吃的六种美食："尝项上之一脔，嚼霜前之两螯。烂樱株之煎蜜，瀹杏酪之蒸羔。蛤半熟以含酒，蟹微生而带糟。盖聚物之天美，以养吾之老饕。""项上之一脔"是猪脖颈后面那块肉，又谓"二刀血脖"，是活肉，最嫩；"霜前之两螯"是秋后之蟹的两只大钳；"樱株之煎蜜"是蜜饯樱桃（宋时谓煎蜜）；"杏酪之蒸羔"是杏仁入煮作酪而蒸成的乳羊；"蛤半熟以含酒"是醉蛤蜊；"蟹微生而带糟"是糟蟹。这其中有两种是蟹馔。可见苏东坡也算蟹粉丝中的典型。

但此二先贤若与宋仁宗比勘吃蟹，还是巫见有差。据司马光《涑水纪闻》载，宋仁宗自小就极为嗜蟹，每餐若无蟹就馋得难受，吃起蟹又无节无度。因吃蟹过多，竟吃出"风痰之症"，头晕眼花，咳嗽多痰，四肢麻木。蟹虽为佳物，但性寒不宜多吃，宋仁宗吃蟹刹不住闸，搬了岔道就

古墓壁画《宴饮图》

患染此症。那时他还未曾嗣位，代为训政的是他的义母刘太后，刘太后见小皇上吃蟹吃出了毛病，就下道懿旨："虾蟹海物不得进御！"宋仁宗捞不到蟹吃，想使内侍到市场上买些蟹来解馋，内侍俱刘太后规法严厉，哪个敢去？这可把宋仁宗给憋坏了。抚养他的杨太后看不惯了，嗔怪刘太后"何若虐吾儿如此"！你不让吃，我让他吃！于是就暗地里使人购蟹饲养，使宋仁宗"常藏而食之"。宋仁宗亲政后，对杨太后感念不忘，对刘太后却心怀怨恨。一是因为刘太后的训政时间过长，使他只能虚位；另外就是刘太后禁他吃蟹，管得太严。一个皇上吃不离蟹，又不顾懿旨，视"风痰之症"若等闲，真可谓宋朝蟹粉丝中第一人也。

蟹馔

明宫太监刘若愚《酌中志》录有"天启宫词"，中有食蟹的歌诀："秋深御宿禁梨霜，酒泛缥罂（yīng）月转廊；纤手剥啄双郭索，落花舞蝶唾生香。"并有注："八月，宫中进紫蟹，用指甲挑肉净尽，以胸骨八跪完整，或列为花，或缀为蝶以示巧。"引文中的"罂"为盛酒器，"郭索"为蟹之别名。此词是记明熹宗在宫中饮酒食蟹的情形：宫娥用长指甲将熟蟹之肉都挑出来，想是用蟹壳盛着，置盘中央，再将八足以其胸骨处为立点，修整成跪膝形，沿蟹肉一圈码成"八跪献蟹"。且不说这是向熹宗献媚，用指甲剔蟹肉也不卫生，但视觉上能感到馔形的雅致，又省去了剥啄之烦，且吃法也简净。这反映出明宫的烹调已经演进到相当程度，也为后来制做花色蟹馔提供了一种思路。

高阳说，明代常熟有位周四麻子，发明了爆蟹法：将蒸熟之蟹再用炭火去烤，边烤边浇以甜酒和蛇油；不一会儿，只听毕剥数声，蟹的身骨和二螯八足皆开解爆裂，用箸稍拔，肉皆脱落，随即以姜醋汁蘸食（参见《古今食事》66 ~ 67 页）。但这种制法，得事先煮蛇肉，取用浮在上面的一层油脂，麻烦不说，代价也大；而且，蟹既蒸熟，不宜再爆烤，那就失嫩欠鲜了。再说，蛇油真有将蟹爆得骨裂壳脱的功能吗？有待验证。

也是明代，据传，唐伯虎吃了太湖蟹，画幅《醉蟹图》，他的家乡苏州一菜馆的老板，就按图制出了醉蟹，轰动苏州城，蟹价一日三跳。其实，酒腌的蟹馔在宋代已有，如酒蟹（载《东京梦华录》）。明代，南京早有"醉蟹"的歌诀流传："雌不犯雄，雄不犯雌，则久不沙。"接着有注，释为雌蟹入罐后醉而贴伏不动，膏黄易于凝聚；若群雌中夹入一雄，团脐必起骚动，膏黄则不凝而沙。这是秦淮河畔南院子传出的醉蟹术。所以就联想到唐伯虎去太湖必是吃了醉蟹才画出《醉蟹图》，那么醉蟹就不是始于唐画家。苏州菜馆的老板"按图索骥"，若说学画可信，但照画中的醉蟹制作醉蟹之馔，就不太实际，他哪有"旧院"制醉蟹的深得其道。

时至现今，在太湖产蟹区，要数东山人最懂吃蟹：鲜活的肥蟹，洗刷后用草绳捆扎；煮蟹的水有讲究，先放姜片和紫苏，煮至味融水中，再将蟹放入。这样，煮的过程中可驱除蟹的寒性。当地的说法是，煮蟹的永远比蒸蟹的在行。煮至蟹壳全红，便开始享飨美味啦。蟹户也会兴奋地拉起网笼介绍，你们吃的大蟹，刚才还在水里悠哉呢。这时候，最宜清口吃蟹。《晋书·毕卓传》："右手执酒杯，左手执蟹螯，拍浮酒船中，便足了一生矣。"此乃吃蟹狂人，不比，但也总是第一手的新鲜体验而觉得其乐陶陶了。

蟹宜配酒，故而醉蟹值得推广。酒能消蟹毒，并使活跃的肉质甚为滑软，鲜嫩吊舌，芳香无腥。啤酒烧蟹也是妙招：将一瓶麦芽度较高的啤酒倒入锅中，浸过蟹，放入葱姜，加盖约烧七八分钟，闭火，再焖五分钟即可取出而食；锅中的蟹酒汁加些时令青蔬，微调以盐，又成为一道味极鲜美的汤。

但在筵席上，还宜将蟹馔做得高雅些。有追求的厨师会从古代食书中取经或启迪灵感。宋人林洪《山家清供》所记的蟹酿橙，被时今杭州知味观菜馆改进的就很出彩：选甜橙（10只）截顶，取出肉、汁（留橙壳、顶盖）；大河蟹煮熟，剔取蟹粉（500克），用香油、姜末、橙肉及汁、糖、醋煸熟，分盛橙壳中，调入香雪酒和白菊花，盖上橙盖，旺火蒸七八分钟即成。食之有蟹腴酒香、菊芳橙美之兴。此馔其优点有三：一是汲古开新，并保持了传统风格；二是典雅别致，有助于拱托宴会气氛；三是简化了宾客剥啄、费手之烦。

蟹馔中，秃黄油当称顶端。昔时，沪上或姑苏的高档筵席，讲究蟹馔以不见骨壳为尚品。临至筵尾，会亮出一银钵的金色流溢的秃黄油，并按客配以黄菊、香桂“盖帽”的菊花饭，完美收官，成为筵席上再不能翻越的味觉颠峰。秃黄油的“秃”，取“纯粹”之意，即只用雌蟹之黄和雄蟹之膏，全无蟹肉，先以猪油煎透，再调以绍酒、姜末、精盐、糖、醋、鲜汤等略烧，施以适量粉芡而成。一钵秃黄油，得选雌雄肥蟹三十斤，仅能拆出一斤。您看它金澄澄的泛着油光，舀一勺浇到菊花饭上，任其渗入，入口之后任何描述都顿感苍白。这种如食醍醐般的畅快，恐怕只有幸而享飨之人方有体验吧。

可见，“蟹”字与蟹，配得上秋之丰腴。

虾的肖像

拐弯抹角的“虾”字

“虾”字，古写作“蝦”。汉代及前，“虾”义大凡指虾蟆，《说文·虫部》释：“虾，虾蟆也。从虫，叚（jiǎ）声。”虾蟆是蛙和蟾蜍的统称，今也写作蛤蟆。虾是蛤蟆？令人意外。

篆文

这得从“虾”通“鰕”（xiā）这一思路去理顺，方能获识“虾”字其义。先说“鰕”字，其义指鲼（fén）鱼，因鲼声与斑声近，故又谓斑鱼或斑文鱼。但《尔雅·释鱼》又记：“鲵（ní）大者谓之鰕。”鲵是两栖类动物，亦称山椒鱼，生山溪中，似鲇有四足，长尾，能爬树，声如小儿啼，故又谓娃娃鱼。可是，庚信《哀江南赋》里还说：鰕“大则为鲸为鲵。”鲸鲵是巨鱼，长有百尺，雄曰鲸，雌曰鲵。这又与娃娃鱼是两回事。所以，我信许慎，他说鰕大者为鰝（hào）：“鰝，大虾也。”（见《说文·鱼部》）鰝，今谓龙虾。

拐了这些弯儿，再来看“虾”字，就容易破释了：义为水生节肢动物的“虾”字，是受“鰕”字的影响而衍生的，“虾”（蝦）字中的“叚”，义为借（后作“假”），是从“鰕”字那里借来的；为何“叚”的左边加“虫”为“虾”（蝦）字？因为虾无论大小，皆似蜈蚣形，蜈蚣属虫类，故“虾”（蝦）字从虫。

对此，李时珍说得也很实际：“鰕音霞，俗作虾。入汤者红色如霞也。”（《本草纲目·四鳞》）“俗作虾”是指虾蛄。这类虾，清人施鸿保《闽杂集》里说：“虾蛄，虾目蟹足，状如蜈蚣，背青腹白，足在腹下，大者长及尺，小者二三寸，喜食虾，故又名虾鬼，或曰虾魁。其形如琴，故连江、福清人称为琴虾。”琴虾即是今人谓之的琵琶虾、螳螂虾之类；南方又称赖尿虾，因其被提出水时，会从腹内射出一股水流，故名。

海蜇的眼睛

闽南有古谚：“四月八，一哺雨，一葡蛇（zhà）。”蛇即海蜇。是说初夏海上几阵暴雨过后，会有大批集结的海蜇随水泛泛飘浮。宋朝诗人沈与求曾描绘过这种场面：“出没沙嘴如浮罂（yīng），复如缁笠绝两缨；混沌七窍俱未形，块然背负群虾行。”是说这种无眼的腔肠动物在海面上像浮动的罂（盛酒器），也像缫笠（黑色笠帽），一个个大块头地裹着群虾同游。这是海蜇与虾相互依赖的奇特生态。

虾群为何要附着在蛇体上？李时珍说得明白：蛇“大者如床，小者如斗，无眼、目、腹胃，以虾为目，虾动蛇沉。”又说其形“浑然凝结，其色红紫……下有物如悬絮，群虾附之，咂其涎沫……”。那时没有降落伞，李时珍无法将其喻蛇。其实，海蜇的形体更像降落伞，上部伞形体又高又厚，下垂八个口腕，下端有许多的丝状附属器。它依靠口腕上的许多吸口吃东西，食料是矽（xī）藻类等微小生物。而口腕下面则跟着虾群。这种虾，称海蜇虾，俗名大肚虾，体色棕红，间以黑白斑点。它们不仅吸咂海蜇的涎沫，还与其争食；海蜇以吸口之力吸过来的食物，往往却被虾群抢先吃到了。它们在海蜇的“保护伞”下，既安全又不愁吃喝。海蜇所以养着它们吃白食，是以虾为目，使虾引道。虾群上下左右游动，海蜇紧跟如是。当有危险生物或鱼网靠近时，虾群会迅速下游，海蜇感知，也就随之下沉。两者互得其所，休戚与共，竟成为莫逆之交。

对虾不是俩虾

虾喜欢嬉戏，常常两只纠缠一起，互相用长箝箝着玩，如雌雄成对。许是这个原因，人们习谓其为“对虾”。其实不然。“对虾”之谓出自渔民在捕虾后计数时，不用“斤”来算计，而是不论雌雄，每两只算一对，于是就留下了这一名称。

每年三月间，黄海南部越冬的对虾，开始成群结队地游向山东半岛那片水温回升的海区，继而又大量地游向渤海，有一部分游向朝鲜半岛的西岸，有的到达辽东半岛南岸附近。四五月间，庞鸿的对虾游到渤海的黄河口、海河口、滦河口，另一部分游到辽东湾。夏初，对虾开始交配。雌虾褐而透蓝，雄虾褐而略黄，故而渔民称雌虾为青虾，雄虾为黄虾。对虾多子多孙，一只雌虾能产卵一百万粒。自夏至秋，新生的幼虾得到丰富的食饵，成长迅速。至秋末冬初，幼虾已长成。刚出海的对虾身体半透明，可以看到它们的头壳里器官的搏动，故又谓明虾。不过明虾只能算“小孩”，严冬之前，它们要随长辈们游向黄海南部越冬，越冬时期一般会长到75～100克之间，体长达到18～23厘米。第二年春天，当它们北游时，已是成熟的对虾了。对虾这样春来冬去，往返途程少说有两千公里，游行时间约为四个月。说是到黄海南部越冬，其实到了那里，又得赶紧游回来，因为明虾长成为对虾时，要在春后到海、河交汇处交配和产卵，使生下的“婴儿”在严冬之前长成“小孩”，以便带它们游向南面越冬。所以，对虾的身体结构天然地适宜长途旅行：头前正中那一锯齿形的尖锐额角（俗谓虾枪），既能分水前进，又是防身利器。额角的基处有一对带柄的眼，竟能四面转动，使偷袭者难以接近。一看不好，还会突然一蹦，蹦出老远，避开险情。抵因它们头胸间有五对附肢，前三对的末端有小钳，能防敌、捕食，还是弹跳的力点。腹部是游泳足。末端有扇形尾肢，拨水力量很大，并能掌控身体的浮沉和游向。可是，有时也蹦错了地方，当看到一块黑糊糊的东西向它们靠近时，胆小的就拚力一蹦，竟蹦出水面，却落到夜航的小船船板上的灯光附近，等于自投罗网。

真正的夫妻虾也有。东海、南海及日本深海，有一种虾就是雌雄成对地一起生活，且皆是“白头偕老”。深海中有一种长筒状的玻璃海绵，体上有许多小孔，像编织精细的网笼。这种虾在幼小时雌雄结对地钻进海绵体内生活，长大时就钻不出来了，于是就成了伴侣，在“玻璃殿堂”里以微小生物为食，日子过得既安全又优渥。生物学家便给这种虾取名为“俪虾”，意示它们“伉俪情笃”；又因俪虾是“生同居，死同穴”，又将这种玻璃海绵取名为“偕老同穴”。日本人常将这种内有俪虾的玻璃海绵赠给新婚夫妇，并将这种天然工艺品称为“爱情的摇篮”。

虾在厨中

虾在中古以前的水鲜中，尚莫如鱼。那时鱼已是贡品、祭品，又被认作吉物，故而人们重鱼轻虾。虾馔的起誉约在汉后，启于南方沿海诸省。如唐人刘恂《岭表异录》记：“南人多买虾之细者……用浓酱醋先泼活虾，盖以生菜……亦有跳出醋碟者，谓之‘虾生’。鄙俚重之，以为异馔也。”刘恂为唐末广州司马，后流寓广州。他记的这是唐代粤菜，似是后来炝虾、生虾甚至醉虾的先基模式。

福建、台湾有食虾的古俗：每年立夏日，民间以白笋、咸鸭蛋、芥菜等祭神祭祖，并以煎虾面而食。闽南语音，“虾”与“夏”通，俗谓可消夏。时今新加坡及东南亚一带，流行福建虾面的小吃，应是闽侨带去的，疑是煎虾面的“后裔”。

宋时，汴京、临安（今杭州）的餐饮市场上，虾馔已是常品。《东京梦华录》《都城记胜》中就记有虾蕈（xùn）、虾燥子面、大虾巨、白虾等多种。虾蕈是虾肉配香菇制成，或烧或炒；虾燥（又作臊）子面是用虾肉作浇头的面条，这种作法原出陕西关中一带；大虾巨可能是龙虾；白虾应是时令白卤虾或白灼虾的“先世”。

醉虾，至迟在明代已有，是江浙人做出名的。清初学者朱彝尊在《食宪鸿秘》中曾录之：“鲜虾拣净，入瓶，椒、姜末拌匀，用好酒顿（注：烧开）滚泼过。食时加盐酱。”朱为浙江嘉兴人，此馔许是他的家乡风味。苏州、无锡的醉虾也早为人知。如曩昔无锡护城河畔聚丰园的醉虾曾盛名一时：该店东家先在渔户那里收购石塘出产的通体透明的活虾，装在竹篓中，沉在河水里，俟客人点食便捞上来，治净后拌以绍酒，置于盘；上覆大碗，防虾跳走。客人需以启碗缝中夹出，蘸以调料食之。

清末有龙井虾仁一馔，高阳说是翁同龢所创（见《古今食事》125页）。翁为咸丰六年殿试状元，后为光绪师傅。他是江苏常州人。江苏河道纵横，盛产河虾，亦近龙井产区。翁是有名的老饕，文儒知味，他能捉摸出此道乡馔，想在情理之中。

清后，有名的虾馔更多。如水晶虾仁（沪味）、柠檬虾（粤味）、罗汉大虾（京味）、熗大虾（鲁味）、锅巴虾仁（川味）、吉利虾（闽味），等等，都广有流传。说起虾馔，想到多年前，我在新加坡百乐门酒店与香港大厨同在厨房操俎，我向他们学过“香芒大虾沙律”。做法是：大虾煮熟，去皮取肉，片开，码入盘内一侧，上面交叉挤出如网状的奶油；旁边码芒果肉和火腿豌豆沙拉子；饰以生菜块、椰包菜块，点缀若干水兰豆；配沙律汁供蘸食。这菜雅丽多彩，简捷大方不雕琢，一看就有食欲。我也将灯笼虾传给他们。做法是：鲜虾头用适量清汤蒸出脑汁，过滤后调成味汁；虾肉在背处片三刀（不断），上浆，用温油划熟呈桃花状；先炒虾黄，随下“桃花”，再泼入味汁溜匀，然后用红玻璃纸拢起（底垫白油纸），扎紧，顶上饰出花瓣形，遂用漏具托着，上淋热油，纸即鼓涨，状如红灯而成。狮城作家许福吉，好兴吃过这个菜，后来对我说：“虾味真浓，三天后一叭达嘴儿，那味还在口腔里绕着。”他这是夸张或吹嘘，并不是菜做得好。我只是将虾的特味聚到一起，用纸包着不散味而已。

“面”字里的故事

“面”字是个象形字，甲骨文里写为“[illegible]”。有专家说，这是人脸的轮廓，里边是只眼睛。其实，这是眼眶的轮廓，里边是眼球和眼白。抵因眼睛是脸上最突出的器官，称“目”。所以，以目代面，意为“面目”。小篆里最初的“面”字写为“[illegible]”，将“面目”表现得较为完整：脸的轮廓里，上部是两只眼睛，中部是髭须，下部是嘴。故而，“面”字的本意是“脸”，亦即头脸。

甲骨文　　金文　　篆文

汉以前无“脸”字。许慎写的《说文解字》里，就找不到“脸”字。汉前的古籍中，凡用“脸”字之处皆写为“面”。如《战国策·赵策》记：秦国出兵攻打赵国，替赵国年幼的孝成王训政的赵太后向齐国求助。但齐国的条件是：需用赵太后的小儿子长安君作人质，方可救援。赵太后舍不得，不肯答应。赵国大臣们出于对国家的危难担忧，竭力劝说赵太后应允。这就把赵太后惑急眼了，愤道：“有复言令长安君为质者，老妇必唾其面！”这个“必唾其面”中的“面”字，即当“脸”字讲。

汉后，虽然有了“脸”字，但人们出于习惯使然，仍用“面”字而不用“脸”字。如唐代诗人崔护的名篇《题都城南庄》：“去年今日此门中，人面桃花相映红。人面不知何处去，桃花依旧笑春风。”诗中的“面”字亦指脸。但要改成“人脸桃花相映红”，就很别扭，也有碍诗的韵味。所以，你看成语，用“面”字之处都不用“脸”：面有菜色、面红耳赤、面目可憎、面黄肌瘦、面面相觑、面折廷争、面似靴皮、面方如田、面如冠玉、面从后言……这就看出，古人用“面”字已积习成俗，文字的传承是难以轻易转换的。

“面”字的引申义也较广，可用为面向、朝向，如《列子·汤问》：“北山愚公者，年且九十，面山而居。”亦可用为物体之外表、表面，如韩愈《南山诗》：“微澜动水面，踊跃躁猱狖。”又可用为面晤、面告，如《战国策·齐一》：“能面刺寡人之过者受上赏。”但无论“面”字如何引申，都离不开人的脸。如“面衣”，宋人高承《事物纪源》：“……面衣，前后全用紫罗为幅下垂，杂他色为四带，垂于背，为子女远行乘马之用。”如“面油”（似今护肤霜），宋人庞元英《文昌杂录》：“今谓面油为玉龙膏，太宗皇帝始合此药，以白玉碾龙台子贮之，因以名焉。”就连洗脸水，亦谓“面汤,《拍案惊奇》：“董天然两个早起来，打点面汤早饭，整齐等着。”致于“面”字当作量词，如一面筝，一面墙，一面镜子，一面旗幡……这都是用于扁而平的物件,“扁而平”即如人脸。所以,“面”字初为人脸而造。

再说“面”字又指面粉。请注意，至 1956 年汉字简化前，“脸面”的“面”写为“面”，但“面粉”的“面”是写为“麪”或“麵”的。在古代，“脸面”的“面”指颊，即妇女目下颊上搽胭脂之处，麪或麵是小麦由粒食加工的粉食，两者似不相及。可是，后来的“面”字为何又指面粉？我以为，仍是由人的脸面引申而来。这得从蒸饼说起。

《墨子·耕柱篇》：“见人之作饼，则还然而窃之。”这是说，那时的饼是窃用人的脸面而作之，饼状“扁而平”，即如人的脸面。可见，先秦时期的饼已与人的脸面有了关联，这是“面粉”所以用“面”字的最初迹象。对此，李时珍在《本草纲目》中说：“小麦面修治食品甚多，惟蒸饼其来最古……”指的该是这种饼。但说其是馒头的前身，乃不足据，因为蒸饼之类至今仍是与馒头有区别的面食。

说到馒头，更是由人的头脸引申而来，并是“面粉”所以用“面”字的重要认知来源。《事物纪源》里说：“诸葛亮南征，将渡泸水。土俗杀人首祭神，亮令杂用牛、羊、豕肉包之以面，像人头代之。馒头名始此。”这是《三国演义》第九十一回里也记载的事情：诸葛亮南征，孟获被七擒七纵征服。亮率蜀军班师回国，行至泸水，忽见阴云布合，狂风骤起，兵不能渡。亮问送行的孟获何故？获曰：“此水原有猖神作祸，往来者必须祭之……旧时……用七七四十九颗人头并黑牛、白羊祭之，自然风平浪静，更兼连年丰稔。”但亮不忍用人头为祭，乃唤行厨宰杀牛羊，和面为剂，塑成人头，内以牛羊等肉代之，名曰“馒头”。后来，明人郎瑛在《七修类移》里就说：馒头“本名蛮头，音转讹为馒头。”这里，郎瑛说蛮头是馒头的先名，倒有道理，但并非“音转讹为馒头”，而是诸葛亮命行厨作了四十九个面剂包着肉馅的假蛮头以祭泸水，是有意将“蛮头”易名为“馒头”的，这也有“面”字由指人脸又指为“面粉”的潜在性延伸。此说虽为俗传，但因是变野蛮为文明之举，后世人出于对诸葛亮的尊崇，宁肯信以为真。

说起“面”字又指面粉，这与“麪”或“麵”字后来改用“面”字并无关系。今谓“面粉”，唐代谓“麪粉”或“麵粉”，其义同也。问题是，蒸饼也好，馒头也好，都只是“面”字向面食的引伸，而面食与面粉是有区别的。那么，“面”字指面粉的具体原因在哪里？这里引据两则唐代戏言，或许有助其释。

一则载于唐人刘悚《隋唐嘉话》：“唐太宗宴近臣，相互戏谑。长孙无忌体肥，欧阳询嘲之曰：索头连背暖，侥儅畏肚寒，只由心溷溷，所以面团团。”这诗是说，长孙无忌胖得脑袋连着背，没了脖子；这么胖完全是由于害怕肚子挨饿，就像在圈（即溷）里的猪，只知道吃；所以，脸才圆圆的，像面团团。长孙无忌是太宗皇后的哥哥，权势显赫；欧阳询仅是弘文馆学士，一介文人，他当着唐太宗的面儿戏谑其大舅哥胖得与猪无异，可见那时的宫礼政俗较为宽松，帝臣共宴不计等阶，可以畅饮而无忌戏言。要说的是，这首戏谑诗里的“面团团”就没写为“麪团团”或“麵团团”，而是指人的脸面。有趣的是，到了南宋时，陆游却说：“赋形不使面团团，耸膊心知到骨寒。”（《剑南诗稿·庵中晨起书触目》）这是冲着欧阳询发微，怪他把长孙无忌从内心到外表都说成猪，戏谑得过于刁刻，令人耸肩心寒。不过，欧阳询这个过头的玩笑，却让我们领略了“面”字的涵义至晚在唐初时已与面粉相关。

还有一则戏言，也是唐时帝臣饮宴时相互嘲耍之类，载于唐人郑綮的《开天傳信记》：“（刘）文树髭生颔下，貌类猿猴，上令黄幡绰嘲之。……曰：‘可怜好文树，髭须共颏颐。文树面孔不似猢孙，猢孙强似文树。’”对此，宋人方岳在《秋崖小藁钞》里也跟着起哄：“看人面孔有何好，如此头胪只么（麽）休。”别看这都是戏言，却是“面孔”一词的来历。这方岳更刁刻，他的意思是说，文树的猿相值得看吗？这样的面孔还不如休成么虫。何谓么虫？《列子·汤问》：“江浦之间生么虫。”么虫细小得像人脸上的汗毛孔，说像麦粒磨成的粉状也差不多。方岳这句戏谑文树的“狠话”，可能就是面孔的“面”字过渡到面粉的“面”字的掌故。

其实，既然认同诸葛亮创意的馒头是“假蛮头”，也就不必在意方岳将“文树头”戏耍的“只么休”。谁会拿人的头脸开玩笑当真呢。

所以，脸面的“面”字与面粉的“面”字后来就合二为一，被定为“双面字”。就不仅是依据同音代替简化的方式，内在的合成原因甚至包括欧阳询写长孙无忌的那首戏谑诗。欧阳询的官位虽说不高，却是著名学者，为唐初的书法“四大家”。

“鲍”字味道

鲍与鳆

鲍鱼，实为鳆鱼。时今谓鲍成习，“鳆”字却不经用。故谈“鲍”字，须先识“鳆”字。

《说文解字·鱼部》：“鳆：海鱼名。从鱼，复声。”为何谓鳆鱼？从古人造字规律上看，鳆字左边的鱼字是贯例要有的，大凡鱼名多带鱼字旁。其字右边的复字，通覆。复义除指重复、繁复，也指有夹层的衣服。《释名·释衣服》：“有里曰复，无里曰单。”这是说，有夹层之衣称复衣，无夹层之衣称单衣。鳆鱼与一般鱼类只有一层单薄的“鳞衣”不同，它有一坚厚的石灰质贝壳，似同被“夹衣”裹覆。蠡测这是鳆鱼名称的由来。

其实，鳆非鱼，属贝类，是海螺的“近亲”。其贝壳椭圆而扁，似大耳状，故又谓海耳；因贝壳边有排小孔，或七或九，故又谓九孔螺。鳆鱼贝壳内的身体柔软而富肌肉，腹面肥大的肉足是它的运动器官，常用足附在海底的礁岩上，或用足爬行；头部有一对细长触角，触角基部有眼睛，嘴在触角之间的腹面，嘴里有齿舌，略像一条高等动物舌头一样的“带子”，上面有排小齿。鳆鱼靠齿舌刮取红藻或褐藻来吃，六、七月间吃得最多，长得最肥。它的贝壳就是中药里的石决明，也是螺钿镶嵌工艺的上乘材料，其珍珠层厚，有光彩，有时在贝壳内会发现珍珠。这也是鳆鱼名贵的原因之一。

深海食材其味尤美。故鳆鱼之肉也特别的柔嫩鲜爽。它比海参有本味，比虾蟹细腴，比螺贝有质感，比蛤蛎有品格。习谓“鲍翅”之席，可见它在鱼翅之上。特别是干制品，是世界上公认的珍食。

如果鲍即为鳆，鲍的味道应该与鳆卑实同耳。可是，“鲍”字之义并非如此。《说文解字·鱼部》：“鲍：饐（yī）鱼也。从鱼，包声。”饐义为食物经久发臭。《论语·乡党》：“食饐而餲（ài），鱼馁而肉败不食。”皇侃义疏：“饐，谓饮食经久而腐臭也；餲，谓经久而味恶也。”可知鲍为“饐鱼”，是指“鱼馁而肉败”，那是孔子所不食的。

“鲍”字之义又指咸鱼。《史记·货殖传》“索隐”中记：“（鱼）渍为鲍。”即鲍为盐渍的鱼。“鲍”字还义为鱼干。《周礼·天官·笾人》中有注云：“鲍者，于煏（bì）室中糗干之，出于江淮也。”注中“煏室”，为以火干肉之所，后凡以火干物皆称煏；注中“糗干”的糗，本义指炒熟的米、麦等谷物，这里指鱼类以火烘干，其味道或同腊鱼。

还有个“鲣”（qíng）字，《说文解字·鱼部》释为：“鱼名。从鱼，巠声。”东汉经学家郑玄谓鲣：“江南以为鲍。”郑玄是位极有学问的人，他这样说也不可不信。

可见，“鲍”字之义是指饐鱼、盐渍鱼或鱼干。按郑玄说，鲍又为鲣鱼。那问题就来了：鲍是鳆鱼的俗称或别名吗？

但“鲍”字的构造却与“鳆”字仿似：左边的“包”，义为包裹、包围，或指盛物的囊。若理解为鱼肉被贝壳包裹或包围，与玉米俗称包米或包谷似同，可能也是“鲍”字成因的取意。

我倒以为，“鲍”的先字可能是“鞄”（báo）。鞄在周代已指治皮革的工匠，称为“鞄人”。《周礼·考工记》：“攻皮之工：函（铠甲）、鲍（这里似指鱼皮制物）、韗（皮鼓）、韦（熟牛皮）、裘（皮衣）。”郑玄注：“鲍读为鲍鱼之鲍，书成为鞄。”可知“鞄”是“鲍”字的先字。“鞄人”又称“鲍人”（见《考工记》），应该有两个原因：一是鞄、鲍谐音，便以讹呼；

二是那时用鱼兽之皮治革具，因生产条件较为原始，作坊里会有腥腐之气，鞠人难免不衣染鲍味，故被俗谓“鲍人”，似有戏意。

总之，时今谓鲍成习的“鲍”，不是挥发新鲜气味的字。“鲍”字味道如何？请往下读。

鲍护始皇

古代，人们为防鱼腐，习用盐渍，但也难免腥臭。《孔子·六本》：“如入鲍鱼之肆，久而不闻其臭。”说的就是这种味道。所谓“鲍肆”，是出售盐渍鱼的店铺。《楚辞·东方塑》里还说：“联蕙芷以为佩兮，过鲍肆而失香。”您看鲍肆里的气味该有多么浓重。因而食鱼，一定要新鲜（干制品除外）。这道理谁都明白，就不讲了。窳败的鲍鱼会臭至何味？有则“鲍护始皇”的事情，可供人想象。

《史记·秦始皇纪》：“始皇崩于沙丘平台，丞相（李）斯为上崩于外，恐诸公子及天下有变，乃秘之，不发丧。……会署，上辒车臭，乃诏从官载一石鲍鱼，以乱其臭。”这件事情讲得简略，将其释解出来，大概是这样的——

始皇在位的第三十七年七月（公元前210年7月），他出巡冀州，沿途刻石颂德，以示不朽之功。至沙丘平台（今河北广宗西北），他已染疾，毒日头又好像从石碑后面蹿出，朝向他狠狠射出一团凶烈的火，御撵猝变成殡车。

丞相李斯十分惊惶，唯恐走漏消息，内起夺位之争，外引各郡变乱，更虑及他的切身利益，便秘不发丧。对此，《史记·李斯列传》又记：“李斯以为上（秦始皇）在外崩，无真天子，故秘之，置始皇居辒辌车中。”说的也是这则史事。

始皇所乘的御撵，谓辒辌车，大如寝屋，可挂衣，有窗牖，闭之则温，开之则凉，故名辒辌车。始皇驾崩之前，就被李斯安置在里头，再也不露面了。以至所经之地，郡守照常事奏，由内宦假旨裁决。无人晓得始皇已奄奄一息，不久就撒手人寰。

始皇崩，按常理说，应该中止出巡，回返京都，总是要向皇家及时报丧的，以行殡事、定继帝，国不可一日无君。由沙丘回咸阳，最近的路是南下邯郸，过黄河由阳武经博浪沙，入函谷关。但如此匆匆赶回，会遭人蹊跷，引起猜疑。所以，李斯决定仍按原定的计划不变，让天下人知道，始皇安然无恙，仍在巡行天下。这样，由沙丘北上，从井陉到陕西北端的九原部，再从击慑匈奴、构筑长城的蒙恬修成的驰道往南，直下咸阳。这个大弯儿兜下来，大概能有三四千里，始皇的尸体早就发臭了。那怎么办？所以李斯“乃诏从官载一石鲍鱼，以乱其臭”。可是，哪儿有鲍鱼？鲍鱼是怎么弄来的？《史记》里没有交待，有关史籍中也似无载。那就得蠡测了。

广宗沙丘，相传殷纣于此筑台，畜养禽兽。战国赵武灵王也曾在此处被公子成和李兑围困，饿死在沙丘宫。可见，秦以前这里已是重镇。秦时是驿站，设行宫，有南来北往的驰道。所以，始皇才能巡行于此。沙丘在广宗西北，据天津地区较近。那里在元代才设海津镇，元以前还是一片荒落的渔村，但却是海河五大支流的汇流处，又东傍渤海，故而是鲍鱼的产地。按现今的说法，北方沿海产有盘大鲍（又称大鲍、黑鲍）、皱纹盘鲍之类。始皇驾崩的七月，渤海的水温已经升高，正是鲍鱼向浅海作繁殖移动的季节，俗称“鲍鱼上床”。此时其肉足丰厚，性腺发达，最为肥美，也是最佳采捕季节。渔谚也早有“七月流霞鲍鱼肥”之说。

李斯派遣的从官应该是来这里购鲍，却是用来陪护始皇的尸体回咸阳的。但是从官不会知道这种实情。请注意，李斯是“乃诏从官”，“诏”在秦代是特指始皇颁发的命令，“命为制，令为诏”（《史记·秦始皇本纪》语）。可见李斯为了保密，故假传诏令使从官购鲍，或许对从官说，皇上得意这口，要带回咸阳去，令他昼夜兼程，速购速回，必须赶上皇上的辒辌车。从官就以为这是为皇上采购御食，哪敢怠慢，于是率领一队护骑兵，带上铁箍大车，拼命奔路。李斯那边可能算计好了；酷暑之下，俟几日后鲍鱼载来，已不新鲜，皇上的尸体已趋腐败，两者正好互乱其臭。

要说，一石鲍鱼即十斗容量，是一百二十市斤，个数约在三百左右。那时，近海航船已很普遍，始皇统一中国后，曾数次乘船沿海巡视各地。所以，又是捕鲍旺季，从官能购得一石大鲍，并非难事。

可以想象，从官完成了任务，李斯便命鲍车紧随辒辌车后面。暑曝鲍腐，与尸腐之味混同，使人分不出真假。这个李斯熟谙地境，知悉"鲍鱼上床"，又能谋划鲍鱼至腐能掩护始皇之死，吊诡秦帝国一路顺风，也算有学问。

此后，辒辌车也真就成为殡车。《汉书·霍光传》："载光尸柩以辒辌车。"颜师古注："辒辌，本安车也，可以卧息，后因载丧，饰以柳翣，故遂为丧车耳。"但我以为，辒辌车从安车到丧车之变，并不因"载光尸柩"为由，而是出于李斯导演的"鲍护始皇"为端。

从这则史事看"鲍"字，还是字圣许慎的见识高，他只释"鳆"为鱼名，释"鲍"为饐鱼。而这两者还真是有区别的。

海参小志

海参名释

海参的“参”是个多音多义字，读sān时当作“三”的大写“叁”用；读cān时为“参与”、“参加”义；“参”字读shēn时，则用于食材名，即如海参。

“参”本为象形字。甲骨文的形体，上部是三颗星，下部为人形，表示“三星高照人间”。篆书则写为“[illegible]”(曑)，繁体写为“參”，简化作“参”。“参”字的本义为星名。《说文·晶部》释“参”：“参商，星也。”“参商”是指参星和商星，这两个星宿在天空中像日月一样，一出一没，永恒迥别，因此有“参商不相见”的成语，比喻人们相隔两地不能见面。“参商”的“参”，即读作shēn，与海参的“参”同音。

海参之名，与人参之名有关联。晋《文选·陆士衡》“齐枢行”：“海物错万类，陆产尚千名。”这说得虽觉失衡，但言“陆中有什么，海里就有什么”，还是有某种道理的。陆中有人参，海里当有海参。海参性温补，足敌人参，故被比勘人参而得名。海参初谓“土肉”，按文载始见北魏沈莹（一说三国吴人）的《临海水土异物志》，中记：“土肉正黑，如小儿臂大，长五寸，中有腹，无口目。”据此推测，海参最迟是北魏时期在北方临海（渤海）一带起誉的。

明人谢肇淛（zhè）《五杂俎·物部》：“海参，辽东海滨有之，一名海男子。”这是指刺参的外号，寓示它为海洋伟哥。因其含有特殊活性物质，是构成男性精细胞的主要成分，可补益肾精，壮阳作用明显。刺参又谓海鼠。它灰黑色，肉刺密，鼓溜溜的其状如鼠，常是躲藏在海底岩礁处，海民就给它起了这么个浑名。

海参是棘皮动物门海参纲动物的统称。我国近海所产约60余种，可供食用者约20余种。分刺参、疣状参、光参三类。其中七八种为佳，且被普遍食用。刺参类除刺参外，梅花参最好，体型也最大，大者体长近米。背部肉刺颇多，每3～11个肉刺的基部相连，似梅花瓣状，故名。再如方刺参，四棱形，每棱上有排圆头肉刺，参体深黄或带橄榄色，以其形状特征命名。疣参如黄玉参，体似短柱，腹略平，背部多有疣状突起。以其肉色泛黄命名。光参类以大乌参为优，学名黑乳参。参体上黑下褐，体较大，肉多青棕色，呈半透明状。再如茄参，学名海地瓜，柱形，两端略尖，多黑灰或透棕红色。因似茄形，故名。因价廉物美，应用较广。上述诸参等，一般经去内脏、煮熟、拌草木灰、晒干等程序保存成干制品。

海参秉性

海错中，海参最老实。在浩翰的蓝色世界里，鱼们如离弦之箭，嗖嗖地疾来遽去；虾们游弋神速，又是蹦跳冠军；蟹们鬼头鬼脑，又能张牙舞爪地横行；连身贴在礁石上的扇贝，危急中也能毅然断脉，扇动贝壳逃之夭夭，化险为夷。只有海参们像灰黑的鹅卵石，一动不动地卧在海底，本分地啃泥吃沙。渔民潜海捉到它，它就老老实实地缩在人的手心里，根本不想逃跑。其实，它想跑也跑不掉。它的动作比乌龟还慢，每小时只能跑三五米。捉到个别的烈性海参，它顶多会将肚子里的胃肠喷射出来，乘机逃出半尺来远。海参没了胃肠照样活，要吃东西还能长出胃肠。但那有什么用啊，渔民一伸手又把它捉回来。

可是，老实的海参一旦被捉，竟与甲鱼一样，有誓死不当俘虏的决心。甲鱼性烈，宁卧不仰，宁正不反，除非断头。海参却有异常绝妙的反抗本领，即是溶化式的自杀。它只要被捕捉到渔民的网兜里，遂就开始溶化，俄顷便溶化成稀溜溜的糨糊，继而往网眼里一挤，秃噜一下逃脱出去。渔民早知它有这一招，一俟捉住它，随即用刀将其剖腹，抠出胃肠，使它只剩一具肉壳，以解除它的反抗能力。即使这样，海参仍是负隅顽抗，它会默默地寻找渔民身上或其他物体中的任何一点油渍，只要沾上油渍，马上会作出化合反应。它不像虾，虾的外壳是花架子，长须是墙头草，软体下全是绣脚，一经高压，马上变色。海参截然不同，当它被投进有油分的沸水锅里，即将自己快速溶化掉。人们眼睁睁地看着一阵碎屑翻滚，所有的海参像中了邪似的，转瞬间就变成一锅黏黏糊糊的疙瘩汤。

海参也是傻瓜。每当初春或初冬，它们都会从深海的岩礁处蠕动出来，借着海水的浮力，成群结队地缓缓移到近岸的浅水区，来享受阳光的温暖。在明媚的阳光下，它们身上的肉刺像无数小梅花一样闪烁着，却因此暴露身份。这时节，海民用不着潜入凌涛厉浪的险境，只须在浅水里等着一个潮流涌下来，往往就可以捕捉到千八百头海参，而且都是个头大、质量高的。您说这海参们仅是为了晒晒太阳，就大老远地盲动到渔民的伏击圈中，结果不是全军覆没，也是大半被俘。它们若是藏在海流凶险的暗礁处，就是海碰子高手也难以擒拿。这真是极大的得不偿失。但是人家也有仗势，只要逃脱一条大海参，它回去产一次卵，就是成百上千万，三年后又都是海男子。

海参入馔

自海参被沈莹记在书中后，再就音讯皆无。直到元代，才在贾铭的笔下复又出现："海参，味甘咸，性寒滑，患泄泻痢下者勿食。"（《饮食须知》"卷六·鱼类"）但这仅言其性，未知食法。因而就想，北魏至元相隔八百余年，海参入馔为何缺载？推源溯因，一是海参生息在细沙海底或岩礁底，产卵后还要藏到礁缝中"夏眠"数月，在没有完全掌握它们的出没习性时，人工捕获不易，故而产量稀少，难以播市，世人也就对其闻见甚微。二是这时期海参的干制方法尚未成熟，鲜活海参不能贮存，这是影响海参入馔的主要原因。不过，贾铭能记出患痢疾者勿食海参，亦可证明那时期必有以海参为食者，只是未见录之于籍而已。

入明后，造船、航海业绩卓著，郑和率百艘巨艅下西洋，也带动了海上贸易和捕捞作业的大发展。臆测此间在智慧的渔民层面，已具加工干海参的技能。《明宫史·饮食好尚》里就记载："先帝最喜用……又海参、鳆鱼、鲨鱼筋（鱼翅）、肥鸡、猪蹄筋，共烩一处，名曰'三事'，恒喜用焉。"所谓"三事"，原指"六府三事充治"，即正德、利用、厚生；亦指春、夏、秋三季农事；又指"三事大夫"，即掌管民事、官职、司法的重臣。这道原创版的"佛跳墙"被取名为"三事"，可知是在政典、农节或礼酬廷臣的御膳中所用。"明帝喜食胶东海鲜"之说，亦据于此。而此馔中的海参，该是经干制又涨发后方可入馔的。海参须经干制后才能长期保存，以供明帝"恒喜用焉"之需。

至清乾隆间，海参入馔显盛。奇怪的是，乾隆本人却对其戒之。是食它有厌，还是视它为不典之物？反正，乾隆的宴膳底档里从未见海参的字迹。他东巡盛京时，高丽国使臣向他进献200斤刺参。《盛京节次照常膳底档》里这样记载："本日小太监荣世泰奉旨问：尔等收这些东西何处使用？随总管张顺应使奴才们带回京去，伺候万岁爷赏人用。奉旨：是。钦此。"可见，这顶好的高丽刺参，乾隆照旧不食，要带回去分赏满汉朝臣。或许有这种原因起到纽带作用，官宦人家行宴倒是染上了崇尚海参之风。袁枚《随园食单·海鲜单》："小刺参……肉汁红煨极烂，辅佐用香蕈

（冬菇）、木耳，以其色黑相似也。……常见钱观察家，夏日用芥末、鸡汁拌冷海参丝甚佳。或切小碎丁，用笋丁、香蕈丁，入鸡汤煨作羹。蒋侍郎家，用豆腐皮、鸡腿、蘑菇煨海参亦佳。”此四馔，可谓菇耳烧刺参、凉拌芥末海参丝、菇笋海参羹、鸡腿蘑菇煨海参。时今仍有沿制。这都是名既朴素又很受吃的传统参馔。

民间饭庄酒楼盛营海参之馔，稍晚一些，约在道光间。顾禄《桐桥倚棹录》“卷十・市廛”中，记载这时期苏州的酒楼菜馆所经营的有十景海参、蝴蝶海参、炒海参、海参鸡、烩海参、拌海参等。徐柯《清稗类钞・饮食类》记，在京都，食肆上则流行海参席，居燕、翅席下。及至清末民国之际，各地上档次的膳所里经营参馔已为常事。传承至今有特色并被食家相对认同者，我归纳为“参馔八名品”：北京、山东葱烧海参，广东、香港北菇扒海参，谭家菜蟹黄海参，上海虾籽大乌参，福建烧扒四宝开乌参，江苏蝴蝶海参，四川家常海参，辽宁大连麻酱海参（凉馔）。当然，这可见仁见智。

时今海参新馔层出不穷，佳者亦多，行家大凡知悉，不赘。只介绍生拌活刺参。其活者大于干制后涨发者。取来后先置案上不断摔掷，越摔越硬，俟摔至卷曲似球状时，遂斜刀片成小片，速治净，用沸水焯至断生，捞出沥净水分，置器内；另配味碟（有葱、姜丝），供蘸食。但慎用盐、醋，因参片与其相合易硬。有与活刺参奁缘之读者，不妨照此一试。

“燕窝”异辞

鉴识燕窝

关于燕窝的词目，初见贾铭的《饮食须知》(卷天)：“燕窝，味甘，性平。黄、黑、霉烂者有毒，勿食。”贾铭是浙江海宁人，生于南宋咸淳四年(1268)。他11岁时，南宋亡，《饮食须知》是编成在元代。该书自序云：“历观诸家本草疏注，各物皆损益相半，令人莫可适从，兹选其反忌，汇成一编。”可知他编此书，旨在示以世人要注重饮食调配，避免饮食失当而有害健康。要说的是，他“历观诸家本草”，应该是元代以前的著作。而他所编“燕窝”一条，起码是转引南宋时期某种本草之作的疏注。蠡测燕窝最迟至南宋已被认知和食用。难能的是，贾铭长寿106岁，卒于明洪武七年(1374)。入明他已百岁。传朱元璋召见过他，问他养生之道，答曰：“要在慎饮食。”并将《饮食须知》献出，呈进御览。这不仅是一段历史佳话，贾铭以食疗养生作则自身，履践“要在慎饮食”而实现的人生长命价值，也是值得世人认真学习的。

“燕窝”的正式词目，初见明、清之际王西宁的《暑窗臆语》，后被清初大学者王士祯在《香祖笔记》卷五中转引：“燕窝名金丝。海际沙洲生蚕螺，臂有两肋，坚洁而白，海燕啄食之，肉化而肋不化，并津液吐出，结为小窝，啣飞渡海，倦则栖其上，海人依时拾之以货。又云：紫色者尤佳。”也是清初，时任福州布政司的周亮工撰有《闽小记》，其卷二亦有“燕窝”词目：燕窝“漳海边（注：闽南沿海）已有之。盖海燕所筑，啣之飞渡海中，翮力倦则掷置海面，浮之若杯，身坐其中。久之，复啣以飞。多为海风吹泊山澳。海人得知以货，大奇大奇。右见《瓦釜漫记》。余在漳海询之海上人，皆云燕啣小鱼，粘之于石，久而成窝。据前言，则当名为燕舟；据海上人言，亦可名为燕室矣。有乌、白、红三色。乌色品最下，红色最难得。白色能愈痰疾。红色有益小儿痘疹。南人但呼曰燕窝，北人加以菜字。”

引此二则，我想读者也会感到大奇大奇。这海燕既能享飨蚕螺小鱼之鲜美，又能使不化之物并以津液吐出，筑成栖室兼渡舟，还知道渡海时啣之同往，飞累了供自己乘坐，歇过乏复啣再飞。真乃小精灵也。

但也需作注释。燕窝何以谓金丝？因燕窝原产马来群岛、印度半岛一带，明时从南洋进口，无根无毛，普为黄色丝状，故谓金丝。而筑燕窝的海燕，则被谓成金丝燕。周亮工所记燕窝有乌、白、红三色，其中白色者是金丝燕在第一期所筑的窝，俗称一巢，纯是用吐出的津液所筑，质量上乘，呈碗状，因商品经熏制增白，故谓白燕；明、清时常作贡品和官场礼品，又称贡燕、官燕。其色乌者谓毛燕，是一巢被人强采后所筑，俗称二巢；因那时金丝燕产卵期近，津液又不足，便啄下羽毛并同津液筑窝，窝形已不匀整，毛绒显多，色较乌暗，质次于白燕。其色红（或紫）者是二巢被人强采后所筑，俗称三巢；这时金丝燕产卵在即，拚命赶筑，因劳累津液中带有血丝，故谓血燕，毛、藻杂质更多，品质最下。有人说血燕是贴在有色崖壁上染化而成，不排除这种可能性。但是海边崖壁呈灰黑或深褐色，染到燕窝中能是红色？疑信然。若真这样，则需慎食或不可食。

皇帝与燕窝

贾铭献给朱元璋《饮食须知》，这位明太祖吃没吃过燕窝未见记载。明后期的僖宗朱由校是常吃的。刘若愚撰《酌中志》里记：僖宗“喜用炙蛤、鲜虾、燕菜、鲨翅诸海味十余种，共烩一处食之。”这可能是后来“佛跳墙”一馔的先端。但僖宗肯定不是第一个吃燕窝的皇帝。蠡测燕窝在明成祖朱棣时期已成御膳，这与郑和下西洋有关。他曾多次到达过原产燕窝的南洋诸国，完成了与四邻通好的“朝贡贸易”的使命，至使这些国家每年或三年都派贡使来大明朝进贡（史称“西洋朝贡”），南洋燕窝也就有了向中国流通的延宽渠道，也成为燕窝得以入馔明宫的导引。当求食燕窝在明宫和上层社会有了一定的舆情后，南洋商人就不失时机地将大批燕窝运售中国。以万历年间为例，进口的百斤白燕需交税银八钱六分四厘，百斤毛燕需交税银一钱七分二厘、百斤血燕需交税银六钱五厘。这对外商来说，是微不足道的关税。他们摸准了明朝皇帝和官宦、富绅阶层已视燕窝为极品珍馐的心理，就以“贸探琛异”为由，价格哄抬得很高，又经国内商人的转售加码，燕窝的起点标价就在任何名贵食品之上。

但是，明朝皇帝吃燕窝比起乾隆来，还是小儿科。自乾隆第二次南巡后染上燕窝之好，每膳必食燕窝。吃法是燕窝像酸菜丝一样被放进锅子里，用鸡鸭（切块）为配料炖制而成。如燕窝口蘑肥鸡热锅、燕窝红白鸭子热锅等，多达数十种。我写过《乾隆御膳考述》一书，故知其情。这么说吧，乾隆把筷头子搛进锅子里，若不搛出一大撮燕菜来，御茶膳房主管肖云鹏是要吓出一身冷汗的。乾隆还常吃燕窝拌白菜丝，白菜丝只是其中的点缀，或曰配搭。时今酒店要出售此馔，一盘少说得卖一万元，客人还不一定敢吃，会怀疑燕窝是假的。不然，怎么与白菜这种“下里巴人”拌到一起呢？

乾隆狂吃燕窝之时，已是满脑天朝意识，藐视外部世界。他不准外国人到中国做买卖，说“从无外人到京城开设货行之事”，“此与天朝体制不合，断不可行”（《赐英吉利国王敕书》）。因而，那时中国只剩下一个粤海关。当年郑和远航的出发地——漳海五虎门一带，因港口撤销就成了金丝燕的大本营。时任福建巡抚的余文仪和福州将军永德，就兼任起向乾隆进献燕窝的贡使。据御茶膳房于乾隆三十九年设立的《进小菜底档》记，这两位大吏每年循例要向乾隆进献100包干制燕窝（每包1斤）。我估摸，那时福建出产的上乘燕窝，至少有一半被乾隆吃进肚子。

乾隆嗜好燕窝活到87岁，是清朝十二帝中寿命最长的。这无形中给燕窝打了一个穿朝越代的御牌广告，助长了后世视燕窝的营养丰富无比、有食疗奇效，还能延年长寿的舆情。现今的某些燕窝广告也是这类口径。至使燕窝被公认为万食之首，有“馔王”之誉，操办筵席也有“先燕后翅”的规则，这使高贵的鱼翅也不得不俯首称臣。然而，据许多资料记载，营养学家们对燕窝曾有鉴定：天然燕窝中含氧物质57.4%、灰分8.7%、纤维1.4%、水分10.4%、脂肪微量、蛋白质数种18.2%，且多为不易被人体吸收的不完全蛋白（如被金丝燕所食的蚕螺之肋等不化物）。至于毛燕和血燕，营养成分还要差。这是说，燕窝的营养成分不是很高，更不该将这种小燕鸟吐出的津液玄造成营养图腾。再说，咸丰也是豪吃燕窝的主儿，他的宴膳通常有四道燕窝大菜，还要做出“洪福万年”、“膺寿多福”等字样造型，这比乾隆吃得还讲究还奢侈吧，可结果怎么着，不满32岁就死到避暑山庄。咸丰有意比乾隆多吃燕窝，可该短命还是短命。寻根地说，是当初图利的外商和以乾隆为典型的皇帝给燕窝撒下一束诱人的光斑，使后来世间的食俎行为也扩展出一片虚荣的挥霍。

金丝燕与燕窝

中国人崇食燕窝，是由于金丝燕的存在而决定的。当食燕窝的恢恢势象随着时间的推移渐而平静在社会的麻木之中，金丝燕所遭受的厄运也似乎被我们遗忘。

人们是怎样强采燕窝的？明末屈大均的《广东新语》中记：“土人皮衣皮帽秉烛探之，燕惊扑人，年老力弱或坠崖而死。故有多获得，有空手而还者。”可以想象，当人们钻进海边的崖洞，握炬执叉爬上高梯，提心吊胆地用叉将瞄见的燕窝捅下来时，又惊又恼的金丝燕会奋力地朝向捣毁它们家园的人扑将过去，高梯上的人突然受吓，身体失衡，很可能跌落下去摔死。这是你死我活的人燕之战，令人脊背发凉。

我曾在马来群岛的龟屿见过金丝燕。那岸边泊一舲船，艄公向游人兜售马来群岛的特产——燕窝，船板上的金丝燕被绳拴住踝足。我听不懂艄公那一口马来土语，但对那只金丝燕却记得很清。它是鸟纲雨燕科的一种燕鸟，羽毛黑而微褐，挪身时有蓝色光泽，下体灰白，嘴短且宽，足亦短呈暗红色，四趾均向前伸。它的生动处是在双翼，尖耸而长，使我联想到一位绅士穿着燕尾服。这种体态比弧肩的鸟类神气多了。但它现在并不神气，可能是人用叉捅燕窝时，它为护家卫子与叉尖搏斗受伤而被捕获，现在又戴着脚镣被人强迫着去当贩卖自己家园的活广告。因而就想，当艄公兜售完燕窝，它瞅着游人抓走燕窝的手都是刺来的叉子，会吐出最后一口咯血的浆，在悲愤和孤独中渐渐死去。

我又想到，当初，人们对三巢即血燕还能手下留情，留着给金丝燕繁殖后代。若将它们剿灭绝种，岂不是断了日后的财路。这种规矩也是人道主义使然，就被俗传了下来。可是，约自 20 世纪 80 年代后期，随着市场对燕窝的需求不断增加，某些广告就将燕窝炒作得大放异彩，价格涨而又涨，这就加剧了对燕窝货源的抢购竞争。在利欲的作用下，也顾不上它是几巢和“拒收血燕”，血燕便以“最难获得”为由，顺势成为牟取暴利的“珍品”，本是质量最差又因产量较少，在市场上的标价竟高于白燕之上！据近年央视晚间新闻和中国新闻社报道，市场上的绝大部分血燕都是人工造假，甚至含有超量的亚硝酸盐，食用后对人体的健康危害很大。

所以借此再次呼吁：商家“拒收血燕”的传统和商德不能丢；也要树立拒制血燕、禁食血燕的社会良风。要用厝燕，即人工饲养的燕鸟在室内筑的窝。因为，据生态学家对野生金丝燕的调查，亚洲南部的金丝燕已经减少 50% 以上，我国海南、福建一带的金丝燕，已经濒临灭绝。

“鱼翅”奏记

说鲨解鳍

鲨鱼的“鲨”字，先秦时期义鮀（tuó）。《尔雅·释鱼》：“鲨、鮀。”有注：“今吹沙小鱼，体员（圆）而有点文（纹）。”何为“吹沙小鱼”？晋人陆机《毛诗草木鸟兽鱼虫疏》（下）：“似鲫鱼而小，体圆而有黑点，常张口吹沙。”又怎么是“张口吹沙”？晋人郭义恭《广志》：“吹沙鱼，大如指，沙中行。”意思是此种小鱼习在河底吹沙游行。这是玄语。这么大点儿的鱼岂能吹动水中沉沙？实为以嘴拱沙利于前行也。因此，这种小鱼被写作“魦”。后来《说文》省作“鲨”，许慎释其为：“鱼名，出乐浪潘国。从鱼，沙省声。”鲨是形声字，鱼为形符，沙省声为声符；“乐浪潘国”地在今朝鲜平壤市南。鲨就是吹沙小鱼，本名为鮀或鲨。可知汉时及前，这个鲨字与海鲨的“鲨”字尚无关联。

《说文·鱼部》里未录“鲨”字。但录有“鲛”字，释为“海鱼，皮可饰刀。”鲛即海鲨的本名。后来，因鲨代替鲛，鲨字就有了转义，专指海鲨，与鮀、鲨字渐不通使。

海鲨之鳍成为食材，始见《宋会要·食货》。宋代专设“会要所”，修撰会要，前后共历十次。至南宋时，已成书2200余卷，中以礼、职官、食货等类篇幅最巨。但从未刊行。元取南宋后，稿本北运。元修《宋史》各志，多取材于此。可知《宋会要》是研究宋史的重要资料。以宏见微，鲨鳍在宋代的食货中出现，能揭橥其被食用的俗传应该不是杜馔。俗传鲨鳍入馔是偶然的发现。据说很久以前，南方渔民食用鱼肉，习将鱼鳍于田中饲肥。过后，发现田中植物长得很茂盛。于是有人就想，倘若人食鱼鳍，岂不也与养生有益。据资料传载，初将鲨鳍煮成菜肴者为安南人。安南在唐朝是都护府地，北宋时封其王为交趾郡王，南宋时改封安南国王，明朝时以其地置交趾省，清嘉庆七年（1802）被始称越南。历史地看，清中叶以前的安南仍属中国的郡地或一省。那么“很久以前”初食鲨鳍者大概就是宋朝的安南人。

海鲨之通谓期约在明朝。明人张自烈《正字通》：“海鲨，青目赤颊，北上有鬣（liè），腹下有翅，味肥美。六书故曰：海中所产，以其皮如沙而得名。“可知海鲨在很早以前曾谓沙鱼，后为与魦鱼区别，主要还是在于明朝鲨鳍入馔已较为流行的背景，才被人们普谓为海鲨。

鲨鳍在明朝被称作翅筋、鲨翅、鱼翅。入清后则通谓鱼翅，并被人们食尚为俗。乾隆三十年成书的《本草纲目拾遗》（赵学敏撰）中记：“（鱼翅）今人可为常嗜之品，凡宴会肴馔，必设此物为珍享。”清末，鱼翅更成为南北各地华筵中的头馔，习谓“鱼翅席”。大凡于宴所作东酬客，惯设“鱼翅席”以为体面。以至有“无翅不成席”之说。连来华的洋人亦求一饫为快。徐柯《清稗类钞·宴会》：“李筱荃制军瀚章（李鸿章兄）督粤时之宴外人也，循例设西筵。某则谓其味穷，且曰：‘此来实冀一尝贵国之烧烤、鱼翅美味也。”所谓“烧烤”，那时俗谓“满汉大席”。这个洋人想吃的，即是这种以烤乳猪和鱼翅为主馔的顶级华筵。

鱼翅歧见

鱼翅入馔被沿制至今，有了很大的发展，不仅鱼翅的产品种类繁多，加工精致，在烹制上也馔式层出，精益求精。这是不必回避的事实。近些年来，在拒食鱼翅的热潮中，鱼翅之事更是被媒体屡屡报道。值得关注的是，鱼翅在未被提出禁食之前和在被提出禁食之后，它的固有营养竟然也随势发生了巨变。即是说，鱼翅的营养与否是伴随着吃鱼翅还是不吃鱼翅的莫衷一是间而转捩。因而，我梳理了中医学、辞典、相关食书和报刊媒体对鱼翅营养的记载和报道，概作归纳，大凡有七种说法，简要辑之。

其一：中医认为，鱼翅味甘咸，性平，具有益气、开胃、补虚之功效；能渗湿行水，开胃进食，补五脏、长腰力、益虚劳。

其二：鱼翅为珍贵滋补品，有极为丰富之营养，富含胶原蛋白和软骨素、骨质素。有美容养颜、滋养身体、预防骨骼老化、防癌抗癌、延年益寿等功效。

其三：鱼翅干品每 100 克约含蛋白质达 85.3%。但因缺少氨基酸（色氨酸），属不完全蛋白质。烹制时须注意配以氨基酸含量较多的肉类、鸡、鸭、虾、蟹、干贝等，达到营养互补作用。每 100 克干鱼翅含钙约 146 毫克、磷 194 毫克、铁 15.2 毫克。有降血腊、抗动脉硬化及抗凝作用，适当食用对冠心病有一定疗效。

其四：鱼翅的蛋白质含量确实较高，而且绝大部分都是胶原蛋白。但其中缺少极为重要的氨基酸，属不足介蛋白质。不管吃的是什么蛋白质，结果都一样，都是在人的胃肠中被消化成氨基酸，再被人体吸收。鱼翅的蛋白质与人体需要有很大差异，并非人体需要的优质蛋白，吃它不会被消化成想象中的营养。

其五：鱼翅的营养只相当于猪蹄或鸡皮，比不过鸡蛋和肉类。而且还存在食品安全隐患。鱼翅中的汞、镉等重金属的含量比其他鱼类高得多，使人容易引起头痛、恶心、呕吐、口腔溃疡、肾脏损害、腹痛、腹泻、性功能减退，也会导致妇女流产。

其六：据美国《赫芬顿邮报》报导，美国迈阿密大学科学家经过分析佛罗里达州海域的七种鲨鱼后发现，鲨鱼含有高浓度的 BMAA 神经毒素。这种毒素的浓度为每毫克 144 到 1838 奈米克，与老年痴呆和葛雷克氏症患者脑中发现的浓度相当。吃鱼翅可能致老年痴呆。

其七：国内有的专家认为，BMAA 毒素还能引起神经系统损坏，进而导致肌肉萎缩，影响消化系统、呼吸系统等，最后不能吃饭而死亡。

这七种说法，信其一可放心而食，信其二宜多食，信其三须按说食之，信其四该慎食，信其五则不食，信其六老人戒食，信其七要视其为毒品而绝食。你信哪一说？半信半疑哪一说？完全不信哪一说？同是海洋里产生的鱼翅，为何又产生这么些互为矛盾的道理？

鱼翅是非

自美国人威廉·雷恩与他人合作，写了一本《鲨鱼不生肿瘤》的书，又通过影响较大的哥伦比亚广播公司上了电视，这下子火了。雷恩就与他的儿子开了专门生产鲨鱼软骨（鱼翅）产品的公司，产品销路甚旺。FDA 和美国联邦贸易委员会就发出警告，禁止雷恩的公司再对产品进行虚假宣传。一些公司见这条路走不通，就用鲨鳍制作保健品。因为膳食补充剂的上市不需要 FDA 的批准。导致许多患者相信这类保健品就是治疗肿瘤的灵丹妙药（据《科学松鼠会》）。2001 年 8 月，美国海岸警卫队在圣地亚哥附近扣押了一艘捕杀鲨鱼的渔轮，发现船上并无鲨鱼尸体，只有 32 吨鱼翅，相当于有 2 万多条鲨鱼被杀。由此，美国禁止这种割鱼翅的捕鱼方式。2011 年 11 月 21 日，欧盟执委会提出了全面禁止猎杀鲨鱼、掠取鱼翅的立法草案。美国野生救援协会携手奥运冠军郭晶晶，拍摄保护鲨鱼的广告片。在拍摄现场，郭晶晶掐腰肃言："吃鱼翅就是跟我过不去！"（某报设计台词）又有了"没有买卖，就没有杀害！"的公益广告。广告中，姚明推开摆在他面前的一篮鱼翅，拒吃。

然而，吃鱼翅还是不吃鱼翅？却在中国业界、评论界、环保组织和消费者之间引发很大争论。我归纳媒体的相关报道，主要有七种观点，亦简要辑之。

其一：一致赞同政府部门禁止公款消费鱼翅，保护鲨鱼物种和海洋生态平衡，配合纪检监查部门对公款大吃大喝行为的监督惩处工作，将其纳入行政问责范畴。

其二：中国不是捕捞鲨鱼的主要国家，有些国家的捕捞量远大于中国。其目的是用鱼翅制作保健品，作“吃鱼翅不生肿瘤、不得癌症”的虚假宣传，以牟取商利，却没受到过多指责。而中国的鱼翅入馔引发争议，给消费者造成误解。这是不公平的。

其三：中国没有专门捕捞鲨鱼的部门或组织，更无只割鱼翅而弃鲨尸的捕捞行为。由于鲨鱼与其他经济鱼类混杂一起，捕捞时不可避免地要有鲨鱼。鲨鱼被捕捞后基本上无法存活，不利用它反而是一种资源的浪费。

其四：从国家利益的层面，应该理解拒食鱼翅。但不反对鱼翅制品贸易。环保组织提供的“每年捕捞鲨鱼数千万条”的数据须谨慎使用。因为这有倾向性。

其五：有些酒店表示，获取鱼翅需要捕捞鲨鱼，这不环保，宣布停售鱼翅。多数酒店认为，就目前情况分析，拒食鱼翅需要一段时间。客人进店硬要选择鱼翅，仍得供应。但不会主动推荐。

其六：虽然鱼翅是公认的好东西，但鉴于环保，今后尽量选择其他滋补炖品。但彻底拒食鱼翅，是否过于绝对？

其七：鱼翅是高端商品，为小众消费，不宜扩大为国人餐桌上的焦点问题。鱼翅还分咸水翅和淡水翅。无论其营养如何，一年吃上三五次，也起不了作用。

可见，鱼翅是非引人深思。但又不止是鱼翅问题。鲨鱼肉可供食，肝可制鱼肝油，骨可制胶、鱼脑、胆固醇。而且，唇部可干制成鱼唇，吻侧软骨可干制成鱼骨，皮可干制成鱼皮，都是名贵食品。倘若鲨鱼有害无益，牵涉面就广泛了。就想到中医学、辞书、食典和相关读本、教材中关于鲨鱼和鱼翅的内容、说法，还有鱼翅制品交易、鲨鱼的消费文化等等，都需要改写或被否定、中止。难道真要面临这样的结局吗？

五

味字揽要

宿沙煮盐

篆文

宿沙，传说中的炎帝臣。他与炎帝后裔共工一样，权势很大，是“霸天下者”。《艺文类聚》记他因“叛不用命”，后被炎帝“箕文谏而杀之”。以至，“宿沙氏之民，自攻其君而归神农”（《吕氏春秋·用民篇》语）。但《世本》则记他为黄帝臣，那就未曾被杀。他的身世和命运虽存悬念，史官们却皆认他是始制海盐者，如《说文》：“古者宿沙初作煮海盐。”清代训诂学家郝懿行，素以考释名物、订正讹谬闻名学界，在所著《证俗文》里也说的很肯定：“盐，咸也。古者宿沙初作，煮海盐。”兹见，始煮海盐者冠以“宿沙”为名，这事情本身就是悠悠远古中一种真实的遗留。

所以，后世人曾为宿沙建庙。宋人罗泌《路史·后纪四》：“今安邑东南十里有盐宗庙。……宿沙氏煮盐之神，谓之盐宗，尊之也。”我注意到山西境内有两处安邑，一处在夏县西北，战国初为魏国都，相传夏禹建都于此；另一处在运城东北，隋改南安邑县置，民国后移至今运城，境内有盐池，是历代有名的盐产区。盐宗庙建在哪处安邑？罗泌没写清。但无妨能使我们认知：宿沙能被庙祭，不在于他的官高权大，即使因背叛炎帝而被杀，也不影响他的形象，只因他发明了盐。切实为民造福的人能升格为神，神的世界也会通情达理，平实可亲。建座盐宗庙，就颇符民意。

但是，山西为内陆，宿沙煮海盐，其生存境地应在海边。因而，《太平御览》引《宋志》称：“宿沙卫，齐灵公臣，齐滨海，故以为鱼盐之利。”对此，可意会为宿沙氏部落到了先秦时期是居于“九服”（畿）之卫领地，成为周的重要封国——卫国人。按史情看，卫懿公时，卫国被翟攻破，齐桓公帮助卫遗民在楚丘（今河南滑县东）落脚，从而成为齐国的附属国。春秋时，翟和晋又多次伐卫，卫人不御外侵，宿沙氏部落便投靠于齐，其首领就成为齐灵公的臣子。这虽是推断，但山东曾是炎黄部落的重要活动区域，其分支——宿沙氏部落分布在河南、山东境内，之后成为山东先人——诸夏族的一支部落，应该有这种可能。《山东风物·传说中的山东部落和人物》记：诸夏族后来又向山东东部近海地区发展。那里气候温暖，多有低丘广峪，利于掘穴为屋和获取较多的生活资源。在近海生活的先民，对海水应有过多的感悟。按照历史的文明进程，宿沙煮海盐，正是山东先民晓以用盐的时期。这样，曾是炎黄部落的宿沙氏族，后来归属于滨海的齐国，就成为史官们想象中却又未脱离史情的传说。

宿沙如何煮海盐？明人彭大翼《山堂肆考·羽集》的“煮海”条记：“宿沙氏以海水乳（卤）煎成盐，其色有青、红、白、黑、紫五样。”这里，彭氏显然是将纪元以后制陆盐的五彩纷呈都按在宿沙身上了。陆盐取材广泛：井盐出于井，石盐出于石，木盐出于树，蓬盐出于草，崖盐出于崖……盐除白色外，还有其他颜色。《北户录》记：“恩州有盐场，色如绛雪；琴湖池桃花盐，色若桃花，在张掖西北。”医药学中称绛盐为戒盐。还有紫盐和青盐。《本草纲目》记：“交河之间掘碛下数尺有紫盐”、“青盐池出盐正方半寸；其形如石，甚甜美。”据说还有绿盐，我没见过。至于炼陆盐，不达则黄，浊咸土炼之则黑。这都归于盐的成色，与宿沙无关。海盐就是白色。说宿沙能煮五色盐，我想也不都是陆盐的成色，应该还有他为“煮盐之神”的虚幻彩色。其实，煮海盐较制陆盐为易，但在真实的宿沙那里，却是人间的奇迹。

可以想象，宿沙能煮海盐，是要经历过“近取诸身”的感悟。我描摹一段“海水泡兽尸”的情节，或许能探测到宿沙萌生向海要盐的念头——

宿沙氏人埋伏在丘林中，用粗砺的石箭射翻了一头麋鹿，火上燔肉后打起饱嗝时，都瞅着剩下的那爿麋尸，把它搁到哪儿？这种时候，恩格斯讲，先人就有了协调的需要，就有话要说，我想那是进化的猿语：丘穴里堆满了取火的柴枝，没地方搁它；再说，它还有腥臊味儿。有人提议：搁在海滩上吧，让日头晒着，海风吹着，不易腐坏；那儿也安全，凶兽怕水，很少寻食到海边。于是，缺头短腿的麋尸就被横放在两根树棍上——这可能是中国最早的一副担架，在两双毛茸茸的手中攥起了……可是之后，当乌云涌聚，狂风大骤，海就恼怒着，一排排汹浪像咧开的巨嘴伸向沙滩，将麋尸吞噬。当海击溃雷电风云的侵袭，复而潮退浪静时，又像母恐龙一样温驯。霞霓中雾霭散处，沙滩中又现出那爿残缺不全的麋尸，浸在海浪的涌退之间。那是海乘着连日的昏暗在做吐纳的游戏。这时，有海鸟的嘎嘎声由远至近，它们扇着一片灰压压的翼翅扑落下来，栖在麋尸上，俯下长喙争啄。那些饥饿的宿沙氏人也出现了，手持树棍奔冲过来，又拾起麋蹄般的螺蛤，掷向海鸟。随着呼啦啦一阵惶飞，几片羽毛打着旋转，从空中飘落。于是，一副担架又将麋尸抬回原处。“噹”地一脚，有者踢出一堆骨骼，里面有一条像麋粪一样盘卷的蛇，抻直身躯哧溜溜惊窜到草丛中。有者从丘穴中捧来干柴。篝火燃起了，烈烈扬扬。宿沙氏人用锋利的石片撕割麋肉，再插到棍尖上，放在火苗中燎烤……当他们咀嚼着被海水浸渍过的焦香的肉，我就想到时今吃老坛牛肉面的视屏广告代言人，那眼神如闪铧、煞口喷热气的表情。这样，有个智者会思索着缓缓扭颈，凝望起前方的大海。突然，他嘴里那个“盐”声的最初音节语，就在荒莽中的篝火旁混沌地发声了。这个智者，应该就是宿沙。

可是，宿沙要煮海盐，必得有煮器，这是关键。人类最初的煮器是怎样的？恩格斯这样说：“可以证明，在许多地方，或者甚至在一切地方，陶器都是由于粘土涂在编制成木制容器上而发生的，目的在使其能耐火。因此，不久以后，人们便发现成型的粘土，不要内部的容器，也可以用于这个目的。”（《家庭、私有制和国家的起源》，人民出版社 1955 年版，第 22 页）恩格斯说的没错，但“不要内部的容器”宜译为“不需要编制或木制的基框”为妥。若要细化，应是在基框内外涂牢含有盐质的粘土，就如制泥烤鸡或砌老式灶膛，合水的粘土必须渗入一定比例的盐，再用铁棍砸得土盐交融，然后才可使用，否则烧透即裂。宿沙要制煮盐之器，也该是这个道理。说来天作人合，是海浪经久浸渍的沙土成就了他，这种沙土含有充沛的盐质。那时无作木工具，木制的基框难以做成。我想象宿沙是用枝条先编成一个基框，再用沙土合入海水，将基框底部、框壁内外涂牢，做了个半截大缸似的粗砺家伙，风干后架到火上，烧挺实了再把海水倒进去。这样，煮器和内中的海水都饱含盐质，海水煮沸也不易塌底。宿沙这样做了吗？又失败多少次？没人知道。但终究是成功了，不然，后来哪会有盐？宿沙这样做的初衷是煮盐吗？也未必。他或许要煮鱼或兽肉，但却将人类最古老的烹饪方法、仅晚于烤的煮法，也让他给试验出来了。奇迹还在后面，俟海水将要煮干时，水气挥发，盐质沉淀于器底，白花花地蠕动着，冒出一片虾眼般的细泡。这时刻，宿沙已将野蛮和文明煮出了界线。他啜盐的尝相该是人之初的大愚大巧的神情。他完成了一个以人为本的原始造型，从而使后世人类得以咵啐于味觉世界。

为此，仓颉的后人特别为宿沙恭赠一个“鹽”字。此字最早出现在《尚书·禹贡》：“厥贡盐絺，海物唯错。”字中，这位炎黄之臣坐在器皿旁卤煮海盐。卤，硷也。卤义为盐卤，盐在水中称卤。若将此字拆解，便能释放出宿沙的生涯，那是一位披发中挂着闪亮的盐渍，树皮一样的脸膛上刻满岁月年轮的盐宗形象。可见，用文字表达人物和器物的状态远没有文字本身的构造来得生动而深刻。

民俗谚语：“夫盐，食肴之将。”这传唱出盐在调味品中的“领军”作用。盐者，才是百味之将。盐之为言将，食之有盐，如军中须将，取其率领进导者也。有了盐，才有了后来的醢菹百瓮和腌渍糟腊的千食争爨；盐以降酱，后又演绎出豉豆椒蚝、乳菌果蔬的百酱竞味。孔子那句“不得其酱不食”，其实是折射出盐即国人生命中的饮食基素，而中国菜的型格得以形成，也赖于这种传源性。

碘盐莹净、纯洁，不受杂染，不甘污化，哪怕半点黑粒沾身，也要显示出黑、白分明的界限。盐是食典之魂，没有盐，美食的宫殿将会坍塌。千荤万素，全赖盐吊出本味；盐不介入，世间吃料无所作为。盐吊出百味，本身却隐而不见。人若类物，这该是宿沙留给后世人值得追怀的品质吧。

前些年，日本“核震”导致疯抢碘盐的风潮席卷大半个中国。本是每人一天只需2克之物，又被“味必淡主义”视为伤身、低值甚至多余之物，忽又变成贵于金子的稀罕之物。风未吹兮草即动。比照在重灾面前相对从容、冷静、有秩的日本民众，我们的心理缺些什么？已无盐宗庙且被遗忘的宿沙，对后世盐民的我们，也只能暗弹屈泪。

“酱”字渊薮

金文

篆文

自祖先知道结绳纪事，又有了形象思维，文字便得以萌生。当初的仓颉也是先谙表意，再造其字的。以至，后来的主意字大抵都是对历史中某一物质文明或精神文明现象之基源性的简赅归结。你细析某一个主意字，总能从其形或其义中触摸到引申本意的脉络，进而能追索曾是我们民族的某一种古老传宗。我这里就说“酱”字。

许慎《说文解字》里，“酱”字写为“醬”。此字，左边上方是“爿”，指劈开的竹片或柴爿，取火用的；右边上方是“⺼”，不当“月”字认，而是“肉”。《说文》里的“肉”字写为“⺼”；“⺼”下的“寸”，这里当“手”的动作讲。而下面的“酉”，也不是指地支时辰中的十七时至十九时，而是指“酒”，“酒，酉也”（汉·列熙《释名》）。兹见，最早的“酱”字是爿、肉、手、酒的四字合成。

所以，析解“酱”字，得分别析解其中的爿、肉、酒。

酱中之“爿”

商周无“酱”字。张岱《夜航船》：“成汤作醢。”这是指酱的起因。引文中的“醢”（hǎi），与酱同义，为“酱”字的前字。郑玄注《周礼》：

“酱谓醢、醢也。”即是无“酱”字之前，酱谓醯（xī）、醢。醯即醋，古人把醋归纳到酱的范畴。《说文·酉部》：“醢，从肉、从酉，酒以和酱也。”引文的“酱”，初义为盐（见《说文·酉部》）。这是说，醢是用肉、酒和盐制成的咸酱。但说商朝的建立者成汤（又称商汤、武汤）是醢的发明者，未必可信。要说那时因有了金属炊具，火食之道始备，已能作醢，大概不会错的。

又有罗颀《物原》记：“周公制酱。”且不说应谓“周公制醢”，就说周公（姬旦）是西周的政治家，又曾为代皇帝，他也没功夫制醢。但那时镐京宫廷里已有作醢的专门人才，称“醢人”，那醢作得品种繁多，五花八门，却是事实。《周礼·天官·膳夫》记，周王的御膳已有“珍用八物，酱用百有二十瓮”。可是，引文中的“酱”字也是用早了。因为，《周礼》是战国时代的作品，那时人们已经用“酱”字，就把它追加给周代的。

这就说到酱中之“爿”了。

那时，醢皆生制。郑玄注《周礼·天官·醢人》中说得很清楚：“醢者必先膊干其肉，乃后莝之，杂以粱曲（麯）及盐，渍以美酒，涂置瓶中，百日则成矣。”这是说，要将肉料厚切成块（即“膊”），晒干，然后捣碎（即“莝”），掺入黄曲霉（那时已流行应用）培制的粱曲和盐，再兑入美酒拌合，置瓮中，用泥封口，腌渍百日即成。兹见，这是生制，膳时需得以火饪熟。可想而知，这类肉醢，必是咸酽又糜润，味道醇厚，且蕴有酒的酵香和芳气，就是拿到现在，亦称一绝。要说，中国人的传统口味，在周代已被醢所浸染，随着种族的食习延沿，这种浸染对后世人就构成遗传。

那么，拿什么取火饪醢呢？自然是竹爿或柴爿，即是砍柴。“砍柴”之意，古字写为“新”。“新”字，甲骨文里写为“𣂪”，从字形分析，左部是棵树，右部是个利器，朝向树干。整个形体是用利器砍柴的会意字。《诗经·齐风·南山》：“析薪（薪同新）如之何？匪斧不克。”是说怎样砍柴呢？必须用斧子。这是“新”字的本意。《说文》里说：“新，取木也。”“取木”就是砍树得柴。砍柴是为了取火。故“新”字由动词砍柴，后来就引申为名词的“柴火”，即烧火用的柴爿。抵因于此，造字者就将“爿”放在了“从肉、从酒”的生醢旁边，这一取火就合成了后来的“酱”字。

酱中之“肉”

清人段玉裁注《说文·酉部》：“醢无不用肉也。”古字典中也多有“以肉作酱为醢”的注疏。故而，醢被习谓肉醢。

周代，肉醢已较肉羹时兴。肉羹的流行是因为伊尹作鹄（大雁）羹以喻治国之理，为成汤赞赏，伊尹由此为相。但鹄羹中挥发的毕竟是政治气味，沿至周代也仅是一铏汤烩。肉醢则不同，即可为主馔，又可为配馔，还可为佐调之食，应用性广泛。以周王“珍用八物”（后人习称“周八珍”）为例，这“八珍”用现代话讲，即是：肉醢盖浇稻米饭、肉醢盖浇黍米饭、烧煨乳猪、烧煨母羊羔、煎肉泥饼（或谓肉丸子）、酒渍生牛脊、两吃肉脯、烤狗肝（配狼油粥）。这都离不开醢的，即使烧煨乳猪、也要“调之以醯醢”。所以，后人就称：“酱（注：指醢），八珍主人也。”（宋·陶谷《清异灵》）兹见，醢是周王的主要御膳，醢人当称头号御厨。

致于周王用醢百有二十瓮，这分两类。即：“醢人共醢六十瓮，醯人共醯六十瓮。”（唐·贾公彦《周札注疏》语）这里不说醯，且说周王用醢。《周礼·天官·醢人》：“王举，则共醢六十瓮，以五齑、七醢、七菹、三臡实之。”郑玄为此作注，说“五齑（jī）为碎”是用切成细屑的白菖蒲根茎、牛瓣胃（百页）、蛤蜊肉、猪肩肉、浦菜，以酸性调料制成；“七醢”是用畜、螺、蚌、鱼、兔、雁之肉及蚁卵制成；“七菹（zū）”是用韭、韭菁（韭花）、莼、冬葵夹、水芹、青苔、笋制成；“三臡”是用麋鹿（四不象）、鹿、獐的带肉的骨制成的骨肉醢。这加起来，是二十二种，但谓

“实之”，我想这是固定必供的。那三十八种，可能是随季问醢，应时增减，不在制例之内。要说，西周时能作百二十种醢，有那么多吗？但细一想，当今的地球上平均每天就有数十种动植物灭绝，回溯三千多年前，还是蛮赫的世界，那时，羽族遍林山，禽兽塞川野，鳞错拥荒水，可食之物繁不胜数；而且，即有“七菹”，蔬物种植就远不止于此。所以，《周礼》所言就由不得你不信。

这就说到酱中之“肉”了。

无论是珍用八物，还是醢用百有二十瓮，都是“凡王之馈”（见《周礼·天官·膳夫》），即为周王率行宫中的尊老礼制、用于宴赐或馈赠长者之膳。那时文明初盛，人性善开，孝亲之道已成风气，老人倍受尊恭。醢有糜润、得味、省嚼易咽、营养较高又利消化的特征，就被认作是敬奉老人的膳食圭臬。《礼记·内则》：“六十者三豆，七十者四豆，八十者五豆，九十者六豆。”这是说，老人年纪越长，享豆越多。豆是盛醢的器具，有陶、铜之别，形似如今的高脚果盘，多有盖。那时，过了六十岁的人即入被尊之列，可以受恭纳敬，坐享醢豆，五十岁的人，则要在旁侍立，“以听政役”。由于以醢孝亲为周王亲躬，臣民趋附，又事于祭，相沿乃成国俗，醢亦可谓国食。

醢在周代兴俗，亦是食俎行为的演进与冷藏滞后发生冲撞的结果。作醢能使肉免于陈腐，且因腌渍而味道醇厚。这种重要的发明使周人以肉为富的习识就转重于醢，所以，“肉谓之醢”（孔颖达注《释器》语），醢又象征富有。这个“有”字，很能反映周人的这种认识。《说文》里写“有”字为“[illegible]”，上边是“单手”，下边的“[illegible]”，即为“肉”字。“有”字的本意是“手拿肉”。周人以醢奉敬长者，意使长者有肉吃，恭为寿康岁富。这样，醢中之肉就有了孝亲和祈愿的双重涵义，哪会不被造字者会意到后来的“酱”字中。

酱中之“酉”

前述已及，醢也“从酉，酒以和酱也”。周人作醢，何以知用酒？这是个从神到人的领悟过程。

《尚书·说命篇》记，商王武丁和大臣傅说的一次对话，提到“若作酒醴，尔维曲蘖”。醴（lǐ）是甜酒，曲蘖（niè）是酒母。这是说，造酒必得用发酵剂。这个认识无疑是正确的，但认识的来源却是天上的“酒星”所使，即酒是“酒星之作也”（宋·窦革《酒谱》语）。《晋书·天文志》：“轩辕右角南三星曰酒旗，酒官之旗也，主宴飨饮食。”轩辕是古星名，共十七颗星，其中狮子座的 ψ、ε 和∽三星，就被认作是天上的酒旗三星。这种说法，在商代已经形成，《周礼》中也提到过。由于商朝特别是末期，祠堂祭祀崇神信鬼，视酒为天浆，纵得贵族圈里终日腥闻在天，宴饮无度，一个醉醺醺的朝廷东倒西歪。结果，商朝酒精中毒，“天毒降灾荒于殷，方兴沈酗于酒”（《商书·微子》语）。

到了周代，文明进化，周人也不像殷人那样迷信鬼神，认知到酒的来源是人之所为。对此，记载周代史事的《尚书·酒诰》里就说得靠谱：“有饭不尽，委以空桑，郁积成味，久蓄气芳。”这是说，有人将余下的饭存置起来，时间久了竟发酵成酿酒的“引子”。这虽是推想，也难以取证，但却是某种真实性的遗留，也是示意米与酒的关系。“空桑”在这里不是指今河南陈留镇南那个古地名（相传那是伊尹的出生地），而是指容纳剩饭之处。人能“有饭不尽”，说明日子过得富有。所以，古人就说：“酉（酒）者，饱也。”（《淮南子·天文》语）这有两层涵义，一是示意粮食为酿酒的发端，“饱”在“有饭不尽”；二是示意酒能饱腹，“仪狄始作酒醪”，醪（láo），是汁、滓混在一起的酒，得用敞口的容器盛装，用勺舀出来吃。吃醪能使体内热量增加，吃多了岂能不饱腹？能作醪，也是“有饭不尽”使然。因而，酿酒之道是富有者的始作俑。

这就说到酱中之“酒”了。

周代无面粉，粮食主要是粟、黍和陆稻等，这能熬粥作饭，也能酿作酒醴。先说喝粥吃饭，那得有菜，但夏时肉物易腐，冬时蔬物匮缺，这样，以瓮腌渍醢菹，不仅能防窳保鲜，且咸酽得味。又可为断菜之补，也是进食粥、饭的搭配。再说以瓮酿酒，因那时谷物普植，促使酒业发达，饮酒之风亦盛。周宫里和官宦、富贵人家及民间酒坊，造酒者称“酒人”、“浆人”。从出土的文物看，周时作醢酿酒，显著的器物为瓮。人们形容地理方域，亦用瓮喻：“自关而东，赵魏之郊谓之瓮……”（《方言》五语）这虽是后事，亦为前代余绪。而且，瓮多瓮少，还是衡量富贫的主要标识。周王用醢百有二十瓮，无人可比；官宦、富贵人家瓮多醢多，也是可想而知；致于贫户，有瓮作菹就不易了。所以，“酒以和醢”大抵亦是富有者所为。

那时，何为富有？这从清·吴大澂著《说文古籀补》里的“富”字引溯为“畗”，可兹鉴证。此字上边的宝字盖为房屋，下边则是个瓮。有房有瓮，是古人赋予“富”的定义。有专家说，这瓮中是酒，当然也对，酒是“有饭不尽”之为，自是示富。但我以为，瓮中是“酒以和醢”较为实际。虽说“有酒无菜，不为怠慢”，若以其释“富”字，尚有缺失。《礼记·曲礼》：“七十惟衰麻在身，饮酒食肉处于内。”这里的“食肉”，即指“肉谓之醢”。此引文是周礼中规定的养老制度。因而，先人造“富”字，就不会有酒无肉，但亦不能酒肉同瓮；这样，“酒以和醢”作为周代食礼的象征物，将其置于瓮中，以完足“富”字的内涵，应是符合史情而不是无端的推断。

所以，“酒以和醢”因寓意酒肉连通以示富有，在这种观念中，周人经历了饮食生活的实践，渐知酒合以盐浸入醢物，在贮藏的过程中，能使醢物的质味去异存本，并化合为一种宜人入口的香醇之味。后世人能得益到腌渍码味而烹馔之道，乃源于此。因而，“酒以和醢”即成“酱”字的本意。这个本意被蕴藉在酱中之“酉”中，是适得其所。

如上，为“酱”的成字之由。

至春秋时，“醢”、“酱”二字已见混用，自孔子谓“不得其酱不食”（《论语·乡党》语）——圣人整饬芜食，语出成典，“酱”字渐而取代“醢”字。大约秦后，汉尊儒学，周礼复兴，“酱”义又有了新的注解。汉代人将酱说得比盐还咸：“酱成于盐而咸于盐，夫物之变，有时而重。”（汉·应劭《风俗通义》语）。这是有体践的感言，但也只能意会。何物能比盐还咸呢？这是强调酱在调味品中的“领军”作用。对此，《急救篇》里解释：“酱之为言将也，食之有酱，如军中须将，取其率领进导之也。”故而，酱又有“百味之将”的称谓。需要提及的是，《急救篇》的作者史游，为西汉人，他用韵语撰《急救篇》，便于记诵，供学童识字之用。他释酱既通顺又实际。能想象到，酱在当时已融入西汉人的生活深处，普及到学童识字。

自酱承醢循菹，其缜密字形过滤了商周的食俎流择，衍延后世，从而积蓄了丰厚的弆藏。您看，醢菹降酱，后就引申出腌渍糟腊的千食争爨；盐醯降酱，后就演绎出豉豆椒蚝、乳菌果蔬诸类的百酱竞味；还有“北酱、南卤”的风味纷呈，亦属酱的范畴。想到成汤周公，还有春秋范蠡、西汉刘邦、东汉蔡邕、唐代颜真卿，何以被视为酱宗酱祖？朝朝代代的百姓之家，无计富贫，何以习腊鱼肉、贯腌蔬物？想到古邑陈街老字号的酱店卤铺，何以久受青睐？酱园业的六必居、李锦记、天源、王致和、致美斋……又何以家喻户晓？这不能不说，是“酱”字祖示了中国人的传统口味；这种传统口味，被孔子以“不得其酱不食”这句话概括，以至酱义泛觞，成为中国菜型格得以形成的传源性因素。

“腊”字·腊八·腊月

“腊”的先字

“腊”字，繁体写为“臘”。远古时期，“腊”本是一种祭礼。先人习在冬季将尽时，用猎获的禽兽举行大祭，是为“猎祭”，以祈福求寿，避灾迎祥。后来，每年农历终了的十二月被定为“腊月”，即如《礼记·月令》所记“是月也，大饮蒸。天子乃祈来年于天宗。”故而，“猎祭”逐至更称“腊祭”。这也是“猎”字与“腊”字相通的原因。《风俗通》里就说：“腊，猎也。”可见，“腊”源于“猎”，即“猎”字在先，“腊”字后出。

金文　篆文

还有个“昔”字，也是“腊”的先字。此字，《说文·日部》里写作“𦠆”，释为：“干肉也。从残肉，日以晞（xī）之，与俎同义。”这是说，昔即干肉，上部像残肉（指牲畜身体被割斩下来的条、片或块），下部从日，表示日晒使干。其造字方法与“俎”相同。昔从残肉，俎从干肉，但都不成字。而昔以日晞之（即晒干），俎以且荐之，就都成了会意字。

后来，“昔”字的左边又加了“月”，这里不当月亮的“月”讲，古写为“⺼”，其义为肉。这又是说，“腊祭”是要用牛、羊、猪，用酒肉。因而，“腊”字以“肉”为意符。《左传·僖公五年》：“虞不腊矣。”晋人杜预注：“腊，岁终祭众神之名。”“虞不腊矣”，是说虞国不能举行腊祭了。从“腊”字的结构上看：左边是月（肉），右边上部是从肉中分解出来的“残肉”，右边下方是“日”，表示残肉需经日晒使干，成为干肉。这是“腊”字的本义。此字甲骨文里已有，当进化为“腊”字后，“昔”字的本义因是日下晒干肉，乃非一日之功，时间长久就又引申为“往昔”之义了。

请注意，“腊祭”的“腊”是个简化字，但古书里也确有个“腊”字，形体与简化的“腊”字完全相同，音和义却有差异。比如柳宗元《捕蛇者说》：“永州之野产异蛇，黑质而白章，触草木，尽死；以啮人，无御之者。然得以腊之以为饵，可以已大风……”这是说，永州野外出产一种毒性很大的蛇，不过把它制成药饵，可以治疗麻风病。这里的“腊”，应该读作 xī，当制成的药饵讲。这是简化字方面的问题，读古书时需要分清。

腊八之俗

古代腊祭的日子是在腊八，即农历十二月初八，又称“腊日”。从先秦时起，都是把腊八当作年节来过的。但起初并不固定在十二月初八，直到南北朝时才以冬至后第三个戌日定为“腊日”。其时有“腊鼓鸣，春草生”的谚语，反映人们鸣鼓起舞，迎接新春的欢乐情景。但在那时，人们过腊八节尚无吃腊八粥的习俗。此俗起兴，源自佛教，蕴藉于唐代，两宋起尤盛，绵延至今。

自东汉明帝永平十年（公元 67 年），佛教传入中国（一说西汉哀帝元寿二年传入），至南北朝这数百年间，虽然佛经的翻译和研究日渐发达，却未见有吃腊八粥的记载。至唐代，佛教兴盛，玄奘到印度取经，并产生天台、华严、唯识、禅宗、净土、密宗等具有中国特色的许多宗派。佛教思想对于我国哲学、文学、艺术和民间习俗，都产生了一定影响。我蠡测，唐代僧侣也不会不在腊八日即释迦牟尼的“成道日”，去效仿牧女向

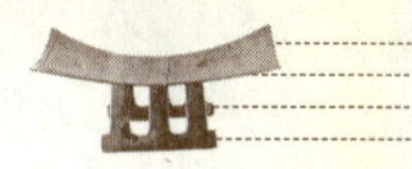

这位佛祖献“乳糜”之物的作法。但因那时，“腊祭”仍是传统习俗，寺院取香谷及果实等造粥，还仅是佛门之事，还未曾普及到社会民间，故而亦未见文献记载。至北宋，始见有录。孟元老《东京梦华录·十二月》：“初八日……诸大寺作浴佛会，并送七宝五味粥于门徒，谓之‘腊八粥’。都人是日各家亦以果子杂料煮粥而食也。”这是佛教食俗已重染汴京民间的写照。及至南宋，更有延展。《梦粱录》《武林旧事》中均有录之。可以说，是宋代使腊八节的传统习俗有了转捩和变移。此后，关于腊八粥的故事就显见地丰富多彩。其中最典型的例子出自清代京都的雍和宫。

雍正死后，乾隆按对先帝故邸要改作寺庙的祖制，下旨将雍和宫大兴土木，改造成了京都最为富丽堂皇的喇嘛庙。奉乾隆旨意，每逢腊八时，这里都要举办至隆至盛的供佛大典。

自腊月初一，这项浩大的工程就紧锣密鼓地开场。内务府大臣自然是备料的统领，他要负责将粥料和干柴妥置，并且要在腊月初五晚上全部运抵雍和宫。何以需要运五日？因为仅干柴一项就是六万斤，那干柴虚蓬蓬地挺占地方，即便塞满一大车也充其量不过三四百斤，而且是到郊外的柴场去取。因而，要想五日运齐还得抓紧呢。初六晨，规定的监粥大臣便率三品以上的监粥团接岗，监督称粮、称干柴、搬柴。每锅粥要用小米 12 石，杂粮、干果各百斤，一共要熬六大锅。熬粥的大家伙定置在天王殿的鼓楼旁，锅口直径 2 米，深 1.5 米。初七日晨，监粥大臣下令开火，即时光灼声喧，满寺沸腾。将几百斤粥料一锅熬出，不说小山般的干柴变成灶火该付出多少辛苦，而锅旁还得围着一圈粥将军，拿着长铲像赛艇那样协调一致地齐力翻动，不然极易糊底串烟子。弄不好是奉御不忠，敬佛不诚。所以，监粥大臣重任在身，还得谨查荣卫安全，他得一直监督到初八凌晨，俟粥全部熬好了时，才能神松心安。这时，钦定的供粥大臣早已率众司员到岗，随即指挥分粥。第一锅供佛代祖；第二锅进奉乾隆及皇家；第三锅赐王公大臣及大喇嘛；第四锅赐驻京的文武官员，如果赐各省大吏的，则是装瓯密封、快马送往；第 5 锅赐雍和宫的众喇嘛；第 6 锅加上前 5 锅剩余的，则置于寺外施民。前 3 锅有奶油全份果料，后 3 锅逐次差减。当供粥大臣于佛前供粥时，磬乐齐鸣，宫灯炫耀，香烟袅袅；众喇嘛皆于殿堂诵经，至天亮盛典结束。

这项造粥工程，岁岁循例。每临之期，内务府都要为此拨银 12 万 4 千余两。此举堪称古代造腊八粥的缩影。6 锅粥竟能使西佛与南祖同享，使帝后和朝臣共飨，使僧侣与庶民齐啜；即使密封的粥瓯“飞饬”各省大吏，也有使其代民受赐之寓。这真的是把供、献、赐、施都整得明明白白的。谁还能说这满洲之人是“外夷”呢？

腊月与腊味

过了腊八，还有腊月二十三送灶，俟腊月底，再把灶君迎回来，裱贴新灶君像于灶觚间。这就意味着新年将至，万象更新了。

说到腊月里的腊味，首先想到做腊味的厨师，在古代被称为“腊人”。腊人在周代已是御厨，掌管祭祀、丧纪、酬宾等“供其脯腊，凡干肉之事”（见《周礼·天官·腊人》）。正是历朝历代宫廷和民间的腊人，创造出独具风格的腊味，丰富了中国烹饪的内容。所以，我的见解：凡为腊味，不可生食，必经烹饪。腊应该与烧、烤、炸、煎、烹等一样，归范为一种烹饪方法，且是颇见功力又有特色的烹饪方法。不然，我们愧对腊味厨师的聪明才智和劳绩。

腊味中还有深厚的人文积淀。举例如腊鱼，其来历则与春秋时期的吴国国君阖闾相关。唐人陆广微《吴地记》记：“阖闾思海鱼而难于生致，治生鱼盐渍而日干之，故名为鲞。”这里面的故事是：阖闾率军乘船入海，途中却遇凌风厉浪，船皆受阻，无法如期靠岸。阖闾被困在海中，又见食粮已尽，遂拜祀天佑。居然一大群的“金色鱼”迎着船队游来。吴军奋而捕之，煮其而食，化解了绝粮的危机。这个故事虽有想象和发挥，但故事

的主干并非虚构。因为那时吴越地区的造船业已经相当发达，有专门造船的工厂，叫做“船宫”，造船的工匠叫做“木客”。造出的大船能在近海做捕捞或运输，还用于作战。所以，阖闾经历此事应该有所根据。及至阖闾回师、设宴犒军时，他忽然想到在海上所吃的“金色鱼”，问还有否？主事官员回奏：“晒干了。”遂命取来啖尝，其味甚美。这“金色鱼”是何鱼？我疑为石首鱼，即黄鱼，因其身鳞色黄如金。这种鱼，为上乘食材，若晒成干，其味精浓，食之自然醇美。晒成为干，干即鲝（zhǎ）的俗谓。鲝有两种：加盐晒干或焙干者谓“明鲝”，不加盐在烈日下晒干者为“脯鲝”。《说文》里有“鲝”字，释为“藏鱼也”。藏鱼即干腊鱼。因而就想，造“鲝”字或许就与阖闾思鲝有渊薮。而阖闾所思之鲝，可能就是最初的腊鱼。

诸如腊鱼的腊味，还有腊肉、腊脯（或称脯腊）、腊火腿、腊猪头、腊汁肉、腊肠、腊肚、腊金银舌，等等。凡带“腊”字之物，按传统，在腊月间绝对是食品舞台中的主角，也是家家户户中必不可少的年货。这类由“腊”字所涵括的礼祭文化中的传承物或赓续物，其制做和食用，主要习于腊月。因其含有祈愿来年吉祥的祝福性质，故而世代被人们用于祭祖、送礼或酬客。

至于时今，腊味在相当程度上已被我们淡漠了。由于生活富裕，吃什么东西都不再是难事，我们的舌尖似乎都变得麻木，感觉吃啥也是差不多的味道。很多人都说，现在年味越来越淡。这虽然是社会进步生活提高的表现，但也与我们忽视和渐离传统文化有关。现在，我们的穿戴、居饰、器物、享用都难以再保持中西扞格，只有起着行膳时，饭菜和味道没有变。因为我们的传统文化和食俗还在。假设之后连食俎也被改变，我们的物质文明将会遭到根本性的颠覆。恩格斯说：“物质生活数据的生产方式决定着物质数据消费的性质、方式和水平，而且也制约着整个社会生活、政治生活和精神生活过程。”（《政治经济学批判·序》）这话醒人：所以，腊味还有诸如此类的中国传统食品，需经科学验证，从中辨其瑜瑕，捃其菁华，务必要发扬光大。

“醋”字说略

篆文

“醋”字，左为“酉”，右为“昔”。此二字合一，为何谓“醋”？

酉为地支的第十位，八月的月建。其时是收获的季节。酉即就，就即成，谓庄稼长成。成熟的谷物可用来酿酒，亦可用来酿醋。但酿酒为先，酿醋为后。人们是从谷物酿酒的过程中又学会了使谷物发酵制曲的酿醋方法。这样领会，“醋”字中的“酉”就有在收获庄稼的季节以谷酿醋的寓意。“昔”字呢，从甲骨文看，上部是“日”，下部是肉形，表示在日下晒干肉。使肉晒干需要较长时间，时间一久可以引申为“往昔”或“从前”。“昔”在“醋”字中则取意酿醋时间较长，“长”即有“昔”义。从另个角度讲，“醋”是个形声字，“酉”字是形旁，表明酿醋与酿酒同类；“昔”字是声旁，标明这个字的读音。“昔”字原来不读 xī，读为 cuò，与错误的错的声旁是一样的。

关于“醋”字，宋人史绳祖在《学斋占毕》中说：“九经无醋字，只有醯（xī），至汉方有醋字。”引文中的“九经”指四书五经，中有《书经》，《书经》即《尚书》，《尚书·孔氏传》中确有“羹须成醋以和之”之句；还有，约成书于战国时期的《神农本草经》中，亦见“酸酱，一名醋酱”之句。这说的都是秦汉以前的事，也可以说明“醋”字在汉代以前的古籍中已被使用了。

但“醯”字是否为远古时期人们对食醋的称谓呢？也不是。郑玄注

《周礼》中说：“醯，肉汁也。”许慎在《说文·酉部》中说：“醯，酸也。”刘熙在《释名·释饮食》中说：“醢（hǎi）多汁者曰醯，醯，沈也，宋鲁人皆谓汁为沈。”“醢”即肉、鱼制成的酱，“沈”即酱汁。将这些引文归纳来看，“醯”即是制做肉酱中带有的较多的含有酸味的汁。那时，人们烹调若取酸味，方法是用梅子。如《尚书·说命》记：“若作和羹，尔唯盐、梅。”梅是果木名，原产我国，先叶开放，核果球形，未熟时为青色，成熟时一般呈黄色，味极酸。在醋未被应用之前，烹调肉类食材放入梅子而产生酸味的汁，应该是“醯”字所要表达的意思。

“醋”的本字是“酢”（zuò）吗？也未必确切。《康熙字典》“酢”条有引徐曰：“今人以为酬酢字，反以醋为酢字，时俗相承之变也。”可见，“酢”字是经过“世俗相承之变”才成为“醋”字的，这也是对将“酢”字直接认作“醋”字的质疑。我以为，“酢”字的初义似为酒。《隋书·酷史传》：“宁饮三斗酢，不见崔弘度。”这里说的要是醋，谁能“宁饮三斗”呢？那不酸死也得呛休克。《诗·大雅·行苇》：“或献或酢。”郑玄笺：“进酒于客曰献，客答之曰酢。”这是说，同样是酒，主人进酒于客，称“献”；而客人以酒回敬，称“酢”。至汉时，小篆中有了“醋”字，但许慎在《说文·酉部》中仍释：“醋，客酌主人也。”这与客人以酒回敬主人，是一个意思。由此得知，汉代及前，醯、酢、醋三字是混用的，且混得有些取义不清：有酸味的肉汁称醯；可是颜师古注《急就篇》中又说：“醯酢也，一物二名也。”这又将醯、酢二字同义了；《广韵》又记：“酢，浆也，醋也。”这是说酢为醋；但前面的引文中，又明白地说“酢”是“以酒酬酢”。这就提示我们对“酢”字，不宜轻易地认作“食醋”。

酢、醋二字的“世俗相承之变”，到了后魏时期方有脱离的端睨。贾思勰《齐民要术·作酢法》：“酢，今醋也。”这可能是“醋”字区别于“酬酢”中的“酢”的最早记载。大抵由此，后魏以降，“酢”字开始向“醋”字之义转捩，“醋”字与“食醋”也开始趋于共义。

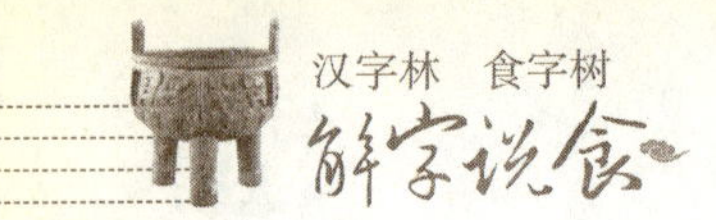

到了唐代，“醋”已成为时尚字，人们又自以将“醋”字当“酸”字用。如白居易《东院》诗：“老去齿衰嫌橘醋，病来肺渴觉茶香。”橘子不说酸，说醋，挺特别，也很新颖。

唐人还取“醋”字之义，谓贫寒失意的读书人为“醋大”。怎么“醋大”？是觉得这等人如食醋酸之貌。《唐摭言·好放孤寒》：“李太尉德裕为寒畯（jùn）开路，及摘官南去，或有诗曰：‘八百孤寒齐下泪，一时南望李崖州。’”这位李德裕出身名门，为宰相李吉甫之子。他精文博学，却鄙薄科举，借先父功绩入仕，也曾官至宰相，并加封太尉。后因“牛李党争”，遭受排挤，被一贬再贬，最后贬到广东琼山东南的崖州，成了管民户的小官，卒于贬所。可见，他的入仕遭际也真够寒畯的，所以呼他为“李崖州”，成了“醋大”的典型。

“吃醋”的来历也出自唐代。张鷟《朝野佥载》记：宰相房玄龄因辅唐功卓，太宗赐他美女，其妻坚决反对。太宗便召见她，厉言：“若宁不妒而生，宁妒而死？”又言“并酌酖可饮”。酖是毒酒。她却二话没说，即取酖饮尽。这是为妒宁死的女人。可是，她饮的不是酖，是醋。太宗是在吓唬她，可吓唬也没吓唬住。

“醋浸曹公”则出自宋代。沈括《梦溪笔谈·讥谑》：“吴人多谓梅子为曹公，以其尝望梅止渴也。又谓鹅为右军。有一士遗人醋梅以焊，作书云：‘醋浸曹公一甏，汤焊右军两只，聊备一馔。’”曹公即曹操。右军即王羲之，他曾任右军将军，故有王右军之称……

上例，是“醋”义的引申之事。醋本无辜，让人们取义发挥，竟能味漫旁门，生发出回味酸酸的掌故轶闻。

说到“醋”字的本义，还是旨在对食俎的功用。对此，宋人陶谷的见解就很独到，他在《清异录》中说：“醋，食总管也。”就凭这个比喻，可知这位官居尚书之人竟是熟烹谙饪的里手。的确，人体内需要的饮食若缺了“醋总管”，胃酸、食欲、消化、灭毒、杀菌、抗疾，乃至血压、动脉、钙质、营养吸收、缓解疲劳等等，都要打上折扣。而且，食俎天地中的肴将馔兵也因没了“醋总管”而溃不成军。宴中先锋的冷馔首当重创：酥鲫鱼、酸辣蜇头、糖醋藕、陈醋菠菜等，及至各种需用醋汁的凉拌菜，便纷纷“阵亡或受伤”。热馔中军损失更大：西湖醋鱼、糖醋鲤鱼、醋溜鹅块、焦酸丸子、糖醋排骨、糖醋羊肉丸子、醋溜白菜等，更有蒸鱼、烹虾、溜肠溜肚……哪款不得需酸添醋？汤羹后军的情状更惨：招远蒸丸子、酸辣肚丝、醋椒鱼，酸辣乌鱼蛋等大批名肴，将会“失踪”。还有食蟹、食松花，没有姜醋汁行吗？怪味菜没了醋，还是怪味吗？吃饺子、面条、回头、馅饼、锅贴等，无醋便不得味。无醋，唿汁、沙茶酱也做不成……可见，醋在食俎中无处不在。称它为“食总管”，当之无愧。

不过，醋品不同，各有特质。袁枚说：“醋有新陈之殊，不可丝毫错误。”（《随园食单·作料须知》语）可知袁公是很讲究用醋的。但他说：“镇江醋颜色虽佳，味不甚酸，失醋之本质矣。”（引文同上）这话就不尽然了。镇江醋是靠糯米中高含量的淀粉质糖化而成，酸香中就多了一种天然的甜味，所以酸得委婉温和，具有糯米醋的本质特征。袁公不推举，不等于此醋不佳。有书上还说，镇江醋有140余年历史，这可能是醋厂的生产史。因为袁公是三百余年前的人，他都说到镇江醋，可见此说不确。实际上，糯米醋至少在元代已有生产。元人鲁明善《农桑衣食撮要》一书中就有作醋要“……三伏内以糙糯米一斗五升”的记载。可知，糯米醋的起源距今起码已有近700年历史。

与镇江醋齐名的是山西陈醋，醋色黑紫，有浓郁的醋香和酯香，酸度高，味鲜醇厚。南方人说，陈醋太呛口，可北方人却得意这种浓烈。这就如南方人喝不惯老白干，北方人饮花雕不过瘾，乃食俗使然。有书上还说，山西陈醋的酿造始于明末清初，这大概还是当地醋厂的生产史。因为陈醋是高粱醋，高粱醋在后魏时期已有生产。《齐民·要术》中就记有“秫米酢（醋）法”，秫米即高粱。从古地图上看，山西太原一带当时是后魏的管辖区域，“秫米酢法”或许就是山西陈醋的酿造法。

保宁醋也驰名中外，产于四川保宁府（今阆中县）。醋色乌红，酸味醇浓、回甜，一扭开瓶盖，有一股使人舒畅的芳香。1912年，保宁醋荣获过巴拿马国际博览会金奖，被誉为“东方魔醋”。但保宁醋也不是仅有三百多年的生产历史。这是种药醋，药醋在晋代就有记载。晋人嵇含所著《南方草木状》中就有酿醯“杵米粉杂以众草叶”的话，“众草叶”即是药材。到了唐代，药醋谓“华池左味”（苏敬《新修本草》语）。不过那时，药醋还未受到注重。正是后来风味独特的保宁醋，以其品质的优良赢得了消费者的称颂。川菜所以走俏天下别具一格，某种程度上也是得益于对保宁醋的应用。

醋是很中国的味觉，讲究层次和内涵。肉丝炒芹菜、炉鸭丝炒苋菜等，出锅时烹一点儿福建的白米醋，就很提味。吃广东云吞、春卷儿，少不了大红浙醋。吃四川的红油抄手、麻辣粉儿，得用保宁醋。吃上海的小笼生煎之类，得用镇江醋。做江苏菜如用山西陈醋，恐怕就走味了；但吃刀削面、打卤拨鱼儿，不放山西陈醋，则是食而不知其味。所以，用醋得以俗常而为，这能保持或增重不同的饮食风味特色。吃醋用醋要有谱，不宜不辨菽麦。

西方也有醋，是葡萄酒变酸经过提炼而成，无色透明，酸味强烈，业内习谓醋精。故而英文的“醋”为 vinegar，是从“葡萄温室”（vinevy）一词演绎过来。英文中的 vinegar face，意为“愁眉苦脸”，却不是“醋大寒畯”或“醋性十足”的脸。西方词汇中只有“嫉妒”，没有“吃醋”之说，更无“醋浸曹公”那类的幽默。所以，中国的“醋”字，不仅涵括一项宝贵的物质遗产，也给普世间的文化人生带来一种独特的味觉。

涉糖碎话

饴·饧·糖

饴、饧是糖的先字。据所知文献记载，饴、饧之字出自《六经》及《楚辞》，“糖”字约出自西汉。

饴为形声字，食为形符，台为声符；义为用大麦芽或稻米等谷物熬制的稀状甜浆，今或谓糖稀。饴原谓拓浆，初见屈原《招魂》中“内崇楚国之美”的一段章节里：“胹（èr）鳖炮羔，有拓浆些……”拓浆的拓，有学者认为通蔗，不是，乃通摭。摭义除指拾取，也指摭稻，即双季稻。清王灏《广群芳谱·谷谱二》：“摭稻，春种夏获，七月再插，十月熟。”而这个稻字，甲骨文写作[illegible]。可知稻在殷、商时期早有栽培，到了战国间的楚国已是寻常谷物。拓浆即是当摭稻发芽时，把其中的淀粉加水分解，乃可得之。“胹鳖炮羔”中的胹鳖（煮鳖）与拓浆无关，“有拓浆些”是用于炮羔即烤羊羔。羊羔烤前，须将其表面涂匀一层拓浆，或经风干。这样，烤后能起到皮面酥脆、皮色又红润美观的作用。今制烤乳羊亦沿用此法。所以，屈原笔下的拓浆，或是饴的别称，或为饴字之前的称谓。

饧亦是形声字，食为形符，易为声符；义为饴和糯米粉炼成的块状固体。饧在古代习谓石蜜。晋葛洪《西京杂记》（卷四）：“南越王献高帝（注：汉高祖）石蜜五斛，蜜烛（注：蜡烛）二百枝，白鹇（xián）、黑鹇各一只。高帝大悦，厚报遣其使。”南越王是越佗，秦二世任海南尉。秦亡后他据海南、桂林、象郡等地，建立南越国，自称国王。汉初，高祖遣善于口辩的大臣陆贾出使招抚，正式封赵佗为南越王。赵向刘邦献石蜜等物，应该是他归汉称臣后所为。据此可知，石蜜之谓在秦、汉之际已有流行。何谓石蜜？《凉州异物志》云："石蜜，……非石之类，假石之名，实出甘柘，变而凝轻。"意思是石蜜为柘浆提炼，凝后块状较硬，故借石以喻之。

糖仍为形声字，米为形符，唐为声符；糖义初指饴、饧类。如西汉杨雄《方言》释"饧谓之糖"，又释糖"即于饴也"。这是说，块状的硬饧谓为糖，稀状的饴凝干后亦谓之糖。但是糖字的来历直接与饧有关。西汉史游《急就篇》(二)："枣杏瓜棣馓饴饧。"唐颜师古注："厚强者为饧，饧之为言洋也，取其洋洋然也。"这里的含义是：饧按古读如唐 táng，汉进读如洋 yáng。其后又别改饧从唐为餹，或从米为糖。饧、餹遂成二字。由此可知，糖字初写为餹。但餹字似不经用，后习写为糖。糖字为何从米？因为中国糖先前的取料不是甘蔗，而是大米或稻米的芽。可见，汉字往往是中国历史的见证，从米的糖字则是中国糖史起源的标签。

蔗糖来踪

蔗糖的制法始于天竺（古印度），传入波斯得到改进。唐初孟诜《食疗本草》："石蜜：乳糖，波斯者良，……蜀川者为次，今东吴亦有。……此皆是煎甘蔗汁及牛奶汁。"可知波斯的块状奶糖在唐初已能在中国生产，仍被国人称为石蜜。

波斯石蜜是怎么做的？唐人苏敏《新修本草》："石蜜，……出益州或西戎。煎炼沙糖为之，作饼块，黄白色。云用水牛乳、米粉和煎乃得成块。"益州在今四川境内，唐时称蜀郡；西戎为西北戎族的总称。可知波斯石蜜当时大概是在这两地被仿产。其背景应该与张骞通西域所开拓的"丝绸之路"相关。

波斯石蜜在何时传入中国？东汉科学家张衡在他的著作《七辨》中给出了答案："沙饧石蜜，远国储珍。""远国"是哪？三国时魏文帝曾与臣诏曰："南方龙眼荔枝，宁比西国蒲桃石蜜？"所谓"西国"，即指西域的波斯国。而"沙饧储珍"也指明了这种石蜜是甘蔗制成的砂糖，当时是很珍贵的。张衡的话告诉我们，波斯的蔗砂糖最迟是在东汉期间传入中国。

到了隋代，蔗糖在南中国的生产有了发展。隋代粤人杨孚《交州异物志》："甘蔗远近皆有，交趾所产特醇。……迮（zé义压榨）取汁，如饴饧，名之曰糖。……又煎而曝之，即凝如冰，破如砖。其食之，入口清释，时人谓之石蜜者也。"隋代的交州，辖境相当于今红河三角洲一带，交趾在今越南河内西北。值得注意的是，其所记"即凝如冰"的石蜜，应是冰糖的初端。因为冰糖的古法制造必须是将蔗砂糖溶成浓糖浆，置容器内（内放竹叉），覆以稻壳，使其慢慢冷却，蔗糖晶体则逐渐长大，约历时一周，就有大结晶的糖附着于竹叉旁边，将母液除去，烘干即成冰糖。由此想到清籍《广阳杂记》谓明"嘉靖以前，世无白糖"之说，虞断远甚。冰糖能见诸隋代，蔗砂糖亦该在隋代已有。

唐初间，是蔗糖生产和应用的兴勃期。这与唐太宗的作用密迩相关。据《新唐书·西域·摩揭它国》《续高僧传·大慈恩寺释玄奘传》和明人王士贞《弇州山人·宛委馀编》等记：贞观21年，唐太宗始遣使者赴天竺取炼糖法，并自天竺得石蜜匠人，在越州用竹蔗制造，后来推广于产蔗各地。此举因是太宗下诏，政府扶植，先于浙地"试点"，逐至在产蔗各地如两广闽川诸处普及。从天竺取来的是什么炼糖法呢？即是从饴浆中提取结晶糖的方法。按上引书中所记，当时的四川遂宁是生产结晶糖的出名地区。李时珍《本草纲目》又记："紫砂糖也，法出西域，唐太宗始遣人传其法入中国。"紫砂糖今谓赤砂糖，俗谓红糖。这种糖后来亦丰富了中国食品乃至中药学的内容，并为历代产妇补养身体所习用。至此，中国不仅有了软饴硬饧的麦稻糖，也将天竺和波斯的制糖法经过中国竹蔗得以改

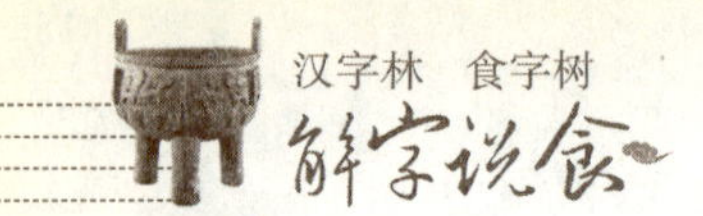

进和发扬。唐朝，无疑是当时世界上甜蜜味道最浓的国度。

糖食钩要

战国作品《周礼·天官冢宰》中记有腊人、酒人、醢人、醯人、盐人等，但未记饴人或饧人。因为文中所追述的西周还没有被视为文明标志的人造糖。那时的甜味调料主要是蜂蜜。即如《礼记·内则》中所记：“枣栗饴蜜以甘之。”饴蜜就是蜂蜜。

最初的人造糖——饴糖，是以春秋时期为培养基。屈原《招魂》中咏到的荆楚拓浆，则是春秋培养基进化到战国阶段的一种成熟标志。

从战国到隋末近1100年中，饴糖已成为调制甜味的主要调料。其中反映出一个问题：为了提取拓浆中的结晶糖，为何花费了这么漫长的时间？

这要说到，饴糖的原料主要是取之大麦。科学界认为大麦的发祥地在西藏至长江流域。甲骨文中已有大麦的文字，可知大麦的栽培历史乘诸久远。先人在实践中认知谷物中的大麦最能生成强力的淀粉酶，就选择用它来生产饴糖。长江流域的荆楚本属大麦的原产区，在这里用大麦生产饴糖便是顺合天然。南朝梁宗懔《荆楚岁时记》中对此就有记载：“正月一日是三元之日也，……进屠苏酒、胶牙糖。”胶牙糖即麦芽糖的先名。其营养高，易被人体吸收，味道亦佳，因呈乳状，较黏，故谓之“胶牙”的糖。这种糖在南朝时期已成为荆楚岁时风俗之食，必是来历甚久。我以为，麦芽糖是中国糖的祖先。而古荆楚是否就是麦芽糖的发源地？或许有这种可能。

至唐初后，唐太宗明策于西为中用，使蔗糖在中国有了工业规模的生产，并被推广、普及到南方主要的产蔗区。蔗糖甜度大、纯度高、水分低，易于保管，使用方便，故而产量和需求与时俱增。这种情势的发展也携带起烹饪术和食品的不断演进。在蔗糖的影响下，传统的饴糖也被激发出新的活力，继续对糕点、糖果、饮料、烤食等发挥着甜香、光泽、滋润和弹性作用，并演进为“国糖”，即国人在小年必食的灶糖。而蔗糖在氤氲盛唐后，又穿朝越代地溶化到宋肴元馔、明馐清僖之中。以至，就有了挂霜、拔丝、琉璃诸法；有了糖醋类型的南北名馔；有了酱、卤、熏等风味特食；有了蜜汁、冰糖汁、蜜饯、干烧、红烧、干煸、红扣、鱼香、怪味等美味；也有了《红楼梦》里的诸多甜馔，有了北京的冰糖葫芦和酸梅汤……。可以说，盛唐的糖盛是改变后世国人饮食生活的重要分水岭。

所以，中国文字常用“甜”来形容美好，习从“甜”中去体味美好生活。甜从糖来，糖是甜的源泉。如今，糖食甜馔林林总总，甘馨万千，自不待说。后来的我们亦须享糖莫忘先人，该向麦芽糖和蔗糖的创造者们致敬！还要说一声：“唐太宗，也谢谢你！”

香辣联盟：葱姜蒜

解葱

“葱”字，金文写作“[illegible]”，像葱形。《说文·艸部》写为“蔥”（音同葱），是葱的先字。造“蔥”字是有因由的：此字上部的“艸”（cǎo），义为百卉，以二中像其丛生，也表示“蔥”是植物，即一种蔬菜；中部的“囱”（cōng），《说文·囱部》释为：“在墙曰牖，在屋为囱。”这是说，在墙壁上开设的称为“牖”，在屋顶上开设的则为“囱”，囱即天窗；下部的“心”，得与“囱”结合起来作解，即“悤”（音同葱），此字在金文里已写作“囱”，义同悤，是会意兼形声字，指从心合囱，囱在心上，示心中之事像窗棂纵横之多。到了写篆书时，《说文》沿袭金文，将“悤”也写作“囱”。这样看来，“蔥”实际是“艸”、“悤”合成。

后来，“囱”有了引申义：泛指窗户。因“囱”通“悤”，故而“蔥”亦通“窗”（见《辞源·葱靈（灵）》第2689页）。今人谓“开窗”，古人则习谓“开蔥”（指有窗棂的窗）。蔥为何通窗？我以为也有这样的原因：自周代有三市，集镇中也有了餐饮业。古代的酒馆食店，厨房设在临街处，庖人在里面制馔，在饭口时推开窗户，便于散出爆锅时的烟气。用啥爆锅？主要是蔥。蔥入脂油中爆出的香气是很浓烈的，随着烟气挥发到窗外。过往的人们嗅之受诱，于是就“闻香下马，知味停车”。所以，“开窗放蔥香”也是变相的广告，成了招徕客人的手段。因而就想，传统的中国菜俗习爆锅，可能与这种情形相关。以至，造“蔥”字就把窗户会意进去。若不然，还有什么理由来破解“蔥”字里有“囱”的原因呢？

隋唐时期，“蔥”曾写作“蓯”（音同蔥）。如唐代书法家虞世南写孔子庙堂碑里，就有“蓯”字（见《中国书法大字典》，光华出版社 1980 年版，第 1215 页）。此字中的“公”，可能与当时朝廷诏给内外官署的公廨田（公田）相关。蔥作为公田所植，其字中的“囱”则被改写为“公”。唐后公廨田废弃，“蓯”字亦消迹，未能流行。

约在明代，“蔥”字中的“悤”又被改写为“匆”。明代书法家王铎、三稺登是较早将“蔥”写为“葱”的（引据同上）。这也有原因：囱通悤，悤义又为急速、急遽，是“匆”的异体字，与“匆”字也同义。故“匆”就替代了“囱”，写为“葱”，一直沿用至今。以下用“葱”字行文。

葱对我们有三大贡献。一、制馔。中国菜中，大多数须使葱来参予；肴山馔海里，葱无处不在，以至有“无葱不成馔”的谚语。古人称葱为“菜伯”、“和事草”。“菜伯”的伯，这里指凡作菜必用葱以提携其味，故喻其为长者之尊；“和事草”指葱能调和万食，助其各展本味。这足显葱在烹饪中的地位和作用。二、药用。葱能发表、通阳、解毒，有主逐风寒、感冒、头痛、鼻塞、阴寒腹痛、虫积、二便不通、痢疾、痈肿等症的功效。外国医学家经研究发现，葱还能减少人体内胆固醇的积累，对癌细胞植株也有很高的抑制率。三、绿色天使。葱的生命和本色，自古以来被人们认作是青郁、碧绿、茂盛、明丽之状的标准。葱葱、葱仟、葱翠、葱蒨、葱胧……皆是以葱为名而得来。时今提倡绿色食品、绿色家园、绿色环保、绿色工程……，而由葱形成的语言仍是在描绘着这种时代需求。葱的翡翠音符，是一阙萦绕优雅生活的牌曲。

释姜

“姜”字，甲骨文是一个面朝左跪坐的女人，头戴羊角冠，表示“很

甲骨文

金文

篆文

美”；字中的“羊”亦表声。这是会意兼形声的字，本义为“美”。

《说文·女部》中释“姜”就不是这个意思了：“姜，神农居姜水，以为姓。从女，羊声。”这是说，神农（相传为炎帝）因居住在姜水一带，于是以姜为姓。姜水即今岐水，在陕西岐山县西，源出岐山，南向与横水合流，入雍河。“姜”在这里被释为形声字，女为形符，羊为声符。

由“姜”字还引申出两个典故，值得一提。一是“姜被”。《后汉书·姜肱传》：姜肱与弟仲海、季江相友爱，常同被而眠。后因用“姜被”比喻兄弟友爱。杜甫曾用这个典故写过“历下辞姜被，关西得孟邻”的诗句（《寄张十二山人彪》）。二是“姜桂”，即生姜肉桂。因其味愈老愈辣，用以比喻人到老年性格愈刚强。《宋史·晏敦复传》：“况吾姜桂之姓，到老愈辣。”今人喻高岁者谋事老道，常说“姜还是老的辣”，即源此典故。

但是，“姜”与“薑”（音同姜）在古代本为二字。“姜”多作姓用，“薑”为荤菜之薑。薑的本字是疆（见《说文·艸部》），音与姜、薑同。疆后写作薑。至于姜与薑的关系，王安石在《字说》中说：“姜能疆御百病，故谓之薑。”这说法存疑，姜被命名为薑的原因未必是这样。但“御百病”之说是有道理的。《辞海·卄部》释“薑”为“姜的繁体字”（见其上卷第1402页）。亦不妥。“姜”无繁体字，从古至今字形未变。“薑”是在实行简化字时，由“姜”替代。故“姜”为“薑”的借用字。以下遂循“姜”字行文。

说到姜食，《论语·乡党》记载了孔子的十三个“不食”，这是多为人知的。其中唯独“不撤姜食”，这或许是孔子嗜姜，但其也是一种食礼。那时的祭食不用香料，但是必须有姜，所以姜食是不能撤席的。可知春秋的人们对姜的保健和调味作用已有深识。尤其是，“不撤姜食”是孔子的

说教，这对后世人们将会产生心理性影响，并导致姜的食性和药性在这种礼俗的传檄中，得到不断的研发和扩播。

纵顾姜食，它对我们的贡献同样卓越。姜分老姜（母姜）、子姜（紫姜）、生姜（鲜姜）、干姜。老姜是清除动物原料之腥臊的矫味良剂，更是制作酱卤肉食之老汤和烹饪用的上汤、清汤等必不可缺的主料之一。子姜脆嫩无筋，宜作主料制成酱、腌、渍、糟等风味特食，亦可制甜馔，如蜜饯姜芽、姜糖藕等。生姜可切丝配动物腑肉、脯肉同炒；或制姜汁成为“姜汁味型”，如姜汁肉、姜汁豇豆等；亦可配醋作蟹、皮蛋等馔的蘸料。干姜用成熟之姜所制，多药用。中医认为，姜能主逐感冒风寒、呕吐、咳嗽、食滞、腹泻等症；近代医学成果表明，姜有抑癌功效，且可抗衰老。民间亦有“早吃三片姜，赛过喝参汤”之谚语。

注蒜

篆文

“蒜”是形声字。上部的“艸”表示为植物；下部的“祘”（音同蒜）是“筭”（亦音蒜）的古字。筭义为计数用的算码，因是竹制，故从竹；从弄，是取其经常摸弄之义。清人朱骏声《说文通训定声》：“（祘）按四横六直，象觚之形，实即筭字之古文也。”这就可知，“筭”的古字“祘”，也是以计数而取义的。而且，“算”字也义为计数，读若筭。所以，祘、筭、算不仅同音，取义亦同。“祘”被用在“蒜”字中，意指蒜头。因为蒜是多瓣的，形如聚在一处的算码，须摸弄或瓣剥，方知是四瓣蒜、六瓣蒜、八瓣蒜等。这大概是先人取“艸”为形符、取“祘”为声符而造“蒜”字的原因。

蒜，中土原产的称小蒜，后称卵蒜、夏蒜；其鳞茎小而瓣少，辣重，栽培较少。西汉张骞出使西域，始得大蒜，因出胡地，故称胡蒜，后称蒜头、绳系、蒜球等。因其是良种，被广泛栽培。除以蒜头供食，又衍生蒜苗、蒜黄、蒜苔（蒜毫）三蔬，为制馔习用。

可是，古人对蒜有不同的理解和评价。宋人陶谷《清异录》记："蒜，五代宫中呼麝香草。"元代农学家王祯也趋同这种认识。他说："（蒜）味久不变，可以资生，可以致远，化腐臭为神奇，调鼎俎，代醯酱。携之旅途，则炎风瘴雨不能加，食偈腊毒不能害。夏月食之解暑气，北方食肉面尤不可无，乃食经之上品，日用之多助者。"（《农书·农桑通诀》）而且，蒜还能开胃、消积、预防感冒，对脘腹冷痛、腹泻、痢疾、疟疾、百日咳、痈疽肿毒等症亦有疗效。所以，古代出远门的信客邮差、驼队马帮之人，随带的囊袋里都装有大蒜，以备有恙之用。蒜也是饮食之友，吃饺子吃面条，过腊八吃醋蒜，烧鱼炖肉使蒜解其腥臊之气，自古成俗。以"蒜香型"成馔者，更是不胜枚举。因而，说蒜为"食经之上品"是有根据的。

然而，蒜亦被列入"五荤"则与"麝香草"成反意。《本草纲目·菜》"蒜"："五荤即五辛，谓其辛臭昏神伐性也。炼形家以小蒜、大蒜、芸薹、韭、胡荽为五荤；道家以韭、薤（xiè）、蒜、芸薹、胡荽为五荤；佛家以大蒜、小蒜、兴渠、慈葱、茖（gè）葱为五荤，兴渠即阿魏也。"所谓炼形家，指炼丹方士。芸薹：蒜的嫩苔。胡荽：香菜；《邺中记》："石勒改胡荽为香荽。"薤：俗称荞头、宅蒜。阿魏：叶似蔓菁，根似萝卜，生熟味皆如蒜。慈葱：大葱。茖葱：亦称茖韭，形、味似韭。可见，"五荤"中的蒜和与其有关及气味相似的荤菜，占有显重成分，也反映出蒜是最典型的荤菜。按说，"荤"字之义除指"五荤"，也指"荤素"的荤，今专指肉食。因"五荤"有辛臭气味，故寺院教人视其如荤腥而戒之。

其实，嗜蒜和戒蒜，乃属见仁见智。蒜有保健功效，入馔又能增香提味，故而嗜蒜有益。但蒜有浊臭气味，又性热助火，嗜重易伤胃损目，昏神伐性；且张口说话，浊气外喷，是为不雅。因此戒蒜也有理由。然而，不论嗜蒜或戒蒜，蒜与葱、姜自古却气味相投。烹饪中，往往有葱在先，姜必跟进，蒜随其后。这是因为葱清辛欠酷，姜咴辛欠爽，蒜烈辛欠柔，故三者“惺惺相惜”，互为帮衬，以相向作合，调谐优缺。我领悟之，曾写一组《植物的诗》，其中有首《葱姜蒜》：“谁也不能代替谁 / 于是在镬中 / 结成香辣联盟”。是为顺符其意而代言。

“辣椒”新语

“辣椒”字释

辣椒的“辣”字，初见三国时魏人张揖所撰《广雅》卷五，写作“辢”，与“辣”音同，是“辣”的本字，义为辛辣，如姜、蒜的滋味。（唐）《一切经音义》引《通俗义》：“辛甚曰辢。”（宋）《广韵》里也这样解释。“辢”改写为“辣”，始见于魏收撰《魏书》卷一百一十四，宋代许多笔记，包括《东京梦华录》中大量出现“辣”字，如“辣萝卜”、“辣瓜儿”、“辣脚子”等食物。元人王文山《稼村类稿·送按察王佥事除行台察院》（诗）：“祗为外台要精采，更烦辣手大支撑。”何为“辣手”？章太炎《新方言·释言》：“今人谓从事刚严猛烈者为辣手，辣之言厉也。”这是“辛甚曰辣”的引申义。后来，“辣”又引申为“辣子”。《红楼梦》第三回里，贾母说王熙凤：“他是我们这里有名的一个‘泼辣货’，南京所谓的‘辣子’。你只叫他‘凤辣子’就是了。”这里，“辣子”已有两个含义：一是指泼辣，二是“辣椒的俗称”（见《辞海·辛部》）。只因《红楼梦》里的“凤辣子”写得出名，便影响后世人谓泼辣的女子为“小辣椒”。即使后来的人们习谓“辣椒”，“辣子”之谓仍在赓续。如四川的辣子鸡丁、山东的炒辣子鸡、东北的辣子肉段，等等，时今仍被写在菜谱书里。

辣椒是舶来品，初称“番椒”。较早见明嘉靖十九年（1591），有高廉撰《遵生八笺》中记：“番椒，丛生，白花，果俨似秃笔头，味辣色红，甚可观……”据此记载，一般认为辣椒是在明末传入中国。但凡事先有过程后有记载。辣椒被引进还要早些，约在明朝前半期，或许与郑和下西洋有关。

青花瓷盘

那么，“辣椒”之谓起于何时？据现存文献看，“辣椒”一词在清代金鉷等编纂的《广西通志》中已有记载：“兴隆土司徭苗杂居……每食烂饭，辣椒作盐。”旧时山区缺盐，故以辣味代盐味。后来又见于薛宝辰的《素食说略》，中有“辣椒酱”的记载。薛为陕西人，生于道光三十年。

辣椒之火灼耀世界

美国学者马克·米勒写过《辣椒·点燃味觉的神奇果》一书。此书的写作竟夤缘他少时遇然吃到辣味的咖喱肉，便唤醒了味觉，弱冠之年他选修了人类学，后到世界各地采风，见识了五花八门的辣椒。他最早见识的是南美洲的辣椒。辣椒原是生长在智利深山里的茄科浆果，后来传到墨西哥被人工栽培。

1492年，哥伦布横渡大西洋，发现了美洲新大陆，也发现了辣椒。他没见过辣椒，并以为美洲是印度，辣椒是胡椒的属种，即兴奋异常。因为欧洲人是习嗜胡椒的。那时，胡椒的贸易航线是：从印度批发给阿拉伯人，再运到埃及批发给意大利人，然后运到威尼斯批发给各地零售商，又由零售商转销到欧洲各国。因运途遥远，运费高昂，又几经周转，层层加价，胡椒运到欧洲所在国的零售价，就几乎与黄金相等。因而，当哥伦布见到新大陆随处都种植着辣胜胡椒的辣椒，岂能不兴奋！他着眼于贩卖胡椒的暴利，为了降低胡椒的成本，就将大量的辣椒种子带回欧洲，并在地中海周边种植。之后几个世纪，欧洲人又将辣椒传入非洲和亚洲，使辣椒与文明世界的先进思维一道扩张。哥伦布用航船征服了美洲，而美洲辣椒也以它的热烈品质征服了全世界。

近现代，越来越多的人喜欢上辣椒，一个世界性的辣椒运动早已兴起。因为辣椒能为盘中餐增添火热的感受和无穷的滋味，它的刚烈炫酷的性格，也象征着朝气蓬勃的人生，又能为敢尝它的人培养勇敢精神。据外国医学家归纳，辣椒的辣素、杀菌素和居一切食品前列的素生素 C，能治疗和预防五十多种疾病，如消化不良、胃寒、风湿、腮腺炎、蜂窝积炎、多发性疖肿、下肢溃疡、抗癌，等等。匈牙利科学家阿尔勒特·圣久尔吉，因从每 1 克红辣椒中能提取 2 毫克的维生素 C，这一造福人类的成就使他获得了诺贝尔科学奖，匈牙利也为此成为世界上最大的辣椒出口国。在英国，肥胖的怀特洛夫人经朋友介绍，吃辣椒能减肥，她就大吃辣椒，并买来英文版的四川菜谱，学做川菜，一年内就脱掉了 24 号裙子，穿上 12 号裙子，体重减掉 44.5 公斤。她这才明白为什么中国女孩都有那么漂亮的细腰。她的减肥经验被《泰晤士报》报道后，吃辣椒减肥的风潮就辣遍英伦三岛。近年，韩国的“腌制越冬泡菜文化”被选定为世界级“非遗”项目，这与韩国人世代挚爱辣椒的情结密迩相关，辣椒也就投桃报李，为韩国的食俎文化做出了非同寻常的贡献。在墨西哥，每年要在杜伦乌市举办一次吃红指天椒的大赛，吸引来全世界的辣椒爱好者。这是智利一种公认的最辣的辣椒，又称“地狱之火”。一位立志要夺冠的选手甘莫斯，竟一气吞食了 13 个红指天椒。几分钟后，他突然大吼一声，随即满口喷烟，满脸暴红，接着耳孔鼻孔也喷出烟来，跟着脖颈、双手又喷烟。瞬时，浓烟中又冒出火花。人们惊叫、骚动，有者去报警，有者去找灭火器，可是迟了，甘莫斯已被明亮的火焰包裹，火中挥发出强烈的辣味。约一刻钟后，他的全身已被焚毁。可见，他是要挑战勇敢的极限，却忘了掌控警用辣椒的底线。据说此后，保险公司再不给吃智利红指天椒的参赛者保险。

据新华社电，红指天椒的辣度不久就被印度东部的“魔鬼椒”刷新纪录，该椒的辣度为一百万单位。后来，英国人尼克·伍兹培育出“无限”辣椒，辣度为一百一十七万单位，2011 年获得吉尼斯纪录认证。又据美联社报道，美国人柯里种植的“卡罗来纳死神”辣椒，平均辣度达到二百二十万单位。这是吉尼斯世界纪录认证机构在 2005 年初依据斯科维尔辣度检测体系确认的。检测方法是把辣椒汁水稀释到品尝不出辣味，这意味着要把二百二十万单位的辣度稀释 220 万倍，才能彻底中和辣味。美联社说柯里是辣椒爱好者，四年来尝试种出世界上最辣的辣椒，终获成功。我想这种平均辣度比警用辣椒喷雾的辣度还高的辣椒，人是不能直接食用的，可为医药工业原料。柯里种植这种辣椒，一定会在周边围上栅栏，挂上危险标志。不然，那要惹上麻烦。

辣椒在中国

明朝时，辣椒传入中国有两种说法：一从海上过马六甲海峡传入云贵、广西和湖南；一从西亚经丝绸之路传到新疆和陕甘宁。可是，辣椒外来说也遭到本土说的质疑，质疑者以大陆板块移动理论为依据，认为云南的地理、气候和纬度，与南美洲的智利大致无异，大陆板块没有移动之前，太平洋两岸还是一个整体。因而，云南应该也产辣椒。何况，植物学家们又在西双版纳的原始森林中发现过野生型小米椒。据此结论，辣椒也原产中国，并非由域外引进。我想，中国在世界上的椒民最多，嗜辣者庞鸿，得知辣椒并非国产，在感情上是一下子难以接受的。不过，中国至今也没有发现木本辣椒，在南美洲是有的。

实际上，辣椒在明朝还不成气候。它被国人渐多种植和应用是在清康熙中叶。那时海禁大开，促进了民间的海上贸易，辣椒经济带已具雏形。

清朝人陈淏子撰《花镜》，对此记载得就很存真："番椒，一名海疯藤，俗名辣茄。本高一、二尺，丛生、白花，秋深结子，俨如秃笔头倒垂，初绿后朱红，悬挂可观。其味最辣，人多采用。研极细，冬月取以代胡椒。收子待来年再种。"从中可知辣椒起先是被当做花来观赏；因称"辣茄"，后被认作蔬菜（康熙朝刘灏等编撰《广群芳谱》，就将辣椒列入"蔬谱"）；因"其味最辣"，又取代胡椒而当辣味调料。而辣椒入药、入馔，约兴于雍正朝以降。辣椒来到中国，大致是经历了花→蔬→调味品→药→馔的交叠和演进过程。

如果换个视阈，勾勒一下辣椒到中国的扩张路线，大致是：一路从西北集结，经陕甘宁沿黄河而下，向中原挺进；一路从南中国集结，北伐湘鄂，向长江流域包围。两条路线的会合处就成为辣椒革命中心，国人都会将它指向四川。客观事实是川人整体吃辣椒的水平居全国之首。川人对辣椒的热情和挚爱，并层出不穷地输出辣椒经验，都值得赞颂。这是辣椒来到中国的荣幸，因有川人这般地弘扬它。

辣椒来到四川，即与劳苦大众同甘共苦。据资料载，机动船之前，长江和四川各条水道都有纤夫，他们终年在溽热或阴湿、寒冷的江边跋涉，吃饭时便在岸边支起棍架，吊下瓦罐，放进米粮、野菜或鱼虾，添入盐、辣椒、川椒，炖煮后吃罢体内灼热，浑身冒汗，然后继续拉纤。这种食俗遂在各个码头流传。传入饭馆，又演进为麻辣火锅和麻辣烫。随着辣椒在四川的普及，更带来了川菜的巨大变化，是辣椒使川菜有了麻辣、酸辣、香辣、咸辣、鱼香、怪味等等特味。上世纪 20 年代，董竹君开办上海锦江饭店，首先引进川味。抗战时期，南京政府迁到重庆为陪都，军政要员、显贵豪绅、文化耆宿等也随之入川，与川味有了近距离接触，亲口体验到辣椒的魅力。缘此，川味传遍全国。如今，川味菜馆为何能在五大洲星罗其布？概因与世界性辣椒运动相吻合也。

由于辣椒极具异花授粉而变种的特征，故而中国辣椒的种类是数不胜数的。云南山椒、广东柿椒、福建宁化椒干、浙江杭椒、湖南嘉禾辣椒、湖北石首尖椒、新疆阜康辣椒、西藏朗县辣椒、陕西线椒，等等，不仅质优，还多为外销产品。中国还有四大辣椒产地：山东耀县、河南永城、河北望都、山西代县。还有三大辣椒之都：四川成都、山东益都、河北望都。在广大的农村及至城镇，你随处都能看到屋檐下挂着的红辣椒串，那是诗歌中的家园意象，望一眼都会有热量从心中挥发，温暖宜人。

“味精”随笔

1915年（民国四年）出版的《辞源》中，尚未录入“味精”一词。就在这一年前后，“味精”之谓已经出现在《素食说略》一书中，作者薛宝辰在书中写道：“海舶所市味之素，于素食中加少许，其味便尔浓腴，惟稍涵腥味，持斋者颇有疑心，或云其中微有毒质，故人恒不敢用也。近日江苏吴君蕴初制酱油精、味精二种，即白汤中著以少许，亦复隽永腴美，足以悦口，而又绝无肥腻腥膻之气，诚佳制也。又经印光上人，亲至其制造之处，详加考察，确系取麦麸洗出面筋，醞釀多日而成，其质纯净，属清洁之品。故特著于此。”

薛宝辰是陕西长安县人，生于道光三十年，卒于民国十五年，终年77岁。曾为宣统时翰林院侍读学士、咸安宫总裁兼文渊阁校理。辛亥革命后，他闭门谢客，藉医术自养并著书立说，有《医学论说》《仪郑堂笔记》等。他信佛，是位素食主义者，于暮年将在陕西、京师较为流行并是他所食所闻的170余种素食制法记录下来，命名《素食说略》而成书。书出版于民初。这是他的最后一部著作，而“味精”之记是书中最后一则。这段文字的价值是将“海舶”的味之素进入中国和吴蕴初创造中国味精的初端情形记录下来了，是为珍言。

“味精”为中国人始谓。史料载，八世纪时，希腊人从鱼露中提取蛋白质中的谷氨酸，是为人类探研这一调味品之初。1846年，德国科学家雷特豪生用面筋分解出谷氨酸，对此的探研又进一步。1908年，日本东京大学教授池田菊苗又从海带中发现其谷氨酸的纳盐含有鲜味；次年，日本人铃木两兄弟开始用海带生产谷氨酸，以“味之素”为产品名称，很快行销亚欧各地，也流布中国。薛氏所说“海舶所市味之素”，即是指那时日本生产的味之素；又说其“稍涵腥味”，大概是余有海带的特味吧。并说吃斋的人起疑其“微有毒质”，不大敢吃。其实还不止这样。初销到中国的味之素，形状似如给婴儿吃的细挂面一样，骨白色，用长形盒包装。有人就猜疑：是不是骨头做的？什么骨头？想得多了就不敢用了。在十分传统的京都，那时味之素的销路并不被看好。而在已经开化的上海，其销路却较通畅。薛氏所说的“印光上人”，是位佛门法师。他就带着戎心，到生产味精的厂家详加考察，确认了味精是由“麦麸洗出面筋，醖酿多日而成”。而印光法师去考察的地方，则是吴蕴初创办的天厨味精厂。

吴蕴初系上海嘉定人，字葆元。15岁入学上海广方言馆，后为上海兵工专科学校的高材生。毕业后历任汉冶钢铁厂、天津造币厂的化验师，继任汉阳兵工厂理化课长和制药课长。由于化学研究能力突出，又被上海有“火柴大王”之称的实业家刘鸿生聘去作化学研究主管。那时，日本的味之素在上海很是走俏，吴蕴初认为这是具有发展前途且是大众化的工业项目，遂对其产生了浓厚的兴趣。可是，日本人制作味之素的配方他是不可能得到的，就如可口可乐或肯德基的做鸡配方是绝对保密的。但这难不住吴蕴初。他以化学家的天赋和智慧，探索相关的原料成分，在化学实验室中经过一年多的不懈努力，于1921年成功研制出味精产品。可是，他既无资金也无实力去办味精厂，后来经人介绍认识了上海的“酱油大王”张逸云。张得知味精与酱油有密切关系，便同意投资入股。总投资金额为5万元，张投资4万元，吴与一位朋友各投资5千元。遂在南市区福源里租了两间石库门房子，于1923年8月创办了天厨味精厂。张任总经理，吴任门市部经理兼技师。并以“佛手”作为注册商标，开始登报打广告，主营天厨味精，兼营天厨酱油。薛氏所记“近日江苏吴君蕴初制酱油精、味精两种”，即是指吴在当初经营的这两种品牌。

“天厨”在清代指御厨。《清史稿》中记有清宫宴会歌词“天厨特敕饧芳馨”、“天厨饱饫夸珍盛”的句子。吴蕴初以“天厨”命名其厂，是表示生产的品牌不是日本的味之素，而是中国的味精，是他自力更生研制出来的，并是采用酸水解法，利用小麦面筋的蛋白质原料制成，非为海带中提取。薛氏所说这种味精“绝无肥腻腥膻之气”，也就是无“稍涵腥味”，可见比味之素要先进了。这也是对中国味精“是从日本学来”之说的实际性否定。

“天厨”开张具有揭橥之效，业务突飞猛进。吴蕴初预感到这一产品的国际性意义。那时，连美国还没有氨基酸工业。迨至1926年后，天厨味精陆续在美、英、法等国家获得专利，使他终成大业。后又创办了一系列“天”字号的化工企业。当时，他与创办久大盐业公司的范旭东齐名，成为现代中国著名的实业家。他虽成富豪，却不是唯商主义者。“九·一八”事变后，东三省伦陷。他以“天厨味精厂”的名义损款10万元，购军机一架以示抗日，军机命名“天厨”号，被编入杭州笕桥空军基地。1953年，他不幸病逝，享年六十三岁。他的家人遵其遗嘱，将全部家资捐献给上海市图书馆。这笔钱，当时能造10架军机。更令人称道的，他还将其味精发明权无尝地奉献出来，表现出他对祖国的大爱无疆。

说起味精，最近又有网友在微博上提出其是否对身体有害？看来，人们对它的歧见仍未消弭，解释这个问题还得从起因说起：1968年4月，一位侨居美国的华人郭先生在《新英格兰医学》杂志上发表《中国餐馆病候群》一文，说他自从到美国后，“每次到中国餐馆吃饭，都会出现一些奇怪的症状，通常会在用完第一道菜15～20分钟后出现，持续两小时便会自动消退。最明显的症状是——后颈部发麻，而这种麻痹还会慢慢延伸到双臂和背部，并且伴随着一种无力感和心悸感。”这是郭先生在推测中示意中国餐馆做菜时使用了味精，致使他的身体产生不良后果。由于他是生物医学家，又以亲身体验说事，便被一些媒体和所谓的“懂道者”借题发挥，推波助澜，并将矛头直指中国餐馆。这种“反味精”的风潮延至改革开放后在中国的中外合资酒店的餐厅也有了“禁用味精”的规定。一时间，味精是“饮食杀手”的舆情也漫延到老百姓的饮食生活中。这种势态，最有感受的是当时生产味精的厂家了。

那么，郭先生作为这股风潮的肇动者，他的说法是否令人信服呢？窃以为颇有疑点。一是他未去美国之前，在中国进餐或去餐馆就餐，免不了要尝到“味精入馔”的，是不是早就有此症觉了？为何一到美国才有了“移情效应”？二是郭先生既然忌用味精，可是仍然“每次到中国餐馆就餐”，“每次到”可理解为无计次数；若忌味精即使推测或怀疑它对己不宜，可告之店方“菜请莫放味精”，事情也就结了，但却“每次到”，这又是何苦呢？奇特的是“通常”用完第一道菜就有此症状，那就是说，无论第一道菜是什么，或有无味精，都会引起“高纳血症”，这是极端的个例，不应该是“症候群”现象。三是味精为全球化调味品，哪国的餐馆不曾使用？应不应该将同胞的餐馆告成舆论审判而获取“学术成果”？从后来正义的媒体报道中证明，这正是迎合了某些企图打压中国餐馆的保护主义者乘机借郭先生的“枪”，使同胞的饮食业在国外的良好声誉蒙受损失。

所以这样说，因为1995年，美国食品药物局委托美国实验生物协会正式发布了对“反味精风潮”的研究报告。报告中结论：“没有证据支持味精会引发长期的健康问题或加重疾病；除少数严重的哮喘者外，对多数人而言食用味精是安全的……”而郭先生所谓的“中国餐馆症候群”，报告中并未提到。

再来听听中国专家的声音：中国人民大学营养教授黄梅丽认为：味精有明显的营养价值，也具有一定疗效和促进某些生理作用，如增强食欲、参与脑内蛋白质和糖代谢、促进脑细胞氧化过程、改善中枢神经的功能等（详见《烹饪诀窍500题》）。台湾大学教授董大成也为此撰文，说得更直率："说味精有害，实际上是说谷氨酸纳有害，那么人体内自行合成的谷氨酸纳也同样有害。这是无法令人理解的。"

剩下的问题是如何使用味精和投放的剂量。味精主要用于素淡清寡和咸鲜味型的冷热菜肴的增鲜，并要配合咸味佐料的调口才显作用。糖醋、酸甜茄汁和酱、卤的菜肴不必使用；炸、烤或原料鲜味浓郁（如蛎蝗、蟹肉、火腿等）的菜肴，一般也不用或少用。使用味精要循守两个原则：一是不能掩盖成菜主味和原料本味；二是要在菜肴出锅前（或勾芡前）才宜放入。至于投放的剂量要因菜而宜：海鲜和禽畜类菜肴、原料富含蛋白质的菜肴、用上汤或浓汤煨制的菜肴等，都尽量少用。制菜如用味精，是以"克"为剂量的，1 克为 0.02 市两，投放的剂量一定比所需精盐要少，这是常识。当味精在 100℃温度以上长时间加热，会转化为无鲜味的焦谷氨酸。对此，黄梅丽教授和北京联合大学的唐粉芳教授认为：焦谷氨酸虽无鲜味，但经研究也是无毒的。但是，味精不宜过早地在烹饪中加热，那会使其失去效用。如此说来，味精对烹调而言是有益的，重要的是用科学理念合理地使用味精。

而吴蕴初——这位中国味精之父对调味世界的贡献，也使我们对他倍深轸念。

附录

“三栖”奇人吴正格

公孙旗

法国文艺复兴的先驱马罗说：“成功只有一种——按自己的意愿过一生。”对此，吴正格有独到的解释：“人生的对手是时间。对于它，你得像商人，斤斤计较每一天；你还得像裁缝，对它精量细算，将属于你的剪裁得裘捆适体。能做到这样，你才赢到了成功。”这是他“按自己的意愿”对人生价值矻矻追索的体悟。

负鼎志性

“我的祖上吴凤鸣是道光已亥进士，入过翰林，后任龙江知府。他是染过宁古塔食俗的人，将盛肴置馔的木豌说成满语‘摩姆罗’。祖上宴待汉官是设过满汉席的。曩年的知府对于我，有血缘遗传。不同的是，自古翰墨、调鼎不相及。祖上哪会想到，我居然违悖门风，成了他当年的衙厨后裔，且将满汉全席演绎成市场经济下的名牌产品。我可是背了旗人不兴做买卖的祖训了。”这是吴正格提起他研制满汉全席时，对来自家世的无可回避的感喟。

吴正格少时缘俎，有两位师傅。一位是东北鲁菜厨魁、扒菜大王王老七（王甫亭）；另一位是光绪朝御膳房荤局“上手厨子”胡义的封门弟子、

青铜鼎

后到伪满“宫内府”为溥仪烧菜的扬州厨人唐克明。这两人是原商业部在1956年任命的国家特一级厨师。那时有此职称者在全国寥若寒星。吴正格是幸运的。自1961年至1978年，他受两位庖杰亲炙，学获真传，搭建了他日后研制满汉全席的“前结构”。

改革开放后，政治天空阴消霾散，夹着“黑五类”尾巴的吴正格有了机遇被派往也门首都萨那援外。这是他对自身命运的突围。一次，他在使馆为我国大使和经参处参赞宴酬该国贸易部长制做“赤豆宴”成功。这是测验赤豆食用效果的特殊宴会。以至，我国向也门出口赤豆的商项达成协议。为敲开“阿里巴巴”的大门，吴正格的厨艺成为驭载中国赤豆驶进这扇大门里的马车。当满载赤豆的中国货轮停泊在荷台达港时，他已被使馆党委批准入党，并被评为援外先进工作者。

那时，历史在转硬弯。吴正格预感到古老的餐饮业将有一场深刻变革。他的敬业情怀被新时期的春风鼓荡，专业思维开阔而活跃。当他在使馆阅览室翻阅新复刊的《人民文学》《中国文物》《中国教育》《中华医学》等杂志时，很为各业的文化复苏所感染，也涌动出“目睏鼎俎，耳听康衢”的心思：中国烹饪蜚誉世界，说是国技国宝也不为过。但一直被文化沙漠的积层湮没着，亟需用一种媒介工具去挖掘开拓，使之求变履新。“写信，向国家建议！”那晚至翌日晨暾染窗，《关于创办〈中国烹饪〉杂志的建议》的信函随后就“海外飞鸿”到商业部长王磊和《人民日报》的“读者来信”专栏那里。后来，这两封信真就交叉并轨，成为创办

此刊的引擎。他所建议的具体内容也基本被采纳。俟他回国即被派到商业部经研所协助建刊。据后来央视午间新闻报道，《中国烹饪》杂志发行到一百八十多个国家和地区，发行量亦据出口刊物的“三鼎甲”。刊物里有众多中央首长和文、史、科、教各界顶尖名流的题辞和撰稿。这是代表人民宣告“美食无罪”，使此刊成为这一方域文化解放运动的先驱。后又成为中国烹饪协会和世界中国烹饪联合会的会刊。对此，吴正格说：“这是部领导、编辑部和海内外广大作者之功勋。我仅是尽了建议者的敬业之情，至多妄比足球边锋，在机遇中传出一球，中锋大脚射门，踢中了！这球虽非我踢入，我亦奔呼忘形！”

一年半后，吴正格因家属难以迁京，也顾虑长期当编辑会把厨艺丢了。这种心情被人民大会堂餐厅处的领导知道了，便让他到那里工作。1982 年 4 月初，他被调到人民大会堂餐厅处热菜组司厨国宴，为中外元首服务。据他在日记中记录，这期间共参与制作国宴和重要宴会 156 次。党的十二大召开前夕，他被派往北京某地为胡耀邦、胡乔木服务。吴正格说：“人民大会堂的厨师都有这种经历，这很正常。邓颖超、蔡畅、陈慕华、倪志福等领导人的小型宴会，往往也会分配给我。”后来，他授命负责编纂《国宴菜点集锦》一书的出版。他深感担子不轻，对厨师们写的初稿在技术和文字上都很审慎，遇到问题向老辈厨师请教，做到字斟句酌，达到出版的规范化，倾注了他对国宴成果的一腔心血。他所创意或制作的凤尾一品豆腐、纸包飞龙、锅熘鲜贝等，也被收入书中，成为国宴的保留品种。他对这段工作十分珍惜和留恋。以至在离开这里的前一天，还主动请缨，要求再作一次宴会。时逢习仲勋宴请某国代表团，他倾心施展厨功，做出了他的拿手菜。

吴正格不善于仕途，以他的资历和专业学识是很有机会入仕的，但他是“按自己的意愿过一生”的人。是强烈的敬业心牵扯着他的命运。1986 年，吴正格完成了他的第一部著作《满汉全席》的写作。那时，有关满汉全席的史料仅发现袁枚《随园食单》中“戒落套”一节和李斗《扬州画舫录》中记载的一份“满汉席”食单，以及业内收藏者保存的数种满汉全席的原始菜单，皆无制法。这对于将满汉全席写成专著和将其复活于当今的餐饮市场，都是难以逾越的障碍。吴正格生性倔强，不但没有气馁，反而被激发出刻苦攻关的热情。为此，他夜夜秉烛，淘漉清代正史、野史中的相关史料，锱铢积累，一个个问题的再作研究。满族家世和从厨经历也帮了大忙，使他终于斗胆命笔，不仅将满汉全席的历史成因考稽、整理出来，并将其食单、菜谱复制，使其得以还原。成书后溥杰题写书名，沈阳故宫博物院院长、清史专家铁玉钦作序。出版后很快销空，并被译成蒙文出版。

与此同时，吴正格将沈阳玫瑰大酒店这所涉外酒店的餐厅以清宫“储秀宫”中帝后进膳的餐堂“丽景轩”为号命名（店匾亦为溥杰所题），首次在中国推出了满汉全席、盛京皇宫御膳、北京清宫御膳、御府（清王府）菜、全羊席和满族菜的经营体系。至今，他带领徒弟已在国内外累计制作四百余次满汉全席。但对其如何继承和应用，却是经历了由懵懂、浅识到逐渐深化的过程。起初是全然照搬。曾应中国台湾、韩国、日本、巴西的华裔客人组成的“大陆美食寻根团”的专程来邀，同时制作四台全套的满汉全席（每套186道菜点），被媒体说成“二战以后规模最大的马拉松式满汉全席”。但吴正格后来说：“这不是炫耀而是愧疚。那时还未曾认识到这是‘恶套’，远方客人来寻根，只知沿袭使之复活。囿于认识局限，这只算是初级且有疵弊的继承。”自1990年他应世界中国烹饪联合会副主席、新加坡著名实业家周颖南之邀，率团到狮城演示满汉全席时，受益于“美食勿奢，吃净为美”的国际饮食文明影响，使他深感对满汉全席必须进行汲古开新的改革，首要是摒弃“恶套”，拒制“野珍”。于是就策划出既可一餐食毕又保持了满汉全席固有风格的“精华宴”，因而颇受南洋宾客之青睐，三周演示期内竟制作145台次！原新加坡总统王鼎昌也亲临品啖。

可是，这样改革适于应用，却在继承上又存在缺漏。以有清一代的历

史背景而成因的满汉全席，仅凭一席“精华宴”还远不足以反映其所蕴藏的清文化资源，也妨碍深层次地开掘其遗产价值。因而，吴正格后来将满汉全席划分为“满汉通吃”（辽东起源期）、“满席、汉席、上席、中席”（清宫潜在期）、“满汉席”（乾隆间官场形成期）、“满汉全席”（光绪间商家形成期）这四个节点为依据，荟萃出前清、清初、清中、清末各个时期的“精华宴”，以席中肴馔本身所沾溉的食俎文化底蕴来物化其历史况味，链接一起也就反映了满汉全席的成因风貌。但仍需经过适于应用的方式来实现，不然等于纸上谈兵。因而，他合理统筹营养结构，在馔量和宾客餐用量之间做出科学定位，在物有所值的前提下降低成本，严循物价政策和对珍稀野生动物的保护法规，并在肴馔的口味、形色和盘饰上做了不违传统风格的改进和升华。

对此，吴正格解释：我国转型为市场经济社会是满汉全席得以复出的背景。这样使它具有了一种归结性意义，那就是它必须在社会经济活动中表现其遗产价值。它若等同于一桌便宴，那就不是“精华宴”了。消费阶层有大众和高档之别。提倡节约也不等于正当的高消费是可耻。反对奢侈浪费和炫富为美，也不是越节俭越光荣，这两种道德虚化的后果都很可怕。重要的是按标准办事。他还认为：经济形态实际上都是文化心态的反映。满汉全席的经济价值归根结底是一种文化价值，它的成因过程在本质上也是一个文化过程。对其改革越是延伸到较远的目标，就一定会更深入地与文化融合。所以，这位有着“中国餐饮文化大师”和“中国烹饪大师”双重职称的人坦言：对满汉全席的应用必须盈利，我视其为一种保护措施，目的是为了它的健康发展和传承其遗产价值，将它作为清代食俎文化的硅谷来保留。然而，这些依然是文化命题。

文学精神

纵使吴正格钟情文学是家道的式微。他的父亲吴四维曾是林业部主办的《森林工业》杂志的主编，也是饱学宿儒，藏书汗牛充栋。父亲嗜书如命，假日里唯一的兴趣是拿橡皮擦拭书面的尘垢。对他读书曾立下约法三章：先要包书皮，翻书不准蘸唾沫，阅不完禁止折页。他读初中时就听父亲讲过易卜生、狄更斯、果戈理和屠格涅夫，讲鲁迅译巴尔扎克的书没有傅雷译得好，还讲严复、郁达夫和苏曼殊，讲“左联”和延安时期的文学。父亲讲高尔基就有点儿针对性了，说高大师还没有他的学历高，在轮船上洗过碗当过厨，听得他心里一阵躁热，涌起当吴尔基的念头。父亲对诗有偏见，说句子太短，一书好纸上排的字细如蛇身，是糟蹋毕昇的发明。可他却钟情新诗，那都是黎明的春风嘘开玫瑰或秋月银辉浸浴河畔的时光，他迷吟泰戈尔、海涅的名篇和郭沫若的译诗。那诗中真像有个女妖，诡智又妖娆。

那时，中国餐饮业还是块文化沙漠。厨师匮缺学历和文化是历史留下的遗憾和无奈。文学灵光仿佛没有照拂过千古膳房。吴正格想当作家，是个破天荒的梦想。这里有肴山馔岭的阻隔、炊火油烟的雾幛，还要悖风逆俗，承受“忘其本分”、“不务正业”、“好高骛远”之类的流言蜚语。这需要超常的勇气、毅力和意志。他最先小试牛刀的是一首《砌灶台》的诗，七段二十八行，是著名诗人晓凡从成堆的来稿中捡到的，补发到当期《鸭绿江》大样的空位。但“文革”一来，报刊无文学，吴正格只能与她暗恋。后来他到萨那司厨时，能想象到一个远离故土、丧失天伦之乐的孤独汉子置身异国之域该是怎样地寂寞。文学女妖便来“第三者插足”，成了他在夜间的真情伴侣。开始，他写了两组《厨师的歌》，发表在《诗刊》和《北京文学》。那时，《人民日报》新辟个“国际副刊”，他写篇散文《萨那——阿拉伯的明珠》寄去，没过二十天就发表了。接着，又写《也门风情散记》，寄给《新观察》，编辑回信说要配发两张他在也门的生活照片……这令他写兴大增。也门是旅游胜地，众多古迹是世界级文化遗产，旅人中素有“途程虽远，必到萨那”之说。因而，他的脑袋里满是题材，

抓到篮里就是菜。他又写起中国医生在也门的白求恩风采，写周总理批准援建也门的塔兹医院，写天才诗人阿卜杜拉·伯尔都尼，也写红海和萨巴王国的老城，写马里卜水坝遗址和哈德拉毛省的大峡谷，写希巴姆古堡里的天方夜谭……1993年，他的第一本诗集《人生恋曲》，被列为“中华文萃系列丛书之六”，由香港天马图书有限公司出版。

吴正格涉入文坛后，很快找准了文学创作的方位。依肴傍馔的鼎鼐生涯使他确立了“饮食文学”的理念。他认为，中国人吃了五千年，吃出个“饮食王国”，这是个恢宏深广的领域。围绕饮食所衍生的风习礼俗、知识学问和涉及的人物、事件、故事等，都是文学创作探之不尽的宝囊。中国文学应该有个以饮食文化为底蕴，以饮食为题材的创作型格。但在文学通往饮食之路上，作家们往来得还显寥落。若肇建这一工程，根本的路径是要凿开文学与食俎之间隔着的历史厚墙。这是他敬业的精神收藏和艺术储备而对自身创作潜力的寻获。吴正格立志要充当这一“钻头”。1980年，他以唐克明师傅的人生遭际为素材，创作了中篇小说《御厨传奇》，发表在《鸭绿江》头条，随即被《小说月报》和五家晚报转载和连载，多家电影制片厂的导演也找上门来，使他一举成名。之后，中篇小说《康熙宠厨张东官》在《章回小说》发表后，也被《小说月报》和《大连日报》等报刊转载，并被北京紫风阳光影视文化公司改编为电视连续剧《满汉全席》，徐铮饰张东官，张铁林饰康熙，在台湾东森电视台首播，随后在香港和大陆各省电视台热播。至今，吴正格以对食俎历史的学识和独特的亲历为素材，已发表《荷州厨人》《袭人香酒楼》《八珍宴》《新宿与有情无关》《也门往事》《下南洋》等18部中篇小说。他的反映清宫御厨生活的长篇小说《光绪朝的司羊御厨》，被北京市新闻出版局评为优秀传统文化项目，已由燕山出版社出版。他不失其志，以自己为“洞口”，使艺术雨露浸润到“古老沙漠”，在他周围变为一方文学绿洲。

吴正格还认为，饮食文化内容也是散文形式的天然可塑性素材。中国传统文化中显象一种饮食文化，圣贤们在提倡礼仪、道德、养生、修性的同时，闭塞男女之事，设教将人生的宣泄导向饮食，因而在这方面形成高度的发展，从而影响了朝朝代代的中国人。将文学的触角延深到中国人的饮食活动中，从中开掘题材，提炼历史营养，用以汲古鉴今，吴正格可谓其欲逐逐。约 1995 年始，他以与食俎历史有密切关联的人物如燧人氏、庖牺氏、昆吾（陶祖）、宿沙（盐宗）、黄帝、彭祖、伊尹、周公（姬旦）、孔子、易牙、孟子、晏婴、戴圣、屈原、苏东坡、孟元老、陆游、郑和、李渔、袁枚、康有为、梁实秋、唐鲁孙等古贤前彦的食俎踪履为素材，在《文艺报》《散文海外版》《随笔》《书屋》《寻根》《美文》《散文百家》《海燕都市美文》《北京纪实》等诸多刊物上发表了四十余篇文化散文。这些作品，谈吃却不囿于吃，涵蕴“治大国，若烹小鲜”的哲理思维和饮食之于朝代变革、社会发展的价值取向。其中《说鲤道鲭》《一羹亡西汉》分获 2010 年全国散文作家论坛征文大赛和 2013 年“华夏情”全国散文作家邀请赛的一等奖。表现了他在业内“授人以鱼”、业余“授人以渔”的创作心路。这类文章已结集为《左灶觚　右樽俎——中国食廊绘像》一书，由青岛出版社出版。

之后，吴正格旺盛的创造力一发而不可收。相继出版了《学厨偶记》（随笔集）《南国萍踪——周颖南传记》《清王朝的侧影》（散文集）等。前一本是自传体的写他的行厨履踪，在业内引起强烈反响，再版四次；后两本分获辽宁省首届传记文学奖和全国首届“中华之魂”文学作品征文二等奖。《清王朝的侧影》被《散文海外版》杂志主编甘以雯称为“一部奇文”，先在该刊以“特约专稿”连载，后由百花文艺出版社出书。这部作品奇在将饮食写成政治。书以有清一代皇帝的饮食为切入点，从这一侧影来窥究清王朝政权的兴衰历程。从兴膳强邦的努尔哈赤，到长于膳政宴策的康熙，到奢泰忘危的乾隆，再到腐朝败世的慈禧，运用大量的相关史料，将清王朝由勃兴到腐败的政权演变过程鲜活地跃然纸上，遣字行文中不时古

今交错，颇具现实性和警示意义。

自1970年代末，吴正格就踏上四海为家之路，命运之舟在新异而陌生的阔水间穿行：在萨那的总统庄园为中国医疗专家组供膳，在狮城百乐门酒店主理厨政，在东京宫廷之味酒楼当老板，在费城皇宫酒店里排宴……文学消解了他工余的寂寞，创作给了他孤静中的愉悦。他说他像一只风筝在天宇间飘摆，是司俎履历的牵绳绾住了他。这使他成为一名有特色的作家。许多来自各行的作家有了成绩往往转行去搞专业创作，吴正格却坚持他的操守：“社稷百业中，我属于饮食制作分子。古典一点儿说，是个面黄有须的关东膳夫。”而他的业余文学创作已达到专业水准。这种不改负鼎志性又热衷文学的精神更令人敬重。1993年，他成为中国作家协会会员；2007年，被聘为辽宁作家协会特邀合同制作家；2007年，被中国文艺家创作协会授予“百名中国一级作家”；2011年，被中国文学艺术家协会授予“中国文学艺术界人民艺术奖”。这在文坛上是鲜见的。用诗人晓凡的话说：“吴正格其人和‘吴正格现象’已经引起文坛的特别重视和珍惜。一千个烹饪大师中难以造就一个作家；一万个作家中也未必出息一位烹饪大师。独特的吴正格！”（《人生恋曲》导读）

《中国作家3000言》一书中，收录了吴正格的一家之言：“我感觉，我的烹饪专业是一眼掏不尽的井泉。掏得越深，厨道越高不说，还会掏出一个饮食文学的晶体来。”也许，吴正格不追求饮食文学的轰动效应，但他追求“吃”的内涵对文学肌体的补益，追求厨师成为作家的人生价值。

学者之路

自古以来，当鲊臛脍脯盛到鼎鬲釜甑中后，就与割烹者无关了，饮食的文化演绎则是享食者的事情。问题的弊端也许就在这里。做与吃虽为食俎文化得了延展的两个基本点，但两者中间却无形地横着阶层的厚重隔板。割烹者在历史中艰辛地创造富涵文化的饮食成果，然逝者如斯，其技无形，其艺无踪，却伦为“下九流”和可怜的文化乞丐。历史在这里吞噬了他们的文化资本。这种被截断文化肌理的现象深深刺痛了吴正格的心，激发了他用信念和志气奋挺起自我变革的重轭。他的学者之路也就带着向历史也向未来追索文化补偿的坚定意图。

他最初的修功独辟蹊径，是将《辞源》当成课本来读。再由《辞源》引注的史据去搜寻与食俎相关的史籍进行研学，从中淘漉、捡索所需内容，分类制卡以作蓄备。这是个“水磨功夫”。为此，他写下了数十本学习心得和蓄辞笔记。这对他熟谙古汉语和把脉中国食俎的经络，都起到“近取诸身”的作用。

1980年初，吴正格被调到原商业部经济研究所协助《中国烹饪》杂志的建刊工作时，置身于中国经济的高端媒介之地，丰富的古今食俎资讯深深地濡染了他的进取意识，也使他的专业视野快速地扩展。之后，他又担任《中国烹饪辞典》这部权威工具书的编委，负责烹饪工艺部分。这些充满变数的履历，也为他的学者之路建筑了一段向前攀缘的阶梯。但他却越发感到自己先前学识的庸常与狭隘。一个需以文化人格去更新自我的课题，已经时不我待地摆在他的面前。要立起司俎者是这一领域文化的主人形象，他却处在社会成见的烙印点上，这样的移风易俗对他而言谈何容易！然而，这一艰辛的转变过程却贯穿他的日后人生。

以《中国烹饪》杂志创刊三十余年来发表吴正格的诸多文章为例，如同摄下他转变为食俎文化学者的清晰身影。起初，他的《烹饪事业大有可为》、《烹饪与学习》等文发表后，曾收到厨师们的大量来信。他撰文回复道：“我在《中国烹饪》编辑部工作期间，有幸拜读了各地厨师的热情来稿，但具发表水准者甚微，这是匮乏文化的原因。医生为患者治愈疑难病症，能写出学术论文；但厨师研究食俎却难以如此。厨师都认可烹饪是‘祖国宝贵的文化遗产’，实际上却是这种文化的局外人。‘医食同源’的传统已深陷出令人堪忧的裂带。此其荦荦大端，只能由操俎有志者用愚公

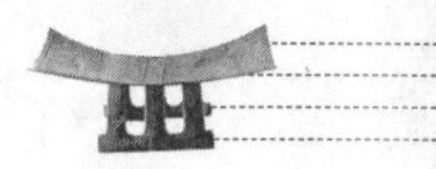

精神自赎自救。”其实，这也是他用于激励自己的宣言。因为他认为中国文化始于吃，人之初是从谋取食物即割烹行为开始的，火、陶、盐、谷的发明是中国文化的起端。可以断定，最初的文字形基首先与“吃”相关，再外延为改变大自然的精神和物质财富。所以，国人习用“吃”字表达在世间事象中的百般活动行为和感喟，因国人什么都吃而使“吃”字成为万能字，成为中国字魁。“人”字加“口”字成为“史”字，即是对“吃”价值的注释。因而，《中国烹饪》杂志后来为吴正格开辟“解字说食”专栏，每期一篇论一字，如今已连载五年。如：火、烤、陶、盐、厨、庖、宴、羹、粥、鲜、鱼、羊、牛、酱、炸、烧……他从文字构造上去考稽、阐释国人的食俎行为与历史交融和与文化通合的真踪。这种孜孜矻矻掘拓文字价值的笔墨行为，表达了现代厨师本应是食俎文化主人的自塑精神。

1990年后，吴正格应新加坡政府主管部门邀请，担任该国国家烹饪训练中心的主任讲师。签约书中写明他的职责有三：一是培训该国首届烹饪教师；二是撰写职业厨师课程教材——《中华烹饪》；三是策划和制定该国中餐厨师分级制标准的方案。他是被新加坡以政府名义请来的第一位外国饮食、烹饪专家。学生们是经过他在全国范围内选拔，又通过他的严格面试、口试、笔试和试菜才确定的。他们之中，有五星级酒店炒头火的名厨，也有在亚洲和欧洲国际烹饪大赛上的金牌得主。“当时，我在课堂上讲中国食俎的历史，讲烹饪工艺理论，门外停了一大遛小轿车，这些大厨们都是有车阶级”，吴正格兴致地说，“一个中国厨师能被外国政府请去当专家，光荣的不是我自己，而是中国烹饪”。那时期，新加坡电视台还为吴正格开设了“中国烹饪讲座”和做清宫菜的“巧手美食”栏目。他还担任过新加坡全国家庭烹饪大赛的总裁判。《中华烹饪》一书则倾注了他的全部烹饪经验和理论积蓄，打造了一条连结海内外中华烹饪共同发展的理论环链。书出版后，对世界华人地区发行。

谈到对食俎文化的研究，吴正格认为还得术业有专攻。因此，他曾说："清入关后，明宫中的山东御厨被留用，在光禄寺职掌'汉席'，'满席'则由满厨职掌。康乾时期，苏扬饮食又被引入宫廷。这样三者交融，构成了清宫宴膳的主体特征。我家世为满族，较知其族俗；从厨后学做鲁菜和清宫菜；而唐师傅是扬州人，亦精通苏扬菜，也使我学获匪浅。所以就感到自身的基底适于研究清宫宴膳史。"

自1984年春，吴正格到北京中国第一历史档案馆搜集史料，为撰写《满族食俗与清宫御膳史》这部40万字的学术著作做准备。馆中的清代宫廷膳档保存很多，但因档纸松脆禁不起复印，他只好当了三个月的文抄公。他说谁有三个月抄出等身档案的经历？这一遭下来，握笔的胳臂就肿了，也坐伤了腿筋骨，手指僵屈得不能伸直。这种付出还仅是开始。之后又自购近二百部（套）史籍和笔记小说。由于长期熬夜，累得屡犯胃病，躺到医院打吊瓶。四年后书稿写成时，由戴逸教授审正并作序。后来他算了一笔账，稿酬的进项仅是用此费用的三分之一。他说这是有损健康大赔其本的苦差事。但此书填补了清史研究的空白，并获辽宁省优秀科技图书成果奖，也算是对他的精神安慰。

人对事物的认知总是处在不断被深化感应的状态。当那些被湮没而皴缩的清代食象被改革、开放的大潮掀动，浮出在吴正格的视阈中就渐而清晰了本来的形貌。1990年他出版了《乾隆御膳考述》一书后，就执迷地钻进北京和东北食俎的历史隧道中，迂绕着寻索。之前，他研究满族食俗和清宫宴膳，是出于民族意识和厨艺基底使然。但在这时，他已触摸到清代食俎留下的一道历史深痕。积累的学识使他意识到，这道深痕后面是一座储量丰厚的食俎矿山。他是找到了开掘清代满、汉两族饮食文化和俎技并轨交融的枘凿点。面对这座食俎矿山，他以笔代钻，一凿就是二十余年！他的思索也不息地追逐理念，积累又是触发理念的导索。以致一个岑寂的深夜，他感到渐积久蓄的学识有了撑破掩体的迸发，许久的模糊意念终于凝成一个亮点，"京东菜系"四个字猝然从他躁动的脑海中闪射出来！那一

夜，他枕而未眠。

由此，吴正格立论：“京东”指北京地区和东北三省。“京东菜系”起因于满族食俗源出“白山黑水”一带。因入清后盛京（今沈阳）成为开国之都，使辽沈地区成为“满汉通吃”新食象的成基地和传导中枢，致使清入关后的满族菜与明宫被留有的汉族菜相合一体（康乾时期，苏扬菜又被引入宫廷），三而合一，成为清朝国宴和清宫御膳的主体。也因清廷推行“满汉一体”之策，使清宫宴膳成为“满汉合食”的输导中心。这种食势在有清一代经过御举而输导王府、官场乃至民间。又因其显重辐射、染化北京地区，对东北地区也构成对流、反弹效应。这种食势在“京东”地区顺衍至清朝解体，就留存了一宗包括清朝国宴、御膳、王府菜、官场菜和市肆民间菜的食俎体系。具体内容是：东北三省满族族俗饮食；盛京皇宫宴膳；北京清宫宴膳；“两京”（北京、盛京）王府群的宴膳（流传餐饮市场后被称为御府菜）；乾隆朝官场的满汉席到光绪朝商家经营的满汉全席；满族全羊宴后经汉、回厨师变通的全羊席；以及“京东”地区满汉食俎交融的传承菜部分。由于清朝特定的历史原因，“京东菜系”以满族食俗为导向因素，其主体通具满、汉食俎相通互融、同承共袭的特征。

这是尊重史情，颇具创见性的立论。

1998年后，吴正格相继在《国际交流》《饮食文化研究》《中国烹饪》等刊物发表了多篇研究“京东菜系”的论文，陆续被收入《改革开放与市场经济文选》《中国新时期社会科学成果荟萃》《中国科技论文精选》《中国大百科全书·学术卷》《世界重大学术思想获奖论文·中华卷》等书中。吴正格的这一科研项目，因以独特新颖的理论研索和具有宝贵的实践价值，又荣获世界学术成果研究院、中国政策科学研究会、中国历史唯物主义学会等颁发的第六届世界华人重大学术科研奖和中国优秀科技成果特等奖。之后，吴正格积聚对此项目的全部学识储备，用四年工余时间写成了《中国京东菜系》的书稿，由吉林科技出版社出版。书中，对“京东菜系”

的历史成因做了详尽的考述，对其宴馔内容也做了具体的钩沉和整理，使之传统技艺得以还原。他这是如同将湮没在历史厚土中的璞玉浑金磨润成了一条具有共同穿凿点和相融相通色彩的璎珞。为此，他被聘为中国区域经济发展研究院和中国管理科学研究院的研究员。

最近，吴正格的又一部专著《中国宴魁——满汉全席研究与应用》，由山东画报出版社出版。这是他继《满汉全席》一书后的近三十年中，对此学项的更为深入透彻的研制成果。接着，他又受邀拟出了《清朝京都餐饮史》的写作大纲……

综上，可见吴正格的生命形态是独特的。厨业的勤劳和短缺学历催促他不按常规走路。他用“跳远”方式在学途中奔跃，勇于拓创机遇并在机遇中铸塑自我。他用锲而不舍的恒定个性获取了得来不易的文化意志，在WTO的风潮中固守着一方中国的传统文化。他对时间真像商人一样，斤斤计较每一天；他又像裁缝对它精量细算，终于将属于他的剪裁得裘捆适体。这种“按自己的意愿过一生”的行为，是对几千年来陈规旧俗的深彻反逆，焕发出一种难以掩藏的个性光华。

“我不是鸟儿，但命运里注定，今生为食而亡矣。”这位“三栖”奇人的自喟，令人深思。